U0502947

创新的阻力

The New Goliaths

HOW CORPORATIONS USE SOFTWARE TO DOMINATE INDUSTRIES,
KILL INNOVATION, AND UNDERMINE REGULATION

〔美〕詹姆斯·贝森（James Bessen） 著

颜锦江 何冰 译

中国科学技术出版社

·北 京·

北京市版权局著作权合同登记　图字：01-2022-4957。

图书在版编目（CIP）数据

创新的阻力 / (美) 詹姆斯·贝森著；颜锦江，何冰译 . — 北京：中国科学技术出版社，2022.10
书名原文：The New Goliaths：How Corporations Use Software to Dominate Industries, Kill Innovation, and Undermine Regulation
ISBN 978-7-5046-9755-4

Ⅰ . ①创… Ⅱ . ①詹… ②颜… ③何… Ⅲ . ①企业创新—创新管理—研究—美国 Ⅳ . ①F279.712.3

中国版本图书馆 CIP 数据核字（2022）第 152858 号

策划编辑	刘　畅　刘颖洁	责任编辑	申永刚
封面设计	仙境设计	版式设计	蚂蚁设计
责任校对	邓雪梅　张晓莉	责任印制	李晓霖

出　　版	中国科学技术出版社
发　　行	中国科学技术出版社有限公司发行部
地　　址	北京市海淀区中关村南大街 16 号
邮　　编	100081
发行电话	010-62173865
传　　真	010-62173081
网　　址	http://www.cspbooks.com.cn

开　　本	880mm×1230mm　1/32
字　　数	243 千字
印　　张	11.5
版　　次	2022 年 10 月第 1 版
印　　次	2022 年 10 月第 1 次印刷
印　　刷	北京盛通印刷股份有限公司
书　　号	ISBN 978-7-5046-9755-4/F·1047
定　　价	79.00 元

（凡购买本社图书，如有缺页、倒页、脱页者，本社发行部负责调换）

▶ 致谢

　　长期以来，我一直对经济复杂性和信息技术之间的相互作用感兴趣。在我的上一本书《边做边学：创新、薪酬和财富之间的真正联系》（*Learning by Doing: The Real Connection between Innovation, Wages, and Wealth*）中，我介绍了技术复杂性；技术复杂性的存在意味着人们必须通过实际体验才能学到使用这些新技术的关键技能，这对新技术的应用和掌握新技能的方式产生了重大影响。但我没有注意到技术复杂性、软件与近年来发生的重大经济变化之间的联系。这一切在五年前开始改变。①在阅读了有关美国产业集中度上升的最新研究成果后，我意识到软件可能一直在发挥作用。于是我开始研究，发现结果真是如此。

　　其他研究人员的研究成果有助于将新一代软件和更广泛的经济变化联系起来，这本书的完成在很大程度上要归功于他们。乔纳森·哈斯克尔（Jonathan Haskel）和斯蒂安·韦斯特莱克（Stian Westlake）指出无形资本使用的增加所产生的影响；基娅拉-克利斯库洛（Chiara Criscuolo）和她在经济合作与发展组织（OECD）的同事们发现其他发达国家的产业集中度不断上升，并将其与信息技

① 作者于2022年完成本书的写作。——编者注

术相联系。这些研究人员还发现，自2000年以来，发达国家和其他国家之间的生产力差距不断扩大；大卫·奥特尔（David Autor）、大卫·多恩（David Dorn）、拉里·卡兹（Larry Katz）、克里斯蒂娜·帕特森（Christina Patterson）和约翰·范·里恩（John van Reenen）记录了美国产业集中度的上升，并将其与"巨星级"企业的发展相联系；罗伯特·弗兰克（Robert Frank）和菲利普·库克（Philip Cook）强调了赢者通吃社会的存在；埃里克·布林约尔森（Erik Brynjolfsson）和安迪·麦卡菲（Andy McAfee）将其与信息技术相联系。但是，我并不清楚将技术与企业主导地位联系起来的确切机制，直到乔治·冯·格雷维尼茨（Georg von Graevenitz）提醒，我才想起约翰·萨顿（John Sutton）和阿夫纳·沙克（Avner Shaked）有关自然寡头垄断的研究。还有詹姆斯·贝尼格（James Beniger），他描述了早期信息和技术之间的联系。

当然，开展研究并提供所需的反馈和讨论，从而使我的初始理念逐渐成熟的这些实际工作，很大程度上由我的那些在技术与政策研究计划（Technology & Policy Research Initiative）项目组工作的同事来完成。感谢波士顿大学法学院、我们的资助者，以及埃里克·邓克（Erich Denk）、马尔滕·古斯（Maarten Goos）、斯蒂芬·迈克尔·英皮克（Stephen Michael Impink）、新浪·霍什索汗（Sina Khoshsokhan）、金若云（Joowon Kim）、詹姆斯·科苏特（James Kossuth）、陈蒙、迈克·默勒（Mike Meurer）、莉迪亚·赖钦斯佩格（Lydia Reichensperger）、塞萨尔·里吉（Cesare Righi）、安娜·所罗门（Anna Salomons）、蒂姆·西姆科（Tim Simcoe）和维多利亚·史密斯（Victoria Smith）。

还要感谢各位评论者、数据提供者以及其他帮助过我的人：达伦·阿塞莫格鲁（Daron Acemoglu）、菲利普·阿吉翁（Philippe Aghion）、大卫·奥特尔、斯蒂芬·贝奇托德（Stefan Bechtold）、维克托·贝内特（Victor Bennett）、塞思·本塞尔（Seth Benzell）、皮特罗·比罗利（Pietro Biroli）、彼得·布莱尔（Peter Blair）、丹尼斯·卡尔顿（Dennis Carlton）、马库斯·凯西（Marcus Casey）、豪尔赫·孔特雷拉斯（Jorge Contreras）、克劳德·迪博尔特（Claude Diebolt）、乔什·冯（Josh Feng）、马丁·弗莱明（Martin Fleming）、理查德·弗里曼（Richard Freeman）、沃尔特·弗里克（Walt Frick）、马丁·古斯（Maarten Goos）、迪特玛·哈霍夫（Dietmar Harhoff）、菲利普·哈特曼（Philip Hartmann）、里卡多·豪斯曼（Ricardo Hausman）、约阿希姆·汉克尔（Joachim Henkel）、黄克伟、安德烈·伊奇诺（Andrea Ichino）、斯蒂芬· 迈克尔·英皮克、埃格伯特·琼根（Egbert Jongen）、布莱恩·卡恩（Brian Kahin）、新浪·霍什索汗、梅根·麦克加维（Megan MacGarvie）、迈克尔·曼德尔（Michael Mandel）、乔·马祖（Joe Mazur）、克里斯蒂娜·麦克赫兰（Kristina McElheran）、迈克·默勒、菲利波·梅扎诺

蒂（Filippo Mezzanotti）、盖伊·迈克尔（Guy Michaels）、乔尔·莫基尔（Joel Mokyr）、蒂姆·奥赖利（Tim O'Reilly）、埃米莉·拉德梅克斯（Emilie Rademakers）、帕斯夸尔·雷斯特雷波（Pascual Restrepo）、丹尼尔·洛克（Daniel Rock）、南希·罗斯（Nancy Rose）、罗妮娅·罗特格（Ronja Röttger）、鲍勃·罗索恩（Bob Rowthorn）、安娜·萨洛蒙斯（Anna Salomons）、迈克·谢勒（Mike Scherer）、迪克·施马伦西（Dick Schmalensee）、罗伯·希曼斯（Rob Seamans）、卡尔·夏皮罗（Carl Shapiro）、蒂姆·西姆科（Tim Simcoe）、肯·西蒙斯（Ken Simons）、约翰·特纳（John Turner）、海伦·特伦（Helene Turon）、加布里埃尔·安格尔（Gabriel Unger）、威尔扬·范登尔格（Wiljan van den erge）、杰伦·范登博什（Jeroen van den Bosch）、巴斯·范德克劳（Bas van der Klaauw）、罗里·范洛（Rory van Loo）、约翰·范·里恩、乔治·冯·格雷维尼茨、哈尔·瓦里安（Hal Varian）。

　　其他人士在访谈中也提供了宝贵的见解，包括保罗·布拉哈（Paul Blaha）、伊恩·科伯恩（Iain Cockburn）、丹尼尔·迪恩斯（Daniel Dines）、丹·福克纳（Dan Faulkner）、伊恩·海瑟薇（Ian Hathaway）、苏·赫伯（Sue Helper）、鲍勃·亨特（Bob Hunt）、比尔·詹韦（Bill Janeway）和弗兰克·温克（Frank Wnek）。埃利亚斯·沃尔夫伯格（Elias Wolfberg）和哈勒·戈登

（Halle Gordon）回答了有关问题，并提供了与许多亚马逊公司（下文简称亚马逊）高管接触的机会。

　　最后我要感谢经纪人丽莎·亚当斯（Lisa Adams），她帮我编写了一份新书提案；感谢埃里希·邓克，他是一位能干的研究助理；感谢迈克·默勒，我随时在线的宣传者；感谢我的导师埃里克·马斯金（Eric Maskin）；当然还要感谢我的妻子和家人在本书的写作期间对我的包容。

▶ 前言

20年前，商界关于新经济的讨论沸沸扬扬。其中一本展望新经济的杂志《快公司》（*Fast Company*），在2001年8月宣称，新经济是"民主资本主义"运动，可以"扩大个人机会，推动颠覆性创新，以及促进信息技术领域的变革"。个人可以通过便宜的新型计算机和网络技术，学习实用的技能、进行创新，据此创立新公司，并通过聚焦其"核心竞争力"使公司快速发展壮大。由于全球化消除了距离障碍，公司可以将任务外包给全球合作伙伴。这种新经济方式最终将颠覆那些囿于旧经济的传统公司。

许多人对新经济持怀疑态度，尤其是主流经济学家。马丁·费尔德斯坦（Martin Feldstein），曾任美国前总统罗纳德·里根（Ronald Reagan）领导下的经济顾问委员会主席。虽然他认识到，在20世纪90年代，新的信息技术支撑了强劲的生产率增长（单位劳动力产出增长），但他依然声称新的信息技术没有从根本上改变"美国的经济逻辑"。美联储前主席艾伦·格林斯潘（Alan Greenspan）认同这一观点，他认为新技术只是延续其在约瑟夫·熊彼特（Joseph Schumpeter）的"颠覆性创新"中所起到的作用，用更新、更有效的技术取代旧技术而已。事实上，如果说有什么不同，那就是艾伦·格林斯潘看到信息技术加速了自"工业革命"以来就已在进行的颠覆性创新的过程。

创新的阻力

但无论是新经济的愿景还是经济学家的观点都过时了。实际上，信息技术正在从根本上改变经济进程，尽管不是按照新经济的路线。不仅新经济的愿景没实现，而且在许多领域信息技术产生的实际效果与人们预测的相反。信息技术非但没有加速颠覆性创新，反倒在抑制颠覆性创新。信息技术正在改变市场、创新模式和公司组织的性质，加剧经济分化，并破坏政府监管。事实上，它在改变资本主义的基本性质。

这本书的起源可以追溯到30年前，当时我正在经营一家软件公司。在20世纪八九十年代，低成本的计算机确实创造了公平的竞争环境，使个人和小型公司能够拥有强大的技术。例如，条形码扫描技术的出现使小型零售商店得以使用先进的销售和库存管理工具。新公司如雨后春笋般涌现，利用新的机会不断发展，甚至颠覆了一些深陷旧技术泥潭的公司。

我曾经营一个新经济公司，这家初创公司开发了第一代桌面出版软件。这段经历让我意识到当时的一个新兴趋势。客户使用我们的软件来定制印刷出版，以满足个人或小众群体的不同需要。例如，A&P①使用我们的软件每周制作不同的广告，面向各个市区的

---

① A&P全称为the Great Atlantic and Pacific Tea Company（大西洋和太平洋食品公司），是在美国历史某一时期极为风靡的、占主导地位的连锁超市之一。——编者注

几十个商店购物区。他们借助我们的软件大量收集、灵活使用（用户）个人信息和人口统计数据。1993年，我在《哈佛商业评论》（*Harvard Business Review*）上的一篇题为《驾驭营销信息浪潮》（*Riding the Marketing Information Wave*）的文章中写到了这一趋势。

当我离开商界成为一名学者时，我想进一步探索这一趋势，但当时几乎没有证据表明它导致了经济的深远变化。现在看来，它确实改变了经济。沃尔玛公司（以下简称沃尔玛）采用了条形码扫描技术，并利用它建立了一个庞大的物流和库存管理系统，将商店、供应商和仓库与条形码扫描仪提供的大量数据流连接起来。该系统采用了新的商业模式和市场结构，使沃尔玛能够为顾客提供更多的选择，更快地响应不断变化的（客户）需求，并且使库存更少，运输成本更低。利用这一优势，沃尔玛逐渐主导了零售业。其他行业的公司也纷纷建立了大型信息技术系统，并利用它们来获得行业主导地位。汽车公司和飞机制造商建造了价值数十亿美元的系统用于设计新型汽车和飞机，这些系统现在也高度依赖软件；银行开发了专属系统，利用自身掌握的财务数据，以定制型信用卡服务对消费者进行精准定位，同时进行风险管理；谷歌公司（以下简称谷歌）和脸书（现已更名为元宇宙）开发了专属系统，利用在线活动数据向消费者精准投放广告。这些系统都与公司在专有软件上投资的重大转变，以及如何保持在行业中持续领先的主导地位息息相关。

这些系统的共同之处，在于它们让公司能够更好地满足高异质性、快速变化的客户需求。通过增加产品的功能和可选择性，提升产品的复杂性，公司可以满足客户的不同需求。与竞争对手相比，沃尔玛在门店中能够管理更多的货物品类，做得也更高效；先进的汽车和飞机会有更多的功能；知名银行和广告商会提供更详细的目标方案。当人们考虑计算机对经济的影响时，他们通常关注的是价格，如计算机硬件快速下跌的价格，或者软件复制的低成本。在这里，软件的另一个很少被关注的特征也在发挥作用：与有形系统相比，在软件系统上添加一个功能的成本较低。因此，复杂性可以在更大的规模内以更低的成本进行管理。不同公司会在复杂性上展开竞争。

虽然信息技术帮助公司取得了成功，但直到我开始思考它的历史背景之前，我仍然没有看到它从根本上改变了经济进程。新技术（在以前）通常不会改变基本的经济和社会关系，但从19世纪末开始，它们确实做到了。许多行业的公司开始通过大规模生产，在效率方面取得重大收益，尤其是钢铁和电力等重工业的生产成本大大降低。新型的大公司出现并主导了它们所在的行业，同时改变了竞争、劳动力市场、经济一体化和创新过程。伴随着巨大的经济利益，滥用技术和政治腐败的机会也出现了。"进步时代"①的人们提出的应对办法，是用国家的监管权力来制衡不断增长的企业权力，包括（公平）竞争、食品和药品安全、就业歧视、童工、政治腐败等方面。

由于这些新技术的运作规模更大，新的组织和新的机构便应运而生，从而改变了经济和社会。但是，这些新技术也有显著的局限性。大公司以牺牲多样性和灵活性为代价获得了经济效益。标准化对于大规模生产至关重要，因为管理太多的多样性或太多的特性会推高成本。但信息技术可以大大降低这些成本。今天，软件重新界定了效率和异质性之间的协调与平衡关系，容许公司在一定程度上实现两者的结合。因为这种协调与平衡不仅发生在整个经济中，而且涉及新的组织和机构，它确实产生了深远的影响。

---

① 指20世纪初美国展开"进步运动"的时代。美国史学界一般把1900—1917年美国所发生的政治、经济和社会改革运动统称进步运动。在性质上，进步运动是以中产阶级为主体、有社会各阶层参与的资产阶级改革运动，目的在于消除美国从"自由"资本主义过渡到垄断资本主义所引起的种种社会弊端，重建社会价值体系和经济秩序。在内容上，进步运动同时在联邦、州和市三级展开，从政治领域的争取妇女选举权、市政改革到经济领域的反垄断运动，从救济穷人和改善工人待遇的社会正义运动到自然资源保护，囊括社会生活的各个方面，影响深远。——编者注

创新的阻力

本书就证明了这一点。信息技术不再能营造公平的竞争环境；相反，创新者的成长面临着很强的阻力。现在，只有顶级公司才能使用关键的前沿技术。拥有这项技术的"巨星级"企业和没有这项技术的公司的员工人均收入差距会越来越大，这减缓了经济增长。此外，只有经过挑选的员工才能接触到新技术，并通过习得技能得到高薪。尤其是在一些城市和一些职业中，"巨星级"企业给的薪酬更高。因为薪酬的高低越来越取决于你为谁工作，而不仅仅是你工作有多努力，这种不平等加剧了人们在政治上的不满。随着经济分化和不平等的加剧，社会凝聚力受到了破坏。此外，大公司和社会其他部门之间的权力平衡已经像过去一样发生了变化。当技术使产品和服务变得更加复杂时，政府就失去了监管的能力。大众汽车公司运用其专有软件操纵数据，使政府无法监管其柴油排放量；金融机构操弄抵押贷款风险模型，导致监管机构无法管理系统性风险。此外，随着监管规则变得越来越复杂，监管机构更易受到行业专家，以及游说和竞选捐款助长的间接腐败的影响。

我们的社会正面临着当代科学技术带来的挑战，这区别于以往任何时期。新技术正在创造一个新的经济，一个"超级明星资本主义"。理解这一变化，对制定相关政策，从而恢复经济活力，更加公平地分享财富和打造一个更有凝聚力的社会至关重要。

▶ 目录

导论

　　莎朗·布坎南（Sharon Buchanan）在距离代顿市不远的俄亥俄州特洛伊市的马什超市（Marsh Supermarkets）工作。1974年6月26日这天，她在上班时注意到闲逛的人比平时要多。前一天晚上，工程师和技术人员在她的收银台安装了条形码扫描仪，他们迫不及待地想看看它的实际工作效果，同行的还有杂货连锁店经理和技术开发公司的高管。马什超市的高管克莱德·道森（Clyde Dawson）是莎朗·布坎南的第一位顾客，莎朗·布坎南扫描了那包67美分的箭牌果汁口香糖，这标志着条形码扫描仪在零售业得到首次商业应用。自从最初的那次扫描以来，这项技术的使用已经无处不在，每天都有超过50亿个条形码被扫描。条形码扫描技术改变了包括零售业在内的许多行业。那包口香糖现在就陈列在华盛顿特区的美国国家历史博物馆中。

　　值得注意的是，马什超市不是大型的全国（美国）连锁店，而是一家中等规模的区域连锁店。与许多20世纪七八十年代的信息技术一样，条形码扫描仪价格实惠，可以帮助小公司同大公司竞争。随着数字硬件价格的暴跌，情况更是如此。由于应用市场广泛、价格低廉，许多新的信息技术成为"颠覆性创新"。

　　不过这种情况很快就改变了。当时的另一家区域连锁店沃尔玛，早期也使用了条形码扫描仪。但它能够基于这项技术建立一个大型系统，最终主导整个行业。条形码扫描仪最初利于小公司更平等地与大公司竞争，而新系统则使大公司得以主导其所在的行业。现在这项技术正在使竞争环境更有利于大公司，而不是变得公平。条形码扫描技术的故事表明了经济正在发生的深刻变化，这些变化广泛影响着许多行业和整个社会。

连锁店的崛起

20世纪初，随着连锁店的兴起，零售业的竞争环境变得更有利于大公司。在杂货店领域，这场连锁店革命是由A&P的约翰·哈特福德（John Hartford）领导的，他于1912年推出了现购自运（cash-and-carry）的经济商店。那时的消费者通常在一系列专卖店（肉店、面包店、烛台制造店）购买食品杂货，这些专卖店由中间商（批发商和零售商）构成的网络提供商品，允许赊销并提供配送服务。约翰·哈特福德取消了赊账和配送服务，对A&P的商店形式及所售商品的选择进行了标准化，引入集中核算、控制和采购流程。为减少中间商的参与，他还建立了中央仓库和一个使用公司自有卡车的分销网络。此外，A&P进行大批量采购，在制造商处获得最优惠的价格，或者在许多情况下，以较低的成本揭供自有品牌商品。

创新的阻力

与独立杂货店相比,这种商业模式创新为A&P带来了更多优势。连锁店采用标准化、规模经济以及集中的仓储和分销网络,可以在降低配送成本的同时避免中间商加价。通过更高效的核算和库存管理系统,连锁店能更准确地预测顾客对每种产品的需求,使连锁店货架上的商品琳琅满目。连锁店将部分降低的成本让渡给消费者。20世纪二三十年代的研究结果表明,连锁店的商品价格比独立杂货店的低4.5%~14%。

连锁店的商业模式不是工程或科学的创新,相反,它的创新体现在管理组织技术方面。正如历史学家詹姆斯·贝尼格(James Beniger)所言,从19世纪开始,高速的工业生产需要新的方法来控制信息流,以便管理越来越多的商品生产量和分销量。在 A&P 的哈特福德模型中,销售及库存信息流向总部,经理们在总部决定存储的商品种类、存储地点以及如何定价。标准化减少了必须管理的信息量;标准化商品和商店的集中决策意味着A&P通过在仓库和卡车车队的巨额固定成本上进行投资,从中获利。这些措施为公司提供了规模经济,而规模经济意味着成本和价格的降低。

这些优势使连锁店得以发展。在早期的几十年里,A&P平均每三天开一家新店,从1914年的650家门店发展到大萧条时期的15 000多家门店,其连锁店占美国杂货店业务的11%以上。包括克罗格连锁店(Kroger)、美国连锁店(American Stores)、赛福威连锁店（Safeway）和第一国民连锁店（First National）在内的其他连锁店也在迅速发展。到1931年，这前五家连锁店在全美杂货销售额中所占比例已超过29%。

连锁店日益增长的主导地位对小型独立商店造成了毁灭性的打击，导致数以千计的小型独立商店倒闭。有些商店通过成立合作社获得规模经济和集中分销的优势。而当时人们在政治上的反对也很强烈。从1922年开始，美国全国零售杂货商协会（The National Association of Retail Grocers）推动相关法律的制定，限制连锁店发展，包括对连锁店的用地和商品征税，以及限制连锁店数量的城市区划法。大多数州都通过了相关法律。为了保护小型零售商，1936年美国国会颁布了《罗宾逊·帕特曼法案》（*The Robinson-Patman Act*）来限制大型连锁店在制造商处能够获得的折扣力度。尽管如此，自20世纪20年代开始，延续到超市和购物中心的时代，大型连锁店一直在杂货市场占据相当大的份额。

升级

条形码扫描技术的问世为中等规模的杂货店提供了一个真正的机会：这是一项它们能够负担得起的技术，同时也是一项能够给它们带来显著收益的技术。然而在此之前，该行业必须解决"先有鸡还是先有蛋"的问题。只有制造商将条形码印在商品包装上，条形码扫描仪才能发挥最大作用。因此，随着更多制造商的加入，杂货商的收益也会逐渐提高。但制造商只有在确信有足够多的杂货商需要条形码时，才愿意改变商品包装。另外还需要将条形码标准化，以便杂货店安装的特定扫描仪都可以读取商品包装上的条形码。

代表制造商和杂货商的六个行业协会成立了一个委员会来制定条形码标准，并于1973年发布了通用产品代码（UPC）。这就是我们今天使用的标准条形码，也是1974年6月在马什超市特洛伊店首次扫描的标准条形码。不过，像许多新技术一样，条形码扫描仪最初的采用速度很慢。部分原因是初始技术的局限性和成本，最初只有2000家食品和饮料制造商在商品包装上印上条形码。不过渐渐地，有越来越多的杂货店开始安装条形码扫描仪，越来越多的制造商在商品包装上添加条形码。到1984年，已有1.3万家制造商加入；到1985年，29%的超市都在使用条形码扫描仪。

条形码扫描仪的早期使用者往往是大型独立商店或区域连锁店，事实上，大型全国连锁店应用该技术的速度相对较慢。由于该技术仍然相对昂贵，小型独立商店更不可能使用条形码扫描仪。

对于中等规模的连锁店，条形码扫描仪具有经济意义，因为它带来了真正的好处。以威斯康星州南部的迪克超市（Dick's Supermarkets）为例，迪克超市在1978年安装了条形码扫描仪，当时它拥有5家门店和325名员工。该连锁店创始人之子比尔·布罗德贝克（Bill Brodbeck）告诉当地报纸，"条形码扫描仪减少了顾客排队结账的时间，并为顾客提供了一个收据单，（顾客）可以由此查询购买的每件商品及其价格"。

新系统的一个主要优点是通过自动化节省成本。事实上，早期应用者采用新技术的主要原因是新技术具备节省劳动力的潜力。有了条形码扫描仪，收银员为顾客购买的商品结账所需的时间更少。美国农业部的一项研究发现，条形码扫描仪可以减少18%~19%的结账时间。此外，许多商店不再需要专门的员工为每件商品贴价格标签，并且由于条形码扫描仪与保存实时库存信息的计算机相连，也不再需要频繁的人工更新库存（盘库）。经济学家埃梅克·巴斯克（Emek Basker）估计，条形码扫描仪使单位劳动力成本降低了4.5%。

也许新系统更大的优点是商店可以为顾客提供更好的服务。当然，顾客也受益于便捷的收据单和更短的结账时间。而且，新系统还使商店能为不同消费者提供他们想要的商品。迪克超市的高级销售副总裁戴夫·海默（Dave Hymer）在1987年的一次采访中说："如果没有条形码扫描仪的信息，我们就无法有效地推广我们的商店。在普拉蒂维尔销售的商品不一定会在普雷里杜肯销售。因此，我们利用各个商店的数据来决定货架上和橱窗里该摆放哪些商品，从每英尺①的展示空间中获得最高的销售额和最大的生产力。"除了为不同的商店量身定制商品摆放方案，新系统还使商店经理能够辨别出畅销商品和滞销商品，帮助商店经理淘汰销售缓慢的商品为新商品让路，从而不断变化商店的商品组合。此外，新系统能帮助商店经理有效管理库存以避免畅销商品缺货，并储备更多种类的商品。戴夫·海默还说："我们不相信凭空捏造。"他们鼓励商店经理在销售方式上发挥创意，并利用条形码扫描仪的信息使商店获得更多利润。

据《进步杂货店》（*Progressive Grocer*）杂志报道，前沿技术和优秀人才的结合使迪克超市成为"世界上最精明的食品零售商之一"，甚至成为全美连锁店业内强有力的竞争对手。1985年，迪克超市在拥有6000人口的普雷里杜肯开设了一家商店，与全国性的皮格雷-威格雷（Piggly Wiggly）特许经营连锁店展开竞争。戴夫·海默告诉《进步杂货店》杂志说："虽然竞争对手已经很成熟了，但它不具备我们的多样性和风格。"

随着基础技术的改进，条形码扫描仪可以读取更小的条形码和潮湿、损坏的标签。而且，提供条形码的制造商数量大幅增加。或许最重要的是，由于包括计算机在内的硬件价格急剧下降，小型商

---

① 1英尺≈0.3047米。——编者注

店越来越能负担得起安装费用。

颠覆性创新时代

个人计算机（PC）的出现及计算价格的大幅下跌，促使许多行业采用新的信息技术。在众多公司中，这些技术使小公司能够在一个公平的环境中参与竞争，甚至取代不那么灵活的老牌大公司。1995年，《公司》（*Inc.*）杂志欣喜地指出：

信息技术能让大卫看起来像巨人歌利亚吗？[①]根据我们采访过的首席执行官和公司总裁们的说法，答案是肯定的。在当今这个由网络数据库、电子邮件、光盘只读器和电话会议组成的世界中，成功的决定因素不是规模，而是技术实力。即使只有15~20人的公司也可以做到在员工不离开办公室的情况下，收集世界各地的市场数据、建立远程战略合作伙伴关系、通过万维网在任何地方做广告，

---

① 大卫是《圣经》中的一个人物，公元前1010年至公元前970年是以色列王。当时，以色列王扫罗在位。非利士人入侵以色列，非利士人中有一位巨人，名叫哥利亚，头戴钢盔，身穿铠甲，力大无穷，在战场上所向披靡，以色列人死伤无数。大卫到达了前线时，他看到敌方的巨人哥利亚冲了上来，以色列人抵挡不住。这时，大卫率众走上战场，大声地痛骂哥利亚，等到哥利亚被骂得头昏脑涨时，大卫用甩石机甩出石头打昏了哥利亚。大卫冲上前去，杀死哥利亚，挽救了以色列。——编者注

创新的阻力

或者举行国际销售会议。

由于信息技术如此实惠，小公司比以往任何时候都更容易与大公司竞争。10年前，购买一个高性能的计算机系统可能会让一家小公司损失半年的收入。

起初，许多新技术只是运行在昂贵的大型计算机或小型计算机上的廉价技术版本。自20世纪50年代以来，基本的会计和薪资核算软件一直在大型计算机上运行。如今，花费几百美元就可以在台式计算机上运行这些软件。报税软件也是如此。20世纪70年代，一些公司在专用的小型计算机上提供文字处理系统。类似的软件很快就可以在个人计算机上使用。

大量的专业应用软件被移植到个人计算机上，使应用变得更加实惠。例如，Primavera（中文译名为"金铃木"）系统公司在1983年推出了一个基于个人计算机的项目管理系统，它由一个小型计算机软件移植而来。该系统使管理人员能够规划、实施和跟踪建筑以及其他领域复杂项目的详细计划。这些系统以前对许多公司来说过于昂贵，不过现在，大量的小型和大型总承包商都开始使用基于个人计算机的项目管理系统。

许多应用软件很快就超越了在大型计算机或小型计算机上使用时所具备的功能。它们变得具有交互性，融入图形用户界面，从而使人们更容易学习使用这些系统，还增加了新的重要功能。虽然从1969年开始，人们可以在大型计算机上批量处理电子表格上的计算工作，但随着1979年VisiCalc（中文名称为"石灰粉"）软件的推出，电子表格可以在个人计算机上以交互方式输入，具有更强的易用性和实时适应性。该软件还提供了其他的高效工具以定制各种用途的电子表格。

这些变化不仅颠覆了软件行业，还使许多公司开始使用廉价的现成电子表格软件和台式计算机为公司特定需求创建定制应用软件。大小公司都可以创新性地使用这些新工具。《公司》杂志对于小公司的机遇所持的乐观态度是真实的，且有广泛的实例可以证明。

我亲身经历了这种盛况。1983年，我在费城经营一家小型周报，这是第一家为该市西班牙裔人口服务的双语报纸。同许多小型出版物一样，撰写广告是一件令人头疼的事，许多广告都刚好在截稿前才发布。我们必须将这些广告快速组合，并围绕它们进行页面排版，出现任何错误都有可能得不到报酬。

当时第一台IBM（美国国际商用机器公司）个人计算机刚刚发布，我意识到可以通过编程在计算机屏幕上以图形的方式合成文本［借助专门的大力神（Hercules）图形适配器卡］，并将其输出到照片排版机。我做到了这一点，并开发了第一个"所见即所得"

创新的阻力

（What-you-see-is-what-you-get，WYSIWYG）桌面出版软件。很快，我们就用它来制作广告并为出版物排版页面。

在编写这个软件的时候，我隐约意识到一些设立在小型计算机或工程工作站上的高级系统也可以做类似的事情。20世纪70年代，Atex系统已经被大型报社广泛采用。Atex是一个在小型计算机上运行的文字处理系统，专门满足报纸业的文字排版需求，但它不具备"所见即所得"的页面排版功能。也有一些专属的广告合成工作站提供"所见即所得"的页面排版功能，但它们的价格在10万美元以上，远远超出了小型报社和杂志社的承受能力。

我首先尝试把软件出售给一家排版公司，但该公司拒绝了我并决定自行开发类似产品。备选计划是自己把它卖掉。1984年4月，我在一个印刷和排版贸易展的展厅后面买了一个10英尺×10英尺的展位。我和妻子在展位上工作，展示我们的产品。很快我们就被买家围住了，过道对面的大型排版公司对此大为懊恼，而我们则非常兴奋。

我们和其他公司很快就普及了桌面出版软件，之后所有人都对字体（种类）、字距（调整）和排版术语有所了解。曾经用打字机撰写的一系列新闻通讯和其他出版物现在都采用了高度风格化的字体。《桌面出版》（*Desktop Publishing*）杂志于1985年问世，出版商声称："几乎对于任何使用个人计算机准备制作专业出版文件的人而言，出版已经变得非常划算。新的出版工具将书籍制作、时事通讯出版、杂志设计、广告排版、手册制作和宣传文献出版等工作交到了个人计算机用户的手中，而他们以前从来没有机会做这些事情。"出版商还引用了记者A.J.利布林（A.J.Liebling）在1960年报道美国报纸出版商协会年会时所说的话，"只有拥有新闻自由的人才能享有新闻自由"。他指出，报纸行业的整合限制了报纸所代表的观点的范围。

桌面出版软件确实让更多的人拥有了属于自己的媒体。几十年来，美国周报的数量一直在减少，从1939年的11 516份下降到1984年的6798份。但在接下来的五年里，周报的净数量增加了824份，月刊的数量增加了349份，甚至日报的数量也从1987年的1646份增加到1990年的1788份。几十年来由大型报社和杂志连锁企业主导的行业整合，让位于新出版物的短暂复兴。然而，这种复兴毕竟是短暂的，由于互联网在20世纪90年代迅速发展，大大小小的出版商都失去了广告商。

廉价计算机的快速发展以及新软件包的泛滥，可能也促进了其他行业活力的普遍提高。衡量行业活力的一种方法是观察每个行业中主导企业的更替率，即主导企业被新兴企业取代的频率。在一个行业中，如果顶级企业不断面临来自新兴对手的竞争威胁，那么该企业就会通过创新来保持领先地位。一个老牌企业没有被取代威胁的行业，充其量算一个创新动力不足的行业。正如经济学家约翰·希克斯（John Hicks）曾指出的那样，"最好的垄断利润是平静的生活"。在1970年，占主导地位的企业平均而言确实过着相对平静的生活。在所有狭义定义的行业中，一家企业跌出其行业销售排名前四的可能性约为6%。到20世纪90年代末，这一更替率翻了一番，达到12%~13%。由于创新型企业不断超越既有企业，这几十年似乎是一个越来越具颠覆性创新的时期，同时也是初创企业和小企业的一种复兴。

新的巨人

就像小型出版物的复兴一样，条形码扫描仪给小型零售商带来的复兴也是昙花一现。少数企业能够利用条形码扫描技术建立新的系统和组织，取得巨大成效，并逐渐成为各个零售领域的主导者。小型零售商和大型老牌连锁店都无法与之竞争。

沃尔玛是最典型的例子。以下是《哈佛商业评论》的摘要：

1979年，凯马特（Kmart）是折扣零售业之王，而这个行业实际上也是由它创造的。凯马特拥有1891家门店，每家门店的平均收入为725万美元，享有巨大的规模优势，这使它在采购、分销和营销方面的规模经济得以实现。而几乎任何一本管理教科书中都写道："这对于在一个成熟且低增长的行业竞争中取得成功至关重要。"相比之下，沃尔玛是美国南方的一家小型零售商，只有229家门店，平均收入约为凯马特门店的一半，算不上一位强劲的竞争对手。

然而仅仅10年之后，沃尔玛就改变了自己和折扣零售业。沃尔玛年增长率接近25%，实现了所有折扣零售商中最高的单位门店面积销售额、库存周转率和经营利润。沃尔玛1989年的税前销售回报率为8%，几乎是凯马特的两倍。如今（1992年），沃尔玛是世界上规模最大、利润最高的零售商。

1982年，沃尔玛占美国百货零售商销售额的3%；30年后，沃尔玛在美国的销售额占行业销售额的52%。而凯马特于2004年与西尔斯百货公司（Sears）合并，合并后的新公司在2018年宣布破产。

对小型零售商而言，沃尔玛带来的冲击同样具有毁灭性。一项研究结果表明，沃尔玛每开一家新门店，小型零售商（员工少于100人）的数量将平均减少4.7家。1977年至2007年，沃尔玛共开设了3000家门店。另一项研究发现，1987年至1997年美国百货商店的单店销量降低，约一半归因于沃尔玛的扩张。此外，当沃尔玛进入一个市场时，超过半数的商店利润将下降，这些商店无法再收回沉没成本。换句话说，由于利润太低，如果再次开店，它们就不会选择进入这个市场。

沃尔玛是百货行业中较早采用条形码扫描技术的企业。[1]到20世纪80年代末,沃尔玛的所有配送中心都采用了该技术。这些条形码扫描仪生成了大量信息,即每家商店中每个收银台的每件商品的购买情况。但沃尔玛不像传统连锁店采用的模式那样,将这些信息直接发送给总部进行集中决策,而是改变了流程,支持每位门店经理甚至供应商分散决策。到20世纪70年代末,所有的配送中心都通过计算机网络相连。为加强门店和总部之间的通信,沃尔玛在1987年耗资2400万美元建成自己的卫星网络,这是当时美国最大的私有卫星通信系统。1990年,沃尔玛推出了零售链接(Retail Link)软件,将其门店、配送中心和供应商连接起来,同时提供了详细的库存数据,"使供应商对各个门店能有更深的了解"。供应商可以跟踪各个门店的销售情况,生成订单以快速补货。某些情况下,计算机会使用自动采购技术生成新订单。

对沃尔玛来说,最大的好处也许在于通过大幅增加产品数量来促进一站式购物。通过使用信息技术分散决策权,沃尔玛降低了管理额外产品线的成本,使门店能够处理更多的商品。尽管沃尔玛最初只是一家纯百货折扣店,但凭借这一技术,它还是很快扩充了产品线,并开始尝试不同的店面形式。1988年,它推出了超级中心(Supercenter)模式——不再是一家销售商品的普通商店,而是一个销售干货、冷冻产品、红肉、家禽、新鲜海鲜和其他农产品的全方位服务超市;并且提供一系列其他服务,包括药品销售服务、眼镜销售服务、摄影服务、轮胎和润滑油销售服务、美发美甲服务、手机销售服务、银行和快餐服务。

沃尔玛提供的商品种类越多，就越有可能拥有消费者想要的商品，而一站式购物使人们更容易购买一系列商品和享受服务。长期以来，沃尔玛一直自诩一站式购物是"顾客选择我们的超级购物中心"的原因。消费者也认同这种说法。在一项关于"沃尔玛最吸引你之处"的民意调查中，22%的人称沃尔玛选择范围广、种类繁多。一项研究发现，由于这一优势，消费者愿意在沃尔玛购物时支付额外的费用。

当然，在一个门店中处理更多商品和产品线的成本很高。约翰·哈特福德的连锁店战略是限制产品数量并使之标准化，以便使集中决策可行且具有成本效益，而沃尔玛则通过使用信息技术有效地管理复杂性，彻底改变了这种模式。这为沃尔玛提供了巨大的竞争优势，使它区别于竞争对手。

各地区门店数量以及每家门店商品数量的增加，创造了显著的规模经济。沃尔玛放弃了传统的连锁店仓库模式，转而采用一种被称为交叉对接的物流做法。在传统的仓库系统中，当商品从供应商那里运来时，卡车上的货物会被卸下来储存在仓库货架上。之后，当门店需要补给时，工人会把商品从货架上取下，装上卡车运送到门店。在沃尔玛的系统中，供应商的卡车在仓库卸货，但货物不是储存在仓库货架上供日后取用，而是直接装上送货卡车配送到门店。这种做法降低了大部分的仓库劳动力成本。为了使该系统正常运作，供货卡车必须与将货物最终运送到门店里的卡车大致同时到达，丰富的数据流和信息技术使这种协调成为可能。正如一项研究所指出的，"交叉对接使沃尔玛实现了购买整车货物的经济效益，同时避免了通常的库存和处理成本"。在食品杂货领域，这种节省意味着与传统超市相比，沃尔玛超市（包括食品杂货店）在同一市场上相同产品的价格大约要低10%。节省下来的费用使沃尔玛能够推行"每日低价"战略，在收费低于竞争对手的同时带来额外的零售流量。沃尔玛还节省了频繁促销的费用，通过减少缺货和降低库存更加精准地预测销售。

沃尔玛只有稳定地向供应商和门店经理传达单个门店的销售信息，才能获得这些好处，同时也节省了商品流入时间。供应商能够对个别产品的需求增减做出更迅速的反应，以确保每家门店都有当下的热门商品，并且不会在流行趋势消退时出现库存过剩的情况。凭借自有卡车车队，沃尔玛在48小时内将货物从仓库运到门店。与每两周补货一次的行业标准相比，沃尔玛平均每周为门店补货两次。此外，该系统可以帮助货物供应商针对特定门店的需求供货，为每个门店提供当地市场所需的各种商品。

这个系统不仅涉及信息技术的问题。诚然，许多大型零售商在技术方面投入了大量资金，沃尔玛并不是唯一投资于信息技术以管理零售信息的企业。西尔斯百货公司是许多零售技术领域的引领者。在20世纪80年代末，西尔斯百货公司是IBM最大的客户，西尔斯百货公司率先利用其神童（Prodigy）系统开展电子商务。

但沃尔玛做了不一样的事，它将信息技术与一种新型组织结合，这改变了约翰·哈特福德的连锁店模式。利用信息技术进行分散决策，能够快速高效地做出无数决策，打造出能更好满足顾客需求的门店。正是这种技术和组织的结合让沃尔玛才得以快速发展，而西尔斯百货公司、凯马特以及无数小型零售商却在苦苦挣扎，经常失败。

信息技术

随着计算成本大幅下降，且软件复制的成本往往也可以忽略不计，免费或几乎免费的服务应运而生。这些变化很重要，但我在本书中关注的是另一种现象：信息技术正在改变经济，因为它正在改变经济参与者使用信息的方式。由于信息对市场和经济机构的性质非常重要，因此信息技术影响着经济运行的关键方面。

事实上，自第二次世界大战以来，经济分析的主要成就之一就是明白了信息（即经济参与者知道什么、不知道什么）对经济运行有着深刻的影响。人们认为信息是导致市场失灵的原因，它影响企业的边界和组织、合同的制定方式、如何设计制度以提供最佳激励，以及如何制定监管措施。随便浏览诺贝尔经济学奖的获奖者名单，你就会发现其中大多数人都对信息经济学做出了贡献。

这项研究议程始于路德维希·冯·米塞斯（Ludwig von Mises）和弗里德里希·哈耶克（Friedrich Hayek）对计划经济的批判。计划经济的支持者主张由中央计划委员会分配生产资源从而控制经济。路德维希·冯·米塞斯和弗里德里希·哈耶克在批判计划经济时认为，经济运行需要价格机制。弗里德里希·哈耶克在1945年发表的一篇开创性论文《知识在社会中的运用》（*The Use of Knowledge In Social*）中，提出了如何组织经济的问题，认为其关键是信息或知识的获取：

合理的经济秩序问题的特殊性质正是由这样一个事实决定的：我们必须利用的有关（周围）环境的知识从未以集中或整合的形式存在，而仅仅是以每个个体拥有分散、不完整、经常相互矛盾的知识片段的形式存在。社会的经济问题……关乎如何确保最好地利用社会所有成员已知的知识资源，其相对重要性只有与之相关的个人才知道。简而言之，这是一个知识利用问题，不过这些知识不是全部提供给每个人的。

此外，人们面临的挑战不仅在于知识的获取，还在于引导不同的经济主体以社会最优方式行事。中央计划的制定者可能会承诺带来更公平的经济，但终将失败，因为中央计划的制定者既无法了解复杂经济体不同的以及不断变化的需求，也无法有效地指导不同的经济主体去满足这些需求。

其他经济学家进一步延伸了这一概念，并将对信息和知识的分析扩展到其他领域。两个密切相关的经济知识问题与弗里德里希·哈耶克的问题有关。首先，这些知识大部分是广泛分散、高度局部性、经常变化的，这使得中央计划的制定者难以或不可能获得这些知识，其他个人也不可能知道。其次，许多经济主体不会向中央计划的制定者或其他经济主体如实透露他们掌握的知识。例如，制造商拥有关于其产品质量的信息，但可能不愿意向潜在客户透露这些信息，尤其是在产品质量不好的情况下。这就是所谓的私有信息或不对称信息（一方比另一方拥有更多的相关信息），它影响着广泛的经济互动。

这种对信息的关注可以在很大程度上解释连锁店的兴起以及沃尔玛随后崛起的原因。零售商寻求以最优惠的价格从制造商那里获得最优质的商品，但零售商缺乏有关不同制造商产品质量的信息。制造商可能享有不同的声誉，但零售商基本上必须通过经验来了解商品的质量。[2]零售商必须通过进货来观察商品的销售情况，以及顾客对商品的喜欢程度或是否退货。但这种学习经验既昂贵又耗时，尤其是当不断出现许多新产品时。因此，独立零售商必须在提供有限的商品种类和提供库存质量不稳定的商品之间做出选择。

除了能够影响分销成本的（其他）经济手段之外，连锁店还通过标准化实现规模经济。这意味着连锁店可以提供有保障的、高质量的商品，并提供更多种类的商品。当然，这种集中决策也有一个缺点，那就是连锁店忽略了许多当地信息，它为可能有不同品位以及不同层次的消费者定制产品的能力有限，而且对当地顾客需求变化的反应也很慢。连锁店模式能够帮助店家获得收集当地信息的能力，降低获取产品质量信息成本。连锁店和其他大型企业在运作中引入中央计划的元素，这样一来，它们就受到了弗里德里希·哈耶克问题的影响，即分散的个体所了解的当地信息有限。

沃尔玛的商业模式还通过在门店之间共享产品质量信息来节省学习成本。不过由于沃尔玛分散了决策权，它可以更好地满足当地顾客需求。通过分散关键信息，沃尔玛允许门店经理在总部的监控下根据当地需求对商品种类和库存数量进行调整，并处理向不同门店配送各种商品的复杂事项。同时，信息技术有助于门店之间共享有关新产品和需求变化的信息，还能快速有效地将（质量、价格）不断变化的各种商品配送到各个门店。这些优势意味着沃尔玛可以经济高效地在其门店提供更多种类的商品，并提供消费者想要的产品品质。

借助信息技术，基本的范围经济得以存在，商家可以更好地获取当地信息。设计良好的软件是模块化的；与物理系统相比，处理附加产品或功能的代码可以在很大程度上独立开发，且成本相对较低。通过范围经济，信息技术打破了对于当地信息的需求与标准化带来的成本节约之间的僵局。信息经济学的这种变化从根本上改变了经济秩序。

沃尔玛并不是一个孤例。其他行业的其他企业也正利用信息技术来获取并迎合个体或当地顾客的需求。其他行业的竞争环境也发生了改变：类似的故事在发生，企业取得主导地位，然后利用新的信息技术保持领先地位。这些说法与一种普遍的观点背道而驰，即我们生活在一个过度竞争的时代。约瑟夫·熊彼特关于颠覆性创新的观点以及克莱顿·克里斯滕森（Clayton Christensen）关于企业颠覆性的观点广受欢迎。许多专家，如艾伦·格林斯潘，认为我们生活在一个颠覆性创新加速的时代。

我对这种颠覆性神话提出质疑，在接下来的章节中，我们将探讨它为什么会成为一个神话。在第一章中，我展示了过去20年来行业龙头被颠覆的概率急剧下降的证据，并表明企业通过对专有软件进行大量投资而占据市场主导地位。这些新系统使行业龙头能够重复利用其复杂性进行竞争，即提供更丰富的品种、更多的功能或更多的产品版本。

但为什么对专有软件的投资会使得大企业持续占据市场主导地位？在第二章中，我认为在复杂性上的竞争改变了市场和产业结构的性质。产品和服务的复杂性使企业能够将其产品与竞争对手的产品区分开来。按照约翰·萨顿的观点，这种竞争会产生"自然寡头垄断"，即少数 "巨星级"企业（投资并掌控技术的企业）占主导地位的行业。头部企业占据主导地位，不仅仅是因为它们有更好的管理者或更高素质的员工。此外，许多行业的竞争性质已经发生变化，这扩大了绩效差异并改变了企业行为。

这种新型竞争的一个关键含义，是有关新技术的知识不会像过去那样在社会中迅速传播。在第三章中，我们将探讨一个有关企业如何基于新技术设法保持主导地位的难题。过去，有关主要新技术的知识会传播给竞争对手，进而加剧竞争，新知识被共享、许可、复制并独立开发；如今，这种情况似乎发生得更少或更慢。我认为有两个主要原因：一是占主导地位的企业没有将它们的技术授权给其他企业使用的动机，因为这样做会减少它们与竞争对手的差异；二是技术的复杂性增加了竞争对手模仿或独立开发（技术）的难度。这种较慢的技术知识"扩散"对"巨星级"经济的影响至关重要。在第五、第六和第七章中，我将阐明较慢的技术知识扩散是如何改变行业活力、初创企业的增长前景、生产率增长、收入不平等，甚至监管者的治理能力的。

但在此之前，第四章中我将破除一个常见的误解：新技术的影响主要体现在工作的自动化这一方面，它有可能造成失业。而我认为，自动化不一定会导致大规模失业；自动化目前没有导致这样的结果，在未来几十年也不太可能。尽管自动化确实迫使许多劳动者为从事需要新技能的工作，在过渡过程中要付出高昂的代价，但新技术更大的影响还在于其他方面。

（技术、知识）缓慢扩散的意义远远超出了产业结构的范畴。"超级明星资本主义"的印记几乎遍布当今所有经济体中。在第五章中，我们将探讨行业活力和小型创新企业的命运。一个关键因素是规模较小的企业现在面临发展的阻力；由于无法获得最先进的技术，自2000年以来，高生产率的小型企业平均成长速度放缓。但这并不是说创新型初创企业的数量减少了，而是说虽然它们进入了市场但成长速度放缓了。然而，这种现象最终会降低总生产力的增长。

此外，由于获得新技术的机会有限，雇员在获得与这些技术相关的技能时会面临更大的困难，从而造成雇主之间的技能差距和雇员之间的收入差距加大。在第六章中，我们将探讨这些差距如何加剧不同企业、不同职业以及不同地点的劳动者之间的收入差距。

数据和软件的访问受限同时也破坏了政府监管。在第七章中，我们将看到监管者对信息的日益依赖如何限制他们的治理能力，进而导致重大失败，如柴油排放丑闻、波音737MAX飞机空难以及造成国际金融危机的次贷市场崩溃。

这些与行业活力、生产力增长、收入不平等和政府监管有关的问题实质上源于（技术、知识）缓慢扩散或受限访问，但这些结果并不是由技术决定的。企业在法律和制度的指导下，就许可或共享数据、软件、相关知识做出自己的选择。关键的政策挑战是鼓励企业更多地授权或分享技术，更迅速地传播知识，改善这些问题，并允许新技术带来的巨大福祉惠及全社会。

在第八章中，我们将具体关注数字平台的作用，这一直是反垄断法特别关注的对象，也是美国国会听证会的焦点。数字平台使反垄断分析复杂化，也使处理竞争政策方面的问题更加困难。尽管大型科技平台应该受到严格的反垄断审查，但当今占主导地位的企业所带来的挑战远不止少数几家数字平台企业的行业垄断，而且这些问题远远不是仅靠竞争政策就能解决的。加强反垄断执法是一个好主意，但它可能不足以应对"巨星级"企业带来的挑战。拆分大企业也不可能解决这些问题，因为与企业规模本身相比，这些问题与知识（或技术）的获取更加相关。

事实上，在第九章中，我认为应该鼓励创建开放平台，它们对于消除"超级明星资本主义"对生产力、社会平等、安全和保障所造成的一些损害至关重要。当IBM分拆①其软件业务、亚马逊分拆其信息技术基础设施和网站时，开放平台的创建释放了高度活跃的行业增长，为小企业提供了公平的竞争环境，为生产力提高、技能提升和薪酬增长创造了机会。然而，重要的政策，特别是有关知识产权的政策，削弱了拆分占主导地位的企业的动力。

最后，我在结语中建议，通过正确的政策平衡，我们可以迈向新的经济秩序，一个擅长满足不同消费者需求、为劳动者和创新型企业提供更多机会的新秩序，以及一个更公平、更有凝聚力和更好管理的社会。可持续的信息经济不仅是大量人员使用信息工作的经济，更是一种积极开发并广泛共享新知识（或技术）的经济。

---

① 这里的"分拆"是指企业将原本合并在一起的业务进行拆分，IBM将软件和硬件分开销售、取消捆绑销售策略的做法就是"分拆"的典型案例。这与在组织、股权架构上对企业进行"拆分"是不同的概念。——编者注

第一章

颠覆性丧失

《经济学人》（*Economist*）称2020年年初去世的克莱顿·克里斯滕森是"他那个时代最具影响力的管理学家"。克莱顿·克里斯滕森的开创性著作是1997年出版的《创新者的窘境》（*The Innovator's Dilemma*）。在这本书中，他认为行业龙头的优秀管理者可能会被新技术"颠覆"，而他们最初并不认为新技术是一个严重威胁。如果行业龙头过于注重满足最能带来收益的客户的需求，那么行业龙头就可能会错过一些新技术。这些新技术最初价格低廉、质量低劣，但随着时间的推移会变得更好，直到使用这些技术的公司取代原来的行业龙头。

这种颠覆性的概念具有强大吸引力。历史学家兼记者吉尔·莱波尔（Jill Lepore）在《纽约客》（*New Yorker*）中写道：

自从《创新者的窘境》问世以来，每个人都在颠覆或被颠覆。有颠覆顾问，有颠覆会议，有颠覆研讨会。今年秋天，南加利福尼亚大学将开设一个新课程。该大学宣布："学位被颠覆了。"风险投资家乔什·林克纳（Josh Linkner）在一本新书《重塑之路》（*The Road to Reinvention*）中提到"变化无常的消费趋势，无摩擦的市场和政治动荡，以及令人眩晕的速度、指数级的复杂性和令人麻木的技术进步"，这一切都意味着是时候让你感到恐慌了，因为你以前从未恐慌过。

颠覆的概念和颠覆正在加速的信念已成为人们看待技术的核心原则。许多经济学家和商人坚持约瑟夫·熊彼特的观点，他们认为资本主义制度是关于颠覆的；"这是一个产业突变的过程……它不断从内部改变经济结构，不断颠覆旧的经济结构并创造新的经济结构，这种颠覆性创新的过程是资本主义制度的实质，它是资本主义制度的组成部分，也是每一个资本家所关心的问题"。

这种观点捕捉到了一个现实的要素。当克莱顿·克里斯滕森出版他的书时，行业龙头被颠覆的速度已经持续增长了几十年。然而，在《创新者的窘境》出版后不久，一件奇怪的事情发生了：行业龙头的颠覆率急剧下降。

如今，任何行业的行业龙头被竞争对手取代的可能性还不到20世纪90年代末的一半。图1-1显示了在任意一个四年的时间段内，行业销售额排名在前四的公司被挤出前四名的可能性。20世纪70年代到90年代末，颠覆率有所上升。研究人员注意到，随着颠覆率的增加，公司利润持续性下降，这种现象导致一些人声称我们已经进入一个"超级竞争"的时代。但颠覆率在 2000 年左右急剧逆转。就算运用其他方法来衡量颠覆率，我们也会发现相同的趋势：在20世纪90年代末或21世纪初之前，行业龙头越来越频繁地被颠覆；其后这种情况开始显著变少。

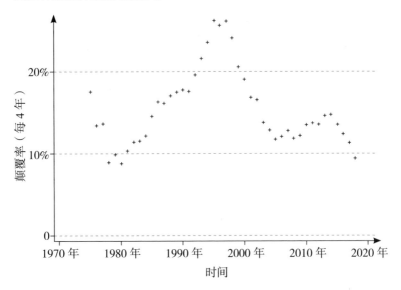

图 1-1 颠覆率的曲线

资料来源：Bessen et al., "Declining Industrial Disruption."

这一发现似乎令人惊讶，因为在许多方面，技术正在颠覆我们的生活，或者说至少在重要的方面改变了我们的生活。现在，我们的时间都花在互联网上。我们在线阅读新闻，上网打游戏、看视频，在网上购物。我们因新技术的出现而改变了自身的行为方式，所以，在某种意义上是我们颠覆了行业。网络广告颠覆了报业；电子商务颠覆了零售业。虽然这些变化已经迫使一些零售商和一些报业公司倒闭，但行业龙头仍然保持稳固的地位。尽管沃尔玛在电子商务领域苦苦挣扎，但它仍然主宰着零售业；新闻集团（News

Corp.）、甘尼特报团（Gannett）和纽约时报公司（New York Times Company）依旧主导着报业。因此，虽然在一般意义上技术仍然具有高度颠覆性，相较于外界对颠覆性的大肆宣传，行业龙头的颠覆率要低得多。

沃尔玛的发展体现了这种变化趋势。1990年，沃尔玛颠覆了西尔斯百货公司，成为美国销售额最大的零售商。然而，在随后的30年里，沃尔玛的主导地位变得越来越稳固。没有其他实体零售商能在销售额上与它相提并论。颠覆率的变化不仅发生在零售业和大型科技公司，还发生在大多数行业中，包括批发、金融、制造、运输、采矿和通信部门。行业龙头被颠覆的可能性出现巨大的逆转，它正在整个经济体系中发生，反映了资本主义竞争本质的根本变化。

这种变化的主要驱动力是什么？是软件赋能的新生代商业模式。它使公司能够以不同的方式开展竞争。在一个又一个行业中，新的软件武装企业，使得它们能够在复杂性上进行竞争，即提供更大的选择、更多的功能、定制化的产品和更精准的目标导向，以更好地满足消费者的需求。

软件功能之战

看一看使用专有软件公司的例子，有助于了解具有高度复杂性的专有软件如何改变市场竞争的性质。有些技术，如电力或蒸汽发电，被称为通用技术，因为它们可应用于多种行业。但在通常情况下，这些技术必须适应不同的行业，而这往往需要几十年的时间，它们的影响显著却是渐进的。虽然计算机技术已经发展了几十年，但最近的一些发展才使许多不同行业的大公司能够在相对较短的时间内以一种全新且独特的方式利用软件。

沃尔玛提供了关乎正在发生事情的关键线索。回想一下，沃尔玛相对于其他零售商的优势在于其专有软件可以更有效地管理复杂性。沃尔玛商店可以提供更多的选择，促进一站式购物，并且沃尔玛可以高效快速地协调这些从制造商到商店的复杂商品流，从而降低成本并提高对不断变化的客户需求的响应能力。在复杂软件的支持下，沃尔玛在质量竞争中击败竞争对手。20世纪90年代，软件系统的出现使领先的公司能够管理各种行业的复杂性，提供比竞争对手质量更优的产品和服务。这些系统使行业龙头以一种不同于以往的方式进行竞争，从而让它们在其市场上占据更大的主导地位。

我们可以在个人计算机软件行业的早期阶段察觉这种新型竞争方式。第一个取得成功的主要软件产品是VisiCalc，它是1979年为新一代苹果计算机推出的电子表格软件。VisiCalc是苹果计算机的"杀手级"应用软件——极度成功与受欢迎的应用软件，它为成千上万的人提供了购买苹果计算机以运行该软件的理由。

VisiCalc的成功推出和快速增长促进了电子表格软件市场的繁荣。到1982年，至少有18种电子表格软件在市场上销售。虽然该市场发展迅速，但竞争也异常激烈，每一种新产品都试图以独特的新功能脱颖而出。的确，电子表格软件、文字处理器和其他流行的个人计算机产品采取了功能战的竞争形式。公司迅速增加了产品的新功能，市场根据功能和集成程度对每一代新产品进行评估。典型的例子是1987年10月27日的《个人计算机杂志》（*PC Magazine*）对11个最受欢迎的个人电子表格进行了评测。该杂志就这些软件的60多个功能进行了评估和排名。

公司争先恐后地快速升级产品，增加新的功能，这种现象在产品竞争中时常能看到。这导致了"功能膨胀"，或者说"功能臃肿"，因为产品增加了数百种功能，公司却不能很好地集成。但这也导致了激烈的竞争。随着一家又一家公司能提出更优的功能组合，并将其很好地集成，该行业中的领导地位也随之转移。VisiCalc是早期的行业引领者，但VisiCalc缺乏生成数字和图表的综合能力。1983年，Lotus 1-2-3[①]推出了一种集成的图形功能，并迅速取代了VisiCalc。截至1988年，它的市场份额达到了70%。但Lotus的界面是基于文本的，就像几乎所有能在IBM个人计算机上兼

① Lotus Software（"莲花软件"）是一家美国软件公司，后被IBM收购。这家公司最著名的软件是Lotus 1-2-3试算表软件，曾是IBM个人计算机平台上的"杀手级"应用软件。——编者注

容运行的应用软件一样。苹果公司（下文简称苹果）推出了麦金塔计算机（Macintosh），它具有我们现在熟悉的图形用户界面，微软公司（下文简称微软）在1985年推出了Excel电子表格软件。由于麦金塔计算机的销量有限，Excel很难流行起来。但在1988年，微软视窗的图形用户界面允许Excel在大型IBM个人计算机上兼容运行。1991年，微软推出了Microsoft Office，它将电子表格软件、文字处理器（Word）和演示文稿软件（PowerPoint）捆绑在一起。1993年，Excel成了电子表格软件市场的引领者，其地位一直保持至今。

这种竞争模式很新颖。平心而论，许多行业的公司都在质量和功能上进行竞争。一个例子就是20世纪20年代福特汽车公司和通用汽车公司之间众所周知的竞争。亨利·福特（Henry Ford）决定使汽车高度标准化。标准化减少了多样性，但它促进了规模效率，正如A&P产品标准化促进了规模经济一样。亨利·福特曾有一句名言，客户可以选择"任何颜色，只要它是黑色的"。他非常注重降低成本以使汽车价格合理，而多种颜色会增加设备、劳动力，以及营销和制造过程的复杂性，从而增加成本。通用汽车公司的阿尔弗雷德·斯隆（Alfred Sloan）意识到这是一个机会，从1923年开始，通用汽车公司推出了具有多种颜色和时尚车身的汽车，几乎每年都有新的车型推出。消费者重视这种多样性，这帮助通用汽车公司得以取代福特汽车公司成为汽车市场的领导者。

　　但软件功能战与汽车行业中的这种竞争截然不同。通用汽车公司只增加了一些表面的功能，它的汽车生产仍然是高度标准化的。相比之下，软件公司增加了许多实质性的功能，而且增加得很快。这是因为增加软件功能的经济效益与汽车生产是不同的。首先，由于软件代码的特性，软件公司可以在较低的成本下快速开发许多新功能。事实上，最初VisiCalc的整个产品是由两个人——丹·布里克林（Dan Bricklin）和鲍勃·弗兰克斯顿（Bob Frankston）——在阁楼上用几个月的时间创建的。软件的这一特性来自软件的模块化性质——模块化系统，只要遵循交互的基本规则，每个功能都可以独立于其他功能进行开发。相比之下，涉及材料物理转换的新功能开发，通常需要更长的时间和更多的费用。其次，一旦公司设计和开发出了一种软件功能，并对集成产品进行了测试，软件进入销售环节后就几乎不会产生额外成本。[1]而对于实体产品中的所有功能来说，情况并非如此；通用汽车的车身造型需要额外的金属加工，这可能会增加单位成本。这两个特性使软件具有可扩展性，也就是说，可以大规模地添加新功能，而无须付出高昂的成本。

　　这种可扩展性改变了市场的性质。它意味着公司可以迅速增加产品功能。通过增加功能，产品可以更好地满足更多个性化客户的需求，从而提升品质。更好的质量使公司具有竞争优势，使其区别于竞争对手。他们利用复杂性来进行更好的竞争。但这是一种不同的竞争。当每一代新产品通过增加新功能快速推出并改进前一代产品时，竞争可能是高度动态的。诺贝尔经济学奖得主埃里克·马斯金（Eric Maskin）和我在1998年首次提出，这种连续创新解释了早期软件行业的一个谜团，即为什么软件本身不能申请专利，但它仍然具有高度的创新性。许多经济学家认为需要专利或某些等效的知识产权保护来提供强有力的创新激励。而软件行业似乎与这一观点相矛盾。我们认为，在连续创新的情况下，由功能改进带来的需求扩张可能非常大，以至于即使它们的技术被模仿，公司也能获得利润。当模仿者复制一家公司的产品时，该公司从该产品中获得的收入就会减少。但是，如果模仿者增加了重要的新功能，市场规模将会扩大，被模仿的公司可以将新功能融入其未来的产品中，从而增加利润。事实上，在电子表格功能战中，市场急剧增长：从1979年到1983年，电子表格的出货量增加了10倍，到1993年又增加了10倍。

但是，在复杂性上的竞争意味着最终领先的产品会变得非常复杂，因为领先产品具有大量的功能，这些功能又需要大量的初始固定成本做支撑，从而使竞争对手无法通过复制这些功能来赢利。当微软在1993年凭借Excel 5.0成为市场领导者时，产品规范文件长达1850页，整个Microsoft Office需要大量的专家来设计、开发、测试和维护。这意味很难有公司能够在电子表格市场上与其竞争。一路走来，有数十家公司退出，而微软从那时起就巩固了其市场主导地位。这一主导地位不仅体现在有着操作系统优势的微软电子表格市场，也体现在苹果电子表格市场。微软不太可能在短期内被颠覆。

生产优质产品所需的巨额投资限制了竞争。虽然这并不是Microsoft Office持续占据主导地位的唯一因素；例如，一旦用户学会使用该产品，他们就不愿意换成新的产品，尽管这种转换成本并没有阻止Lotus取代VisiCalc，也没有阻止Excel取代Lotus。[2]但打造优质产品所需的巨额投资仍然是竞争对手得以发展的主要障碍，它在塑造产业结构方面发挥着重要作用。

在复杂性上的竞争

在不以软件为产品的行业中，大型软件系统可以让企业利用复杂性来提高产品和服务的质量，以多种方式进行竞争。他们可以增加产品的功能，来满足更多的异质性需求；也可以增加产品种类，为不同的客户量身定制不同的产品。他们可以像沃尔玛一样增加可供消费者选择的产品种类，同时满足消费者多样化的需求；也可以定制产品或营销，针对个别客户提供匹配的产品。企业使用软件来管理更复杂的产品、服务、分销和营销。[3]随着需求的变化，它们还可以利用自己的软件优势，迅速改变他们的产品、服务、分销和营销。复杂的软件能提高质量，但理想情况下，它们并不会让消费者使用的产品和服务更复杂。当然，人们对质量有不同的偏好；有些人喜欢在种类较少、个人接触较多的商店购物；有些人喜欢购买功能较少、更易于操作的产品。尽管如此，复杂的软件还是会使企业能更有效地竞争到那些偏好更多功能和多样性的客户。

创新的阻力

成功实现复杂性管理的企业能使他们的产品区别于竞争对手，并开始主宰市场。沃尔玛擅长管理复杂的商品销售、物流和库存控制。亚马逊等其他细分市场的零售商和批发商也是如此。废品管理公司利用物流来简化垃圾运输，并对不断变化的客户需求做出更迅速的响应。这些公司还在信息技术方面进行了大量投资。

制造商还利用复杂性来获得竞争优势。自从20世纪20年代汽车行业在颜色和车身样式上展开竞争以来，汽车已经变得越来越复杂。30年前，汽车大约有1万个部件；如今，它们大约有3万个部件。但最大的区别在于软件。今天的汽车包含50个、100个甚至更多的计算机，它们都联网在一起。每个车型平均包含超过1亿行的软件代码。相比之下，航天飞机只有40万行代码；谷歌浏览器和波音787飞机各有超过600万行代码。

然而，真正提高复杂度的并不是纯粹的代码数量，而是各个模块之间的交互。各种模块之间的交互才真正提高了复杂度。考虑一下汽车变速器。在电子控制之前的时代，变速器需要根据发动机转速和扭矩来调整传动装置。但是如今的变速器控制模块——控制变速器的计算机适应了各种传感器，为了优化驾驶性能、燃油经济性、排放量和安全性，它们还与其他各种模块进行交互。典型的变速器控制模块接收来自车速传感器、轮速传感器、节气门转速传感器、涡轮转速传感器、变速器油液温度传感器、检测制动、全踏板位置和各种液压管路中的油压开关的输入信号，以及从牵引控制系统、巡航控制系统和其他控制模块获取输入信号。反过来，变速器控制模块向电磁阀发送输出信号以换挡，如果没有踩下刹车，那么变速器控制模块会锁定换挡杆，并向多个压力控制电磁阀发送信号以控制变速器的运作，以及向变矩器离合器、发动机和其他控制器发送信号。这些多种信号输入和输出能实现多种多样的互动。例如，当检测到重油门过大时，变速器控制单元向发动机控制单元发送信号用来延缓几毫秒的点火时间。这有助于减少变速箱的负荷，使汽车即使在重扭矩条件下也能顺利换挡。这使变速箱的质量性能远远优于纯机械变速箱。

但是，车辆的设计还可能有很多其他的交互作用，能使性能、安全性和可靠性有实质性提高。当然，可能出错的地方也会更多。当每个模块都影响到其他许多模块的性能时，调试就可能会成为一个大问题。由于复杂的交互作用，可能会出现意想不到的问题。大众汽车公司曾召回了帕萨特和途观这两款车型，原因是软件错误导致了发动机在空调开启时意外加速。据报道，奔驰轿车在驾驶员按下导航按钮时出现了座椅移动的问题。越来越多的车辆召回是由软件相关错误引起的。IBM估计，汽车保修费用的50%来自软件和电子产品。

随着复杂性的增加，调试成本越发高昂，这导致设计新车型的成本不断上升。由于复杂性的增加，使用现有的主要部件（发动机、平台等）设计一种新车型的成本约为10亿美元，时间可能需要五年。从头开始设计一辆新车的成本高达50亿或60亿美元，仅软件代码的成本就可以达到10亿美元。

汽车制造商在提供消费者想要的新功能组合的能力上展开竞争。重要的不仅仅是功能的数量，还有灵活地重新安排功能组合以生产各种产品或版本的能力。例如，"一旦丰田汽车公司的老板发现市场缺口或竞争对手推出了新型智能产品，他们就会迅速地推出自己的版本；其结果是，丰田轿车在日本有60多个车型，在欧洲和美国等大型海外市场有大量不同版本的车型"。之所以丰田汽车公司能够超越通用汽车公司，成为全球顶级汽车制造商之一，是因为它能够在两年内以较低的成本生产新车型。关于丰田汽车公司精益生产方式的《改变世界的机器》（*The Machine That Changed the World*）一书的合著者詹姆斯·P.沃马克（James P. Womack），解释了丰田是如何拔得头筹的："通用汽车公司和福特汽车公司无法设计出美国人愿意支付'丰田钱'购买的汽车。这并不是因为他们在产品概念上押错宝，也不是愚蠢的工程师的问题。而是因为丰田汽车公司有更好的工程系统，使用简单的概念，例如，对产品真正负责的首席工程师、并行和同步工程实践以及复杂的知识获取方法。"尽管丰田汽车公司长期以来拥有卓越的产品设计和开发方法，但汽车的日益复杂化使丰田汽车公司能够将其能力转化为竞争优势。

在复杂性上的竞争使通用汽车公司和福特汽车公司处于劣势，但这也给小型汽车制造商带来了极大的压力，因为他们负担不起新车型的巨额成本。越来越多的小型汽车制造商寻求合并，给出的一个常见理由是，为了节省开发新产品和加速其上市的高昂成本，合并是必要的。例如，菲亚特·克莱斯勒（Fiat Chrysler）汽车公司为其与雷诺（Renault）汽车公司的合并案辩护称："通过合并进行更广泛的合作，将大幅度提高资本效率和产品开发的速度。"该提案只是老牌汽车制造商寻求合作以分担开发新技术（包括电动汽车和自动驾驶系统）成本的最新例子。

由于产品设计和开发的复杂性不断增加，其他制造业中也出现了整合。现在，研制一架大型新的巨型喷气式飞机需要250亿到300亿美元。到20世纪90年代中期，大型喷气式飞机的商业市场中只剩下三家制造商：波音公司、空中客车公司和麦克唐纳·道格拉斯公司的道格拉斯飞机部门。空中客车公司在开发新飞机方面获得了欧洲的补贴，但麦克唐纳·道格拉斯公司无法跟上。1996年，麦克唐纳·道格拉斯公司开始与波音公司联合设计新飞机，1997年，波音公司收购了麦克唐纳·道格拉斯公司。

服务行业也利用复杂性来获得竞争优势。通过使用大量数据和复杂的软件系统，谷歌和脸书为广告商提供了前所未有的客户定位服务，使他们能够将广告定位到非常窄众的群体，从而提高了广告的有效性。这些系统也高度复杂。例如，谷歌20年来一直在调整其搜索算法，近年来每年都进行一万多次实验，以完善其搜索功能。金融机构通过对其产品和营销进行定制，从而在复杂性方面进行竞争。例如，在美国信用卡行业中占主导地位的四家大型银行，向潜在客户群体精准推销量身定制的信用产品，从而在最大限度扩大市场覆盖率的同时管理风险。这些系统也是利用大量的数据建立起来的，数据被无休止地调整以优化性能。保险公司还使用（信息）技术来为个人量身定制和推销健康计划。药品保险金理财人则利用（信息）技术来处理复杂的药品报销计划。

因此，横看多个行业，我们发现大企业对专有系统进行了大量投资，从而使它们能更有效地在复杂性上进行竞争。总而言之，这些投资在总投资中的占比出现大幅增长。2019 年，美国企业对专有软件（企业自行开发或与他人签订合同开发的软件，不包括购买预打包软件和软件产品）的投资增长至 2340 亿美元。这相当于企业在设备上的净投资。此外，这种投资由行业龙头主导，而且发生在经济体系的每个主要领域。很难想象还有哪种技术能在如此短的时间内，给经济体系的所有主要领域带来如此巨大的投资变化。而且，这主要集中在行业龙头中，似乎与竞争性质的变化有关。

但对软件的投资只是对这些系统总投资的一部分。企业专有系统的全部技术投资不仅仅是在软件代码上的投资，还包括在数据、劳动者技能和组织架构调整上的投资。通过查阅大量的文献我们发现，这些互补性投资对于狭义的信息技术投资的成功至关重要，从某种程度上讲，软件费用只占投资的一小部分。沃尔玛的软件支撑着一个系统，该系统包括交叉对接设施、商店经理和供应商培训以及卫星通信系统。花旗银行的软件也支撑着一个系统，该系统包括了开发产品和营销项目的一系列人员，以确保监管的合规性，并帮助花旗银行管理进行中的贷款。这些系统通常采用（数字）平台的形式，这一点我在第八章进一步讨论。

此外，从某种意义上说，这些系统是专有的，因为至少有一些关键部分是竞争对手无法获得的，这使（领军）企业与众不同。我们将在第三章中探讨企业如何将其投资作为专有优势的来源。需要注意的是，并非所有的企业管理、运作系统都是专有的。有时，关键的软件组件会作为开源软件免费提供给市场，但其中的数据会被保密。例如，谷歌发布了其用于大数据分析的专有软件 MapReduce[1]，现在可作为 Hadoop[2] 开源软件使用。但谷歌的许多数据仍然是专有的。我使用 "专有软件" 这一术语，来泛指提供竞争优势的软件代码、数据和组织，这可能包括软件本身是开源的情况。

---

[1]　一种编程模型，用于大规模数据集的并行运算。——编者注
[2]　一种分布式系统基础架构，用户可以在不了解分布式底层细节的情况下，开发分布式程序，充分利用集群的威力进行高速运算和存储。——编者注

颠覆率下降的原因

这些专有系统似乎的确给大公司带来了竞争优势，但它们显然不是一些公司主导其行业的唯一原因。例如，一些公司通过收购竞争对手来引领行业。公司对专有系统的投资是否实质上解释了颠覆率的下降，还是说另有其他因素造成了这种下降？

我们通过观察占主导地位的公司为建立和维持其主导地位所做的实际工作，来获得有关情况的重要线索。图1-2显示了按销售额排在行业前四位的公司各类资产的平均累计投资（股票）。

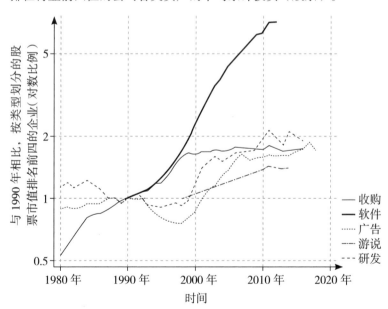

图1-2 各行业排名前四的公司无形资本的增长情况

资料来源：Bessen et al., "Declining Industrial Disruption."

图1-2中的数字显示了这些公司对研发、广告以及市场营销等板块的股票投资情况，这些数据来自公司财务报表。它还显示了这些公司在收购、游说和软件开发方面的非标准化的投资水平。在软件开发上的投资水平是基于其雇用的软件开发人员的数量进行计算的。为了便于比较，图1-3展示了每种无形资产相对于1990年存量水平的情况。一般来说，正如其他研究者所记录的那样，对所有类型的无形资产的投资都大幅增加。自1990年以来，有几种无形资产几乎翻了一番，但自行开发软件的前四大公司的无形资产增长了八倍，明显超过了其他公司。此外，排名前四的公司对软件的投资两倍于排名第五到第八的第二梯队公司的平均投资。大型公司主导着自行开发类软件的投资。请注意，这些投资发生在各个行业中，但不包括软件行业本身和其他以软件为主要产品的行业。

此外，我们环顾各个公司时发现，有形和无形投资都会降低行业龙头跌出前四名的可能性，但这并不令人惊讶。事实证明，软件是最重要的无形资产类型。排前四的大公司对自己开发的软件进行的投资大大降低了第二梯队公司跃入行业前四的可能性。而且，这种影响是巨大的；自2000年以来，跨越式发展下降的主要原因是专有软件投资。

实际上，行业龙头对专有软件的投资抑制了第二梯队公司的相对增长。因此，最大的几家公司比他们的竞争对手发展得更快，降低了他们被超越的可能性，增加了他们在行业总收入中所占的份

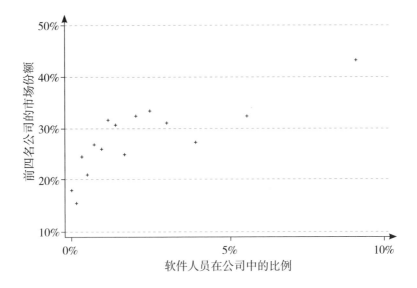

图1-3　信息技术密集型行业更多地由行业龙头主导

资料来源： James Bessen, "Information Technology and Industry Concentration," *Journal of Law and Economics*, University of Chicago Press, vol. 63(3). Copyright 2020 by The University of Chicago. All rights reserved.

额。我们在图1-3中看到了后一种关系，图1-3显示了每个行业中最大的四家公司的市场份额随着其软件开发人员比例的增加而增加。请注意，图1-3排除了那些软件是其产品一部分的行业，因此它反映了仅供公司内部使用的软件的开发情况。自2000年以来，排名前四的大公司的市场份额之所以能增长（这是行业集中度的一个衡量标准，并在国家层面上得到了广泛的记录），主要是因为信息技术类员工在公司中的占比有所增加，这是衡量公司对专有软件投资的一个指标。这一观点得到了其他研究的支持，这些研究表明，对信息技术的投资与日益增长的行业集中度和市场实力有关。

此外，各种检验表明，软件与跨越式发展下降，以及与行业集中度上升，都有因果联系。也就是说，从20世纪90年代末开始，行业龙头的颠覆率突然下降；与此同时，行业龙头的软件投资却突然增加，这并不是单纯的巧合。行业龙头的市场份额在投资软件的行业中增长也并非巧合。仔细分析可以发现，对软件的投资实际上导致了这些趋势。

那么，还有其他因素吗？一个著名的观点认为，竞争程度减弱是因为反垄断执法力度被削弱了。20世纪80年代，在罗伯特·博克（Robert Bork）和芝加哥学派其他自由放任主义学者的影响下，美国司法部和联邦贸易委员会的反垄断机构改变了他们用来裁决并购案的标准。因此，大公司得以更容易地收购竞争对手，从而保持或提高其市场主导地位。

一些证据支持了这一观点。自20世纪80年代以来，在美国和欧洲，价格与单位成本的比率（称为加价）一直在上升。同样自20世纪80年代以来，在国家层面，美国和欧洲许多行业的集中度，即每个行业中行业龙头的市场份额都在上升。一些经济学家将这些趋势视为竞争下降的证据。

但是，在对行业龙头颠覆率下降进行解释时，这种解释和支持性证据存在许多问题。首先，自1980年以来，占主导地位的公司收购其他公司的速度有所上升，但自20世纪90年代末以来，这一速度实际上已经下降了。自2000年以来，收购的数量一直持平（见图1-2）。在上面提到的计量经济学分析中，行业龙头的收购率与颠覆率和跨越率都不相关。这使得我们很难证明，自2000年以来，行业龙头通过以更高的速度收购其竞争对手而避免了被颠覆的命运。虽然某些行业的一些公司肯定会通过收购来获得或保持其主导地位，但收购似乎并不能解释颠覆率急剧下降的原因。

其次，欧洲和美国的加价和行业集中度都有所上升，尽管幅度可能不大。然而，我们很难将全球范围的变化归因于20世纪80年代美国严格的反垄断政策的转变。此外，如上所述，集中度的上升在很大程度上是由专利软件和相关投资造成的。在任何情况下，加价都不是一个合适的指标，用以表明什么样的竞争类型会导致行业龙头被取代。[4]虽然有一些证据表明反垄断执法可能过于宽松，但美国竞争政策的变化似乎不能解释为什么占主导地位的公司的颠覆率会急剧下降。

最后，这种说法在时间点上是有问题的。反垄断政策的相关变化发生在20世纪80年代，而这正是加价、行业集中度和收购的数量都开始上升的时候。但产业颠覆性创新在20世纪80年代和90年代大幅上升，之后才急剧下降。似乎很难将2000年之后的急剧下降归因于在此之前的20年中导致行业颠覆性创新上升的因素。

对于其他可能的解释因素来说，时间点也是一个问题。例如，一些经济学家认为，长期利率下降导致了大公司的主导地位上升。他们认为，低利率环境允许大公司进行更经济的投资，从而使它们受益。然而，自1983年以来，实际长期利率一直在下降，因此，尽管低利率可能会促成大公司的主导地位，但无法简单解释2000年前后发生的颠覆率的急剧逆转。图1-2清楚地表明，在当时的美国社会，不仅是投资增加了，而且人们加大了对软件研发的投资力度。其他经济学家认为，婴儿潮一代①的老龄化是劳动力增长放缓的一个原因，而劳动力增长放缓又促成了大公司的主导地位。但劳动力的增长在20世纪80年代也开始放缓，所以这个因素也不能决定性地解释颠覆率的下降。

之所以其他解释不成立，是因为它们只适用于有限的行业。例如，在一些行业中，数字平台会产生"网络效应"（见第八章），

---

① 婴儿潮一代是指第二次世界大战后从1946年到1964年出生的人。——编者注

这往往会形成赢者通吃的行业。但是，所有行业都出现了颠覆率下降的情况，很少会有行业表现出显著的颠覆率下降。2000年左右也发生了来自中国的冲击——大量从中国进口产品。但同样，在许多不受进口影响的行业中，也出现了颠覆率下降的情况。

不仅仅是大（型）

综上所述，占主导地位的公司对专有软件和相关系统的大规模投资，在很大程度上解释了2000年前后开始的行业颠覆率的急剧下降的原因。收购、利率和其他因素肯定会在某些时候影响某些公司在某些行业的主导地位，但似乎无法解释颠覆率的逆转。软件系统出现在了许多行业，来帮助公司更好地管理复杂性。如果公司能够通过提高复杂性来改善其产品和服务的质量，那么这些系统就能为其提供竞争优势。这在不同的行业中以不同的方式发生。在零售和批发行业，软件系统使公司能够为客户提供更多的选择，同时简化物流和库存管理；在制造业和软件业，软件系统允许公司增加其产品的功能，吸引更大的市场；在服务业和金融业，公司可以针对不同的客户进行营销和提供产品。虽然各行业的机制不同，但在这些情况下，行业龙头可以通过由软件支持的复杂系统进行更有效的竞争。要做到这一点，它们往往不得不改变组织结构，并对员工的技能进行深度投资。

在上述每一种情况下，技术都使公司能够降低应对广泛客户或地区的信息成本。沃尔玛用更多的产品种类取代了连锁店的标准化产品选择；汽车制造商用更多的车型和每个车型的更多功能取代了标准化的车型（且只有黑色的）；银行用针对不同需求和风险承受能力的金融工具取代了标准化的抵押贷款；广告商为细分的群体定制广告。

当然，有些信息技术系统服务于公司的其他需求，并不提供竞争优势。许多这样的软件可以从独立供应商那里购买。但一个又一个例子表明，大型的、专有的、涉及关键任务的系统具有更大的复杂性，因为它们可以满足不同客户的需求。自主开发软件的增加与颠覆率下降之间的联系是独特的，这类软件起到的作用与过去的技术完全不同。我们习惯于将技术视为一种制造颠覆性创新的力量。而在这里，技术似乎正在抑制颠覆性创新。

当产品或服务的质量可以通过增加复杂性得到改善时，这些新系统就会提供竞争优势。最初，这意味着更大规模的产业颠覆，因为利用技术的公司取代了那些没有利用技术的公司。沃尔玛超过了西尔斯百货公司和凯马特；丰田汽车公司超越了通用汽车公司和福特汽车公司；Lotus超越了VisiCalc，但后来又被微软超过了。此时，一旦有新的行业龙头出现，它就不会轻易被颠覆，行业龙头的颠覆率也有所减少。这种新的竞争模式不仅对产业结构有重大影响，而且对生产率增长、收入差距和政策制定都有重大影响。

然而，有一个难题仍然没有得到解释。究竟为什么这种向软件投资的转变使行业龙头能够持续占据主导地位？事实上，如果软件能够降低管理复杂性的成本，那么更多的公司就应该能够购买或开发软件，从而使竞争环境更加公平，而不是有所偏向。西尔斯百货公司、凯马特、通用汽车公司和福特汽车公司都不是小公司，但经济机制的变化对它们不利。

解决这一难题的关键是探求人类需求的本质。很多时候，技术问题被视为纯粹的生产效率问题，是一个供应方面的问题。然而，需求是理解新技术对经济最终影响的关键。下一章将探讨当大公司在复杂性方面展开竞争时，需求范围如何影响其主导地位。

第二章

赢者通吃

规模和技术

规模经济不仅影响了美国钢铁工业和其他行业的发展，而且造就了现代经济的基本特征，包括公司的性质、现代管理的作用、创新的过程以及企业和政府之间的权力平衡。在19世纪下半叶，新技术为许多产业带来了规模经济，极大地改变了产业结构，导致了第一批大型公司的出现。这些新企业与传统企业的组织方式相比，带有明显的等级管理制度。它们逐渐在钢铁和其他行业占据主导地位，迫使小型生产商退出市场。这些大企业获得了对社会的巨大影响力，进一步影响政治决策，从而为现代国家治理的发展做出了贡献。

人们很容易用规模经济来解释最近占主导地位的企业颠覆率的下降。对新的软件系统来说，投资规模的确很重要。为获得设计和开发新车型所需的资金，小型汽车制造商被迫接受并购。当麦克唐纳·道格拉斯公司再也负担不起设计新商业客机所需的巨额资金时，只能被迫接受波音公司的并购。

一些新兴企业已然具有规模经济效益，但头部企业的颠覆率还是在下降。这又是为什么？规模经济并不能完全解释这种情况。产品差异化是理解为什么头部企业的颠覆率已经下降，而行业变得更加停滞不前的关键。新的软件系统结合了规模经济和大规模定制的优点。虽然需求的数量是规模经济影响行业结构的关键，但需求的范围才是理解为什么头部企业最近越来越能持续地占据主导地位的关键。新的信息技术使企业利用更具复杂性，创造新的、强大的信息技术企业来占据主导地位。通过这种竞争，即使市场急剧增长，头部企业仍可以保持主导地位，竞争对手增长受阻，很难挑战行业领先者。

我们倾向于认为，大型公司的优势来自规模经济。纵观历史，这始终是事实。自19世纪后半叶以来，规模经济使大型公司能够占据产业主导地位，由此获得实质性的经济、社会和政治权力。但今天，由于某些原因，产业结构和竞争的性质正在其他方面发生变化，导致资本、市场运作机制更为僵化。随着现代信息技术的发展，经济增长和日益加剧的经济不平等往往会进一步巩固超大型公司的领先地位。竞争性质的变化会影响技术的扩散、生产率的增长、经济平等，不一而足。让我们首先看看技术在过去对那些占主导地位企业的出现产生了什么影响。

规模经济

具有规模经济的技术是"工业革命"的一个关键特征，这导致了产业结构的明显变化。规模经济在许多现代产业中也很明显，如钢铁行业或电力行业。但是，简单的规模经济所导致的产业结构与我们今天观察到的那些在大型软件系统的投资上展开竞争的产业截然不同。

以炼钢为例。粗钢产品一般分三个阶段制成。[1]首先，在高炉中将矿石熔炼成生铁。其次，通过去除多余的碳和其他杂质，将生铁提炼成钢。最后，钢锭被锻造成最终交付的形式，如轧机生产的铁轨或钢板。在19世纪初，这些阶段通常由不同的公司完成。虽然高炉炼钢公司的雇员一般有50到100人，是南北战争前美国规模最大的几类公司之一，但该行业有许多这样的生产商，市场并没有被少数大型公司所主导。钢铁大多是通过搅拌的过程进行精炼的，工人们会在一个小熔炉中搅拌熔融的铁，并逐渐加入空气来燃烧杂质。

南北战争后，随着英国的亨利·贝塞默（Henry Bessemer）发明的贝塞默工艺的出现，这项技术发生了重大革新。冶炼过程中，生铁首先在一个大型熔炉中熔化。然后，注入氧气用来去除杂质。使用这种方法可以增加钢材的产量。此外，美国使用贝塞默工艺的钢铁生产商进行了一系列创新，整合了高炉、贝塞默换流器和轧制厂，从而进一步提高了冶炼的效率。为了感受规模经济带来的变化，我们不妨做个对比。1860年整个美国的钢铁产量为1.3万短吨[1]。到

---

① 1短吨≈0.907吨。——编者注

1878年，10家使用贝塞默工艺的钢铁厂生产了65万吨钢铁；平均而言，每个使用贝塞默工艺的钢铁厂的年产量是18年前全美总产量的5倍。

规模的巨大增长改变了商业组织的性质。正如阿尔弗雷德·钱德勒（Alfred Chandler）所提到的，吞吐量的急剧增加意味着必须主动管理整个生产过程，而不能仅仅依靠市场来协调。钢铁厂需要确保定期获得质量和化学成分符合要求的铁矿石和焦炭，它们需要管理钢轨和钢材的生产，还需要进行销售和营销。商业组织内部拆分为若干个部门，由专业的管理者处理这些不同方面的细节。中层经理的职位就是为这些层级结构而配备的。在某些情况下，一些公司进行垂直整合：例如，安德鲁·卡内基（Andrew Carnegie）为保证质量可靠的原材料供应，买下了铁矿石和焦炭公司。

规模经济也改变了产业结构。要了解这是如何发生的，我们看看规模如何创造了效率。贝塞默工艺实现高效率的部分原因是它使冶炼自动化，不再受到手工操作下熔化铁的限制。这一过程也得益于大型熔炉和其他反应炉中散热的物理特性[2]。由于大型容器可以比小型容器更有效地加热，许多相关产业都表现出规模经济效益，包括钢铁生产、电力和蒸汽发电，以及许多化工产业和水泥生产。

然而，这一特性也意味着收益的递减——规模递增所产生的相对收益会随着规模增加而减少。与此同时，在这一过程中还存在其他典型的规模不经济现象。例如，更大的容器意味着需要更大规模的一次性投入。管理大规模物流和运输会产生额外成本，比如，为了保障有更多的原料投入熔炉而协调铁路运输所带来的成本。此外，将更大量的产品运出去，同样也造成了运输方面的额外成本。通常，这意味着存在一个最低效率规模。超过这个规模后，单位成本不再随规模递增而递减，甚至可能反向增加。经济学家已经计算了规模经济下工厂的最低效率规模。例如，在20世纪70年代，一个综合钢铁厂的最优产量约为年产600万吨。在1972年，一个发电厂的最低效率规模约为200亿千瓦时。

长期以来经济学家一直都知晓，大型的工厂规模对产业结构有直接影响。产业分析的先驱乔·贝恩（Joe Bain）强调，规模经济是进入一个行业的壁垒。如果投资一个钢铁厂，最经济的投入为50亿美元，那么其他的公司将不会进入这个小市场，因为这样做会压低价格，从而无法收回进入成本。这种情况常发生在利基市场①和区域性市场中。例如，由于运输成本的限制，水泥厂或医院往往服务于有限的地理区域。在人口有限、人口密度较低的市场中，一家

① 利基市场是在较大的细分市场中具有相似兴趣或需求的一小群顾客所占有的市场空间。大多数成功的创业型企业一开始并不在大市场开展业务，而是通过识别较大市场中新兴的或未被发现的利基市场而发展业务。——编者注

或几家公司可以占据主导地位，从而限制竞争。

但在更大的市场中，规模经济本身并不能促进少数公司形成主导地位。今天美国钢铁市场的规模（产量）比一个具有最低效率规模的钢铁厂的产量要大得多[3]。虽然今天仍有几家公司主导着钢铁行业，但这并不是因为规模经济。这些公司包含许多具有最低效率规模或更大规模的工厂。在更大的市场上，会有更多的公司以最低效率规模进入市场，除非这些公司能找到一种方法，通过利益勾兑来化解竞争，否则竞争会趋于白热化。经济学家发现，通常较大的市场不太可能被少数公司主导。因此，出现规模经济并不一定意味着该行业会被高度集中化。

此外，随着市场规模的增长，行业龙头的主导地位往往会被削弱。这样的事情曾发生在19世纪美国的钢铁产业中。最初，因为贝塞默工艺产生的成本要低得多，规模较大的公司迅速超过了规模较小的生产商，将许多厂商逐出了市场。到1873年，美国钢铁市场仅由七家使用贝塞默工艺的钢铁厂主导。但较低的成本意味着价格下跌，这带来了市场规模的急剧增长。随着成本的下降，钢铁价格从1866年的每吨166美元暴跌至1885年的每吨30美元以下。1860年，美国钢铁市场规模为11.1万吨[4]。到1885年，这一数字增加了10倍多，到1899年增加了100倍。

创新的阻力

市场的增长导致更多的公司进入钢铁市场，也引发了更大的竞争。1878年，使用贝塞默工艺的钢铁厂平均每家生产6.5万吨钢铁。这意味着，在那一年里，有七家钢铁厂的产量占美国钢铁总产量的79%。但随着市场的快速增长，越来越多的公司选择进入市场。从1873年到1876年，三家新成立的使用贝塞默工艺的钢铁厂开始投入生产。这时，当时的钢铁厂商开始担心彼此之间发生激烈竞争。1875年，他们试图组建一个卡特尔①（Cartel），通过给每个工厂一个配额来限制产量。他们希望，受限制的产量将使他们能够维持较高的价格。但当安德鲁·卡内基没能继续跟进时，卡特尔就破裂了。1877年成立的另一个卡特尔更成功一些，但它依然不能阻止更多的钢铁厂进入市场，也没有帮助到钢轨市场以外的生产商。

最终，不是规模经济，而是产业金融整合，使一家大型钢铁公司能够主导钢铁产业。成功的工厂开始进行垂直整合，将钢铁生产设施与焦炭和铁矿石生产以及钢铁制造进行整合，它们也收购竞争对手。成立于1889年的伊利诺伊州钢铁公司（The Illinois Steel Company），是由三家贝塞默生产商合并而成。这些公司进行垂直整合，收购焦炭和铁矿石公司以及二级产品制造商。投资银行家J.P.摩根（J.P.Morgan）为其中一些并购提供担保。与此同时，

---

① 卡特尔是由一系列生产类似产品的独立企业所构成的组织，集体行动的生产者的目的是提高该类产品价格和控制其产量。——编者注

安德鲁·卡内基开始收购匹兹堡附近的竞争对手和与之垂直相关的公司。1901年，由于合并后的公司与卡内基钢铁公司（Carnegie Steel）之间的竞争加剧，摩根买下了卡内基的股份，并将其与伊利诺伊州钢铁公司以及二级生产商合并。由此产生世界上最大的工业公司：美国钢铁公司（United States Steel）。合并后第一年，它就生产了美国三分之二的钢铁。

规模经济不能解释一个占主导地位的钢铁生产商产生的原因，这需要由公司间的合并与收购来解释。庞大的工厂规模有助于减少收购需求，但这个庞然大物的出现主要源于金融整合。美国钢铁公司的成立是创建大型信托基金的更广泛趋势的一种体现，这些信托公司通过标准石油公司（Standard Oil）或美国糖业精炼公司（American Sugar Refining Company）等主导其所在行业。但美国国会也立法因应这些信托基金的出现，如1890年的《谢尔曼法案》（Sherman Act）和后来的反垄断法的制定。联邦政府也注意到了美国钢铁公司，1911年，它提起诉讼要求将其拆分，但没有成功。我将在第八章中再次谈到反垄断法。

规模经济导致少数工厂在短期内主导钢铁产业。类似的模式也出现在其他行业，如石油精炼行业、糖业和肉类包装行业。但随着这些行业的市场持续增长——新技术引发的成本节约推动的快速增长，规模经济本身不再能够减少竞争。相反，占据行业主导地位的公司转而采取金融整合或掠夺性收购，以维持或扩大他们的主导权。然而，规模经济在促进经济深度转型、改变公司组织的性质和确立大公司最初的主导地位方面仍然发挥了作用。

规模经济导致过去20年来产业的颠覆率的下降了吗？的确，占主导地位的公司已经花费了大量资金来建设它们内部的信息技术系统。但这与19世纪规模经济的情况不同，有两个原因：一是这些投资并不是特别大；二是尽管整个行业有所增长，但占主导地位的公司似乎仍保持着主导地位。

首先，与当今资本密集型行业投资于其他领域的规模相比，行业龙头使用的信息技术系统规模并不大。2018年，在信息技术上投入最大的10家公司的投资额为66亿至136亿美元。这与大型能源公司的资本支出相比规模小得多，后者近年来的投资已超过300亿美元，与通用电气公司、丰田汽车公司和英特尔公司的资本支出量级相同。很难看出，小型规模经济的出现如何能带来产业颠覆率的急剧变化，特别是在已经形成主导性规模经济的产业中。事实上，可以看到，即使在耐用品生产、石油和公用事业等公认的拥有规模经济的产业中，颠覆率也在下降。

其次，与钢铁和其他规模行业中占主导地位的公司不同，如今占主导地位的公司似乎并没有随着市场增长而失去主导地位。在处于快速增长的市场中，它们多数仍保持着市场主导份额。去除通货膨胀影响，虽然一般商品的零售市场增长了50%，沃尔玛仍保持着该领域的市场主导地位；电子商务领域的市场增长了20倍，亚马逊依然保持其领先地位。此外，正如我们在上一章中所看到的，这些占主导地位的公司并非通过积极兼并或收购其他公司实现增长。虽然我们可能预计，以规模经济运营的行业随着行业增长，其行业集中度会下降，但事实上，增长更快的行业集中度往往会提高。

行业挑战者的表现方式也有所不同。在钢铁产业领域，尽管进入钢铁市场所需的投资规模巨大，但如果有资源，任何人都可以进入钢铁市场。可如今，规模足够大而有能力投资的公司依然会落后。在20世纪80年代，西尔斯百货公司比沃尔玛大得多，沃尔玛能负担得起的任何技术西尔斯百货公司也负担得起。况且，西尔斯百货公司在技术上并不落后。尽管西尔斯百货公司在20世纪80年代是IBM最大的客户，也是电子商务的先驱，但它还是落后了。同样，微软的规模也没有小到无力投资搜索技术，微软也不缺技术能力，但微软在搜索引擎方面一直落后于谷歌。这些公司当然有能力投资技术，而且他们有技术专长，但他们最多也只是这些领域的陪跑者。

今天占主导地位的公司与过去占主导地位的公司行为上的区别在于竞争的性质。钢铁公司进行了大量投资，降低了成本，使它们能够在价格上展开有效竞争。如今公司大量投资信息系统，这些系统能将规模经济和客户定制的优势结合在一起。这些系统让公司能够通过产品质量的差异化进行竞争，这是新兴大公司在激烈的市场竞争中能始终占据主导地位的原因。在这场竞争中，重要的不是关键性投资的绝对规模，而是相对于竞争对手的规模，这就解释了新兴大公司能持续占据主导地位的原因，以及更多关于当今经济的现象。让我们看看质量差异化竞争是如何区别于简单的价格竞争的。

高质量的竞争和赢者通吃

1981年，经济学家舍温·罗森（Sherwin Rosen）写了一篇关于赢者通吃现象的论文，"一小部分人赚取大量钱财，并主导他们所从事的活动，这种现象在现代世界越来越突出"。大多数演员赚的钱很少，但一线演员，尤其是出现在电视上的演员，收入非常高。类似现象也存在于歌手、运动员、新闻主播和畅销书作家身上。奥运会金牌得主获得了利润丰厚的代言合约，而银牌和铜牌得主往往一无所获。支付给冠军的奖励似乎与他们的成绩并不匹配，因为他的成绩只比亚军好一点点，有时仅仅是百分之几秒的差异。

这种现象有点让经济学家感到不安，他们通常认为报酬应与业绩成正比。当然，在许多市场上情况确实如此。纺织工人的能力和努力各不相同，有些人在一天的工作中比其他人生产的布料更多。在早期的纺织厂，纺织工人的报酬不是以他们的工作时间为衡量标准，而是以他们生产的一码码布料为标准。经济学家认为，整个经济过程中存在同样的情形，即生产的产品越多，工人得到的报酬越多。

但显然，对于某些类别的劳动者来说（产品、服务）质量上的差异会使他们在薪酬上存在巨大差异。对此，罗森指出了一个关键原因。在这种情况下，数量和质量是无法轻易权衡的："一连串平庸歌手的演唱加起来并不等同于一场出色的表演。如果一名外科医生在拯救生命方面比他的同事多出10%的成功率，大多数人就会为了获得他的优质服务而心甘情愿支付超过均价10%的费用。"用经济学领域的行话来说，不同质量的服务是不完美的替代品。当消费者以这种方式区分服务时，重要的不是质量的绝对水平，而是相对于次优提供方的质量。因此这对收入的影响可能会不成比例。当大多数人更喜欢顶尖的外科医生而不是次优的外科医生时，市场对顶尖的外科医生的需求会更高。

此外，这种效应在更大规模的市场中表现得越发显著。随着潜在患者数量的增加，患者为获得顶级外科医生的服务而进行的竞争会变得更加激烈。这样一来，罗森的话就有先见之明了。信息技术降低了各种媒介的通信和复制成本，使许多与其性能相关的服务市场全球化。因此，电影演员、运动员和畅销书作家的赢者通吃效应迅速涌现。1990年，纽约尼克斯队的帕特里克·尤因（Patrick

Ewing）是当时美国薪水最高的篮球运动员，扣除通货膨胀调整因素后，年收入840万美元。从那以后，NBA（美国职业篮球联赛）球员的收入增长了近十倍。2017年，薪水最高的球员斯蒂芬·库里（Stephen Curry）年收入达4020万美元。公司员工的收入也出现了这种效应。美国网飞公司（Netflix）的首席执行官里德·黑斯廷斯（Reed Hastings）解释了为什么他的公司要支付市场上较高的薪水："那些优秀的球队往往是那些能为最佳球员支付高额薪酬的球队。我们希望拥有卓越的员工，而提供高额薪酬就是实现这一目标的手段之一。我们宁愿要三个优秀的人，也不愿要四个能力普通的人。"因此，与体量庞大的规模经济市场不同，在赢者通吃的市场中，行业龙头的市场影响力会随着市场规模的增长而增大。

喜剧演员、歌剧演唱家和篮球运动员并不是大公司。然而，大量的经济研究发现，类似的模式存在于各类产业组织中。当不同公司提供的产品、服务质量有所不同时，市场的增长并不一定会威胁到公司的主导地位。经济学家约翰·萨顿指出，在一些行业中，即使市场规模扩大，大公司的市场份额依然占据主导地位。值得注意的是，这些公司往往在广告或研发方面投入了大量资金。关键区别在于，在这些市场中，对广告和研发的固定投入使公司在产品质量上具有了差异化优势。有些消费者愿意为更好的质量（或因广告产生的感知质量）支付更高的费用。

萨顿分析，这导致了一种"自然寡头垄断"的市场结构，即公司在规模和产品质量上都有所不同。由于消费者对质量的需求因人而异，因此行业竞争使不同公司的产品质量出现了差异性。公司依据其在产品质量上的差异将彼此进行区分，占领不同的细分市场，缓和同业之间的竞争，这样他们就能够赚取利润。占主导地位的公司通过在提高产品质量方面增加投资，吸引那些愿意支付更高费用的具有更高质量意识的消费者。而规模较小的公司，投资较少，只能吸引到质量意识较为淡薄的消费者。

假设有两家计算机制造商，他们都可以选择通过加大研发投资来生产质量更好的产品——比如说一款用户界面更加友好的产品。譬如一家公司首先进入市场，投入大量资金生产高质量的产品。第二家公司可以选择制造一台同样高质量的计算机。两者唯一的区别就是价格。因此，制造商将在价格上展开激烈竞争，将价格降至两者都不赢利的地步。然而，如果第二家公司减少在质量上的投资，转而生产一种质量较低的产品，那么它可以较低的价格销售产品。最终这两家公司将吸引不同的客户群体。由于一些客户更注重预算而非质量，而另一些客户相对更注重质量，这些公司最终在不同的细分市场销售不同的产品。因为它们能为特定的消费者群体提供最优产品套餐，所以公司仅仅投入稍多一点的费用仍然可以获得利润。

创新的阻力

此外，在自然寡头垄断中，市场结构趋于稳定。之所以出现这种局面，是因为提供高质量产品的公司与提供低质量产品的竞争对手有不同的创新动机。我们回到上述假设中的例子。假设第二家公司提出了一个提高产品质量的创新方法，这样的创新喜忧参半。尽管它增加了该公司对注重质量的消费者的吸引力，但也使其更容易卷入与第一家公司的直接竞争，从而降低产品价格。相比之下，拥有高质量产品的公司并不会遇到这样的创新阻力。这些不对称的创新激励使提供低质量产品的公司对创新不太感兴趣，因此也不太可能开展使其能够超越提供高质量产品的公司的创新。换句话说，在其他条件不变的情况下，一个自然寡头垄断的市场，行业龙头被颠覆的概率较低。实际上，未占主导地位的公司很难通过创新获得增长。

由于不同产业间存在不同竞争方式，大量固定投资所起的作用有所不同。在传统的行业进入壁垒模型中，最小经济规模壁垒是由公司可控因素之外的其他因素决定的，例如，钢铁产业的行业进入壁垒是由大型炼钢炉中的散热原理决定的。在这些市场中，当公司在价格上展开竞争时，一家达到最小规模经济的公司可以提供比小公司更低的售价，因而在竞争中胜出。但随着市场规模的增长，具有最小规模经济的钢铁厂所需投资规模保持不变，这样一来，将会有更多的公司以最小规模经济进入市场，这样就会造成所有具有最小规模经济的钢铁厂市场份额下降。

在自然寡头垄断中，公司通过在广告和研发方面进行大量投资而脱颖而出。在这里，重要的不是投资的绝对规模，而是相对于竞争对手的投资规模。公司在决定投资规模时要关注竞争对手的选择；向最注重质量的消费者销售产品的公司一定要比紧随其后的公司投资更多。当这种差异化市场的规模增长时，（高）质量带来的回报也会增加。因此，公司在广告和研发固定成本方面的投资会水涨船高。正如萨顿所说："进入飞机或大型计算机市场的公司数量有限，不是因为产品开发的固定成本相对于市场规模非常高，而是因为可能存在如下这种情况：大公司主要通过额外追加固定成本的方式，推动前沿技术向前不断发展，催生出更复杂的产品。"

在这种情况下，随着市场的扩张，行业龙头仍然占据着主导地位。在一系列的案例研究中，萨顿指出，即使随着市场规模的增长，头部公司依然可以保持庞大的规模。在超市、银行业、在线书商和报业中，研究人员都发现了这种模式存在的证据。

超大型信息技术产业

应该清楚的是，如今头部公司在软件系统方面进行的大量前期投资与在广告和研发方面的投资发挥着相同的作用。这些都是大型固定投资，可以提高公司产品和服务的质量，使其区别于竞争对手。[5]事实上，经济学家保罗·埃利克森（Paul Ellickson）通过对超市行业的研究，确定了行业龙头所实现的质量差异的来源：沃尔玛首创的基于条形码扫描技术的用于物流和库存管理数据系统。这些系统使占主导地位的公司能提供具有丰富多样性的产品选择，使它们的产品区别于竞争对手。埃利克森指出，每家超市提供的平均产品数量从1980年的14 145件增加到2004年的30 000多件。

消费者需求的多样化导致商店中的产品出现了更大的差异化。利基市场变得越发重要。消费者将更多的预算花在少数首选产品上，但这些产品选择因消费者而异。而且，如果超市的商品更好地符合消费者的个人偏好，消费者对商品价格的敏感度会越来越低。

我们可以清楚地看到，规模经济很强的行业与存在质量差异的行业之间产业结构不同。超市和预拌混凝土行业的市场都受制于地理因素，运输成本决定了这些市场中的公司往往只能服务于不同的贸易区域。但市场的规模因人口密度不同而异。混凝土生产商具有显著的规模经济，随着市场规模的增加，生产商的市场份额平均下降。相比之下，超市的差异化和市场份额并没有表现出这种下降趋势。平均而言，无论是在较小还是较大的市场，每个超市交易区域的前四家公司销售额都约占所有杂货销售额的60%，尽管较大市场的销售额往往是较小市场的十多倍。规模经济优势和质量差异化优势之间的差别，同样适用于那些随着时间的推移而不是经营区域的扩大而增长的市场。

质量差异化解释了为什么在复杂性上竞争的行业一直被少数公司主导。于20世纪80年代到90年代被开发出来的新型软件系统，允许公司通过增加功能、产品种类，以及精准定位目标客户等手段来提高其相对于竞争对手的质量差异。这些能力使公司能够克服前文提到的哈耶克式的困境，使公司能够广泛满足客户不同的需求和要求。在公司产品质量存在差异化的行业，那些最有能力管理复杂性的公司将成为行业的主导者；其他公司提供的产品质量较低，功能、品种较少，往往规模也较小。当然，并不是所有的行业都有这些特性，也不是所有的行业都会对其专有软件开发进行大量投资。根据软件开发人员的雇佣情况对行业进行的分类，我们可以大致了解这种现象的规模。根据2012年的美国经济普查，如果我们排除掉以软件产品为主的产业，只统计那些雇用了超过5000名软件开发人员或软件开发人员占其劳动力总数2%以上的产业，那么45%的产业属于软件密集型。但这些产业往往规模很大，贡献了71%的（财政）收入。换句话说，软件密集型产业在整个美国经济中占了相当大的比重。

另一种不同的工业

从某种意义上说，大公司之所以越来越占主导地位，是因为它们擅长使用新型软件系统来更好地满足消费者的不同需求。这些公司提供具有更多功能的大规模定制产品、具有更多产品选择的商店和高度针对性的服务。他们取得长足的发展不足为奇，但这只是现实的一面。此外，在这种新型竞争中，规模较小的创新型公司遇到了增长的阻力，这削弱了它们颠覆现有行业龙头的能力。

人们早就认识到，一些公司相比其他公司能获得更持久的业绩或利润。经济学家查德·西弗森（Chad Syverson）回顾了关于生产力差异的文献，发现了各种导致绩效差异持续存在的原因，包括：有些公司拥有更好的管理者；有些公司拥有更好的员工、设备或技术；有些公司能以更好的组织方式发挥他们的能力；有些公司则通过经验获得了宝贵的知识，因此拥有更多的"组织资本"。此外，人们早就知道，生产力更高的公司往往增长更快。经济学家称这些表现优异、快速增长的公司为"巨星级"企业。

但是，之所以出现颠覆率下降和公司主导地位越来越持久的情况，并不仅仅是因为这些公司拥有更好的管理者，或更高素质的员工，或者与此类似的其他优势。也是因为，自2000年以来，许多行业的竞争性质发生了变化，放大了公司间的绩效差异效应，强化了行业龙头的主导地位。与其说这意味着一批非常成功的"巨星级"企业的出现，不如说这意味着另一种不同类型的竞争形式的出现，是一种资本主义的新变体。重要的是，"巨星级"经济改变了公司生产力和公司增长之间的关系。如上所述，在质量差异化的市场中，较小的公司提高产品质量的动机较弱——更高的质量意味着它们与较大的竞争对手之间的差异化变小；因此，他们将面临更激烈的竞争，可能会获得更低的利润。此外，大公司对专有软件系统质量的投资往往会抑制创新型小公司的增长，抢夺其部分业务。我们将在第五章中探讨这些效应是如何起作用的，并展示它们具有重要影响的证据。但这些产业结构的差异是新兴公司——甚至是西尔斯百货公司和凯马特这样的大公司，更难参与竞争的关键原因。

然而，值得注意的是，20世纪初美国钢铁公司占据市场主导地位是钢铁生产规模经济产生的必然结果，但颠覆性创新的减少并不是大规模定制化新技术的出现所导致的必然结果。相反，在这两种情况下，大公司的主导地位都源自特定的政策和公司的战略选择。特别是，由于对新技术的获取渠道有限，颠覆性创新已经减少。只有特定公司才能开发和使用新技术，从而获得持续性的质量差异优势。当然，新技术的扩散往往受到知识产权和其他阻碍技术得以广泛使用的手段的限制。但在过去，新技术在经济中的扩散往往比今天更快。即使是已获得专利的产品和服务也经常能授权给他人，从而被广泛使用。例如，贝塞默工艺最初受到专利的约束，但钢铁厂可以轻易地获得使用许可。今天，这一扩散过程发生的速度要慢得多。这正是"巨星级"经济在生产率增长速度、收入平等和政府效

创新的阻力

率等方面表现出令人不安的趋势的背后因素。公司可以选择如何使用这些强大的新技术。如果技术被广泛扩散，那么社会受益最大。当公司限制技术的使用时，它们可能与竞争对手相比是受益者，但整个社会可能不会受益那么多；整个社会甚至可能变得更糟。

第三章

从开放到封闭的资本主义

在一个又一个行业中，占主导地位的企业利用专有技术获得了持久的竞争优势以及持久的市场主导地位。沃尔玛和亚马逊以其独特的物流、库存管理和执行系统主导零售领域；主要制造商利用专门的计算机辅助设计（CAD）、计算机辅助制造（CAM）和其他设计技术来赢得产品功能之战；大型银行通过专有营销和风险管理系统来主导消费信贷市场等。

然而，是什么使得这些行业主导者不被取代？长期以来，资本主义一直是一个开放的体系，新技术的相关知识会传播给其他可以使用新技术的各方，从而扩散其优势。通常在相对较短的时间之后，竞争对手的公司即便没有真正改进技术并超越行业主导者，也可以获得该技术并接近行业主导者的地位。

回顾一下汽车自动变速器这项发明的传播。通用汽车公司的厄尔·汤普森（Earl Thompson）领导的团队开发了第一款商业上成功的自动变速器——液压自动变速器（Hydramatic），该变速器最初为1940年奥兹莫比尔汽车（Oldsmobile）的选装配置，一年后被通用汽车公司的凯迪拉克部门采用。第二次世界大战爆发后，美国大部分汽车生产商停止生产汽车，但这种自动变速器被用于军用车辆和坦克。战后，显而易见，即使价格很高，客户也会购买此选装配置，任何不提供该配置的车型都将处于竞争劣势。自动变速器极大地拓宽了汽车市场，使那些难以学会使用手动变速器或认为手动变速器笨重的人也能驾驶汽车。在战后的繁荣时期，通用汽车公司的其他部门也采用了液压自动变速器。1949年，通用汽车公司开始向其他汽车制造商提供液压自动变速器，包括福特汽车公司旗下的林肯汽车、哈德逊汽车、纳什汽车、恺撒汽车、宾利汽车和劳斯莱斯汽车。

液压自动变速器受专利保护，其他制造商必须从通用汽车公司那里购买专利获得专利许可，否则无法直接模仿、使用。然而，液压自动变速器中使用的基础传动装置和液压技术是众所周知的。各个汽车制造商的工程师积极交流有关这些及其他新兴技术的信息。在汽车工业出现的早期，工程师认识到他们面临着共同的设计问题，他们所在的领域将受益于所有相关技术领域的共同标准。汽车工程师协会（The Society of Automobile Engineers）于1905年成立，旨在促进思想的自由交流。到1920年，这个协会迅速发展到5000多名成员，如今已超过128 000名。变速器技术（包括齿轮传动和液压耦合）自20世纪初以来一直在发展，相关知识得到广泛传播。因此，其他制造商有可能开发出自己的自动变速器，也就是说，他们能够以通用汽车公司的液压自动变速器专利为蓝本进行发明。帕卡德（Packard）汽车公司在1949年推出了一个新版本。汽车供应商博格·华纳（Borg-Warner）开发了另一个版本，并从20世纪50年

创新的阻力

代初开始将其设计专利或其制造的变速器授权给福特汽车公司、美国汽车公司（American Motors）和斯图贝克（Studebaker）公司使用。

因此，在十年多一点的时间里，整个汽车行业都在使用类似的技术。虽然通用汽车公司在开始的几年中一直占据显著优势，但技术的扩散使通用汽车公司不至于变得固守成规或过于占据主导地位。在某种程度上，通用汽车选择将其技术出售给一些竞争对手；另外，其他竞争对手也能够开发出替代技术。

技术也以其他方式扩散。拥有实际技术知识的人自己会将技术扩散到新的企业。众所周知，半导体行业始于一系列的衍生产品。20世纪40年代末和50年代初，威廉·肖克利（William Shockley）在贝尔实验室与约翰·巴丁（John Bardeen）和沃尔特·布拉顿（Walter Brattain）一起开发出第一个晶体管。1956年，肖克利在加利福尼亚建立了肖克利半导体实验室，然而他疏远了自己与关键员工的关系，其中八人于1957年离开并成立了仙童半导体公司（Fairchild Semiconductor）。该公司反过来又催生了一系列衍生公司，成为包括英特尔公司在内的新兴半导体行业的基础。戈登·摩尔（Gordon Moore）曾就职于仙童半导体公司，也是其衍生出的英特尔公司的联合创始人，他指出："似乎每当我们有一个新的产品创意时，都会有几个衍生产品。即使在今天，很多公司都可以追溯到仙童半导体公司，它确实是一个能让工程师企业家真正感动的地方。"

简而言之，技术知识是通过各种渠道扩散的。有时，一项新技术被许可使用；有时，它被"具体化"为制成品出售；有时，它藏身在跳槽员工的脑海中；有时，它在贸易组织或会议上被分享。一项研究调查了产业研发经理从大学研究中获得信息的途径。我们按照重要性对获取信息的途径降序排列，包括：出版物、非正式交流、会议、咨询、合同研究、新员工、联合研究企业、专利、许可和个人交流。广义上讲，扩散渠道分为两类：①独立创造，包括模仿，即竞争对手可以开发或获得应用新技术的知识和能力；②自愿扩散，即拥有技术的企业许可或分享该知识。

技术差距

新技术的扩散一直是经济发展的一个核心支柱。然而最近，不知何故，它似乎没那么有用了。可以肯定的是，（技术）许可和（企业）分拆仍在发生，不过似乎在以较慢的速度发生，不足以挤走占主导地位的企业。事实上，经济合作与发展组织的研究人员首先注意到"最佳企业和其他企业"间的生产力差距越来越大，他们将这种差距与信息技术的使用联系起来。宏观经济学家乌布克·阿基吉特（Ufuk Akcigit）和新浪·爱特思（Sina Ates）将广泛的经济变化归因于技术扩散的放缓，以及行业集中度的提高和利润的增加。

　　通过观察上市公司每位员工的固定美元收入，我们可以看到行业龙头与其他企业之间出现的差距。[1]图3-1分别展示了按行业销售额排名前四位的企业与销售额较小的企业的（员工收入）平均值。在20世纪八九十年代，行业龙头与其他企业之间没有太大差异；如果要说有什么区别，那就是排名前四的企业人均收入略低。但从20世纪90年代末开始，平均值出现了差异，差距出现了。如今，行业龙头的人均收入远高于其他企业。

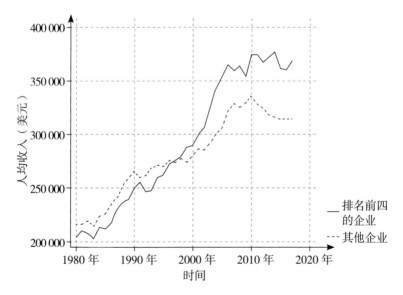

图3-1　行业龙头的人均收入更高

此外，分析表明，信息技术的发展在很大程度上是产生这种差异的原因。我们在第一章中看到，行业龙头在信息技术上的花费比小企业多得多。大企业似乎从这些技术投资中获益更多。无论是在行业龙头还是小企业，信息技术都与更高的员工人均收入相关。尤其对于每个行业中排名前四的企业而言，员工人均收入与信息技术的关联性要强得多。

员工间的收入差距与企业间的技术差距相关。占主导地位的企业使用的技术与小企业有所不同，这为前者提供了更大的优势，而且这些技术的扩散速度似乎不像过去那样迅速。技术扩散会缩小企业间的差距。然而，正如我在下文中所述，技术差距是一些令人不安的事态发展的根源。

为什么技术扩散无法颠覆行业龙头？

但是，为什么技术扩散没有动摇现有行业龙头的主导地位？为什么行业挑战者不能获得或购买类似的技术来缩小技术差距？为什么领先的企业不向竞争对手许可或出售其技术以赚取额外的利润？为什么西尔斯百货公司、凯马特甚至更小型的企业无法获得技术，使它们能够有效地与沃尔玛竞争？为什么行业龙头的关键技术人员不创立衍生企业向市场提供技术？

创新的阻力

我认为，"巨星级"经济的两个特征限制了技术扩散，且每个特征都会影响独立创造和自愿扩散。

首先，技术的日益复杂使得独立创造变得困难。复杂性使竞争对手更难独立开发技术，也使离职的员工更难重新创造出类似的技术，同时使技术专利许可越发困难。

其次，由于专利授权会削弱自身与竞争对手的差异化程度，行业龙头往往没有动机将它们的技术授权给他人。在产品差异化对企业成功至关重要的市场中，许多占主导地位的企业都不想授权或分享他们的技术。

我先谈一谈复杂性。当然，日益增加的复杂性并不是什么新鲜事。不经意的观察表明，今天的技术比"工业革命"时期的技术更复杂，而"工业革命"时期的技术又比之前的技术更复杂。此外，特定的技术似乎也随其逐渐成熟而变得愈加复杂，今天的飞机就要比莱特兄弟的飞机复杂好几个数量级。回顾历史，有助于我们了解技术的发展和成熟是如何影响其扩散的。

重大创新往往以专有技术的形式开始。最初只有一家或少数几家公司具备应用一项全新技术的设备和知识。通常情况下，主要的新技术需要辅之以新的技能和新的组织形式才能很好地运作。例如，1814年动力织机引入美国时就是这样，想要有效使用织布机需要有织工、机械师和工厂经理学习新的专业技能，同时需要有一种新的工厂组织模式。早期的纺织厂自己制造织布机，有时与当地的机械厂密切合作，并培训自己的工人和管理者。

由于很少有人拥有运用技术的技能和知识，技术的扩散速度很慢。也许令人惊讶的是，许多新兴技术的扩散源于企业免费分享知识，包括许多关键的织机技术。企业从快速发展的新知识交流中受益，而且由于普遍存在的技能短缺，帮助竞争对手几乎没有减少企业自身的市场份额。随着熟练技工迁移到国内的其他地区，技术也得到了扩散。经济史学家罗斯·汤姆森（Ross Thomson）和社会学家大卫·迈耶（David Meyer）追溯了新兴机械行业的发展是如何随着熟练技工的个体迁移而发展的。

渐渐地，纺织品和其他机械行业的技术知识也变得标准化。设备也标准化了，以前自己制造设备的工厂将其机械车间剥离出来，使其成为独立的纺织设备制造商，并将设备出售给其他纺织品制造商；培训也变得更加标准化，工厂为技术职业和管理人员建立了培训学校；贸易组织整合了这些工厂的标准最佳做法。随着技术知识的标准化，它得以传播开来。

随着技术知识的传播，市场竞争变得白热化。竞争对手得以进入市场，压低了价格和利润。纺织品制造商和纺织设备制造商都发现，从19世纪30年代开始，竞争大大加剧。但一系列新技术的广泛扩散产生了另一个有益的影响：由于基本的技术知识和工具得以广泛使用，各种各样的人都可以改进技术，创造自己的发明。19世纪的独立发明人在这个年轻的国家广泛传播新发明，使美国成为技术领袖。

独立发明人的兴衰

19世纪末是美国独立发明人的黄金时代。机械师、农民、小制造商和其他美国人都痴迷于发明和专利。正如一位英国观察家所说："美国人民真正的天赋是发明创造和驾驭机械……相对而言，似乎（技术）发明在美国比在世界其他地方更能蓬勃发展。"鲁弗斯·W. 波特（Rufus W. Porter）就是这样一位发明者。他是一位在新英格兰地区周游的自由壁画画家，在旅店和房屋的墙壁上绘制肖像和壁画；他也是一位多产的发明者，为自己改进的救生圈、自动谷物称量机、鼓风机、搅拌器、冲床、钟表和蒸汽机申请专利；他还认识到了创造性的时代精神，并于1845年创办了《科学美国人》（Scientific American）。这是一份面向机械师和制造商的周刊，声称这是"美国唯一致力于满足这些阶层兴趣的报纸"，其内容涵盖专利、发明和科学前沿成果，并迅速成为一份成功的全国性出版物。当时，全美只有不到300份地方性或全国性的日报。

接下来的几十年里，专利申请活动激增。1885年，美国每100万居民中就有400多项专利获得授权，这一比率在大萧条之前基本保持不变，之后才有所下降。[2]这些发明者不仅得到了《科学美国人》的支持，还得到了专利代理人和律师的支持。最关键的是，专利交易也非常活跃。到19世纪90年代，新发布的专利中有29%被转让给与发明人无关的一方。[3]也就是说，专利权交易市场十分活跃。

经济史学家纳奥米·拉莫罗（Naomi Lamoreaux）、肯尼斯·索科洛夫（Kenneth Sokoloff）和佐里娜·汗（Zorina Khan）认为，专利市场是美国在19世纪实现经济快速增长的核心。与英国等其他国家相比，美国的专利获取成本更低，交易更为活跃。强劲的专利市场促进了新发明的传播。发明者通常是个体机械师或农民，他们缺乏将其发明予以制造和充分商业化的资源。此外，高昂的运输成本意味着，即使是那些拥有制造资源的人也不一定能将他们的发明提供给整个国家。专利市场带来的技术传播，意味着这些发明可以提供给那些可能从中获得最大回报的人。也就是说，市场促进了贸易收益。而这反过来，又为新创意的开发和商业化创造了更大的动力。技术专利市场为新技术的独立创造提供了强有力的支持，从而使其得到传播。

但这种强劲的活动并没有持续下去。从广义上讲，在19世纪末和20世纪初，专利活动的中心从通过市场出售或许可其专利的独立发明人，转移到企业内部的发明人，即企业研发。因此，通过专利市场进行的技术扩散有所减少。

这种转变是逐渐发生的。独立发明人与企业的联系变得更为紧密。到19世纪末，专业发明者将越来越多的专利出售给拥有许多专利的大企业。许多最具生产力的发明者成为专利所有者，将自己的发明成果商业化而不是出售。大型制造商也需要一些时间才能建立适当的组织进行内部研发。例如，发明者通常需要经过一段时间才会将专利转让给其雇主以维持雇佣条件。渐渐地，通用电气公司、杜邦公司和美国电话电报公司（AT&T）等企业都建立了相应的组织，激励员工将发明作为其正常工作的一部分。

有几个因素推动了这种转变。第一，运输成本的下降意味着国家市场的整合。以前，专利被许可给一系列区域性制造商，现在则倾向于许可给全国性制造商。而全国性制造商的数量要少得多，这意味着专利许可证的数量在减少，且这些制造商有更强的议价能力。第二，法律也进行了修改，以帮助雇主更容易获得其雇员的发明。第三，企业调整其组织来进行内部研发。但促成这种转变的一个关键因素是技术的日益复杂。拉莫罗和索科洛夫解释说：

也许（比雇主适应性）更重要的是，随着19世纪末，特别是20

世纪初技术复杂性的增加，发明者越来越难以保持其独立性。尽管技术市场的发展使专利权人更容易尽早出售其专利权，并成立公司来利用其发明，但他们仍然面临着巨大的财务不确定性，尤其是在那些发明成本（人力资本和物质资本）可能很高的经济领域。

　　例如，回顾一下纺织设备发明之王德雷珀家族（the Draper family）的演变。艾拉·德雷珀（Ira Draper）在1816年获得"自动织机机架"专利，并在1829年获得其改进版本的专利。这项发明是一种可以添加到动力织机上的简单装置，以保持布匹从织机出来时的边缘笔直。德雷珀家族获得该专利的许可，并以2美元的价格出售该装置。这些行动确保该技术得到广泛扩散。同时，几乎没有什么障碍可以阻止其他发明者引入替代性的织机机架装置，且其中许多装置也被广泛销售。

　　在整个19世纪，德雷珀家族开发、许可并销售了一系列可以添加到现有纺织和纺纱设备中的此类发明。直到1895年，乔治·德雷珀父子公司（George Draper and Sons）推出自动诺思罗普织机（Northrop loom），这类设备的复杂性才逐渐增加。几十年来，独立发明人一直试图解决动力织机中自动补充纬纱（从新织物一侧到另一侧的纱线）的问题。纱线被储存在来回在织机中穿梭的梭子上，但是当梭子上的纱线用完时，织工不得不取下旧的梭子再插入一个新的、存满纱线的梭子。正如在19世纪80年代经营该企业的三个家庭成员之一的乔治·奥蒂斯·德雷珀（George Otis Draper）所说的那样："记录显示，有几十位才华横溢的人为此付出艰辛的努力，却无济于事。过去这种实验的结果要么是徒劳无功，要么导致企业破产。这一行最杰出的英国发明家之一现在是伦敦附近一家贫民院的囚犯。某些固执的人有时用他们的设备制造单台织机，但他们的发明从未经受住持续使用的考验，也从未被公开投入市场。"但是，乔治·德雷珀父子公司依靠其内部研发能力，在这些独立发明人失败的领域获得了成功，这种技术发展模式开始主导织机和其他纺织设备的市场。

1888年，小威廉·F.德雷珀（William F.Draper Jr.）在罗得岛州的普罗维登斯（Providence）看到一位发明者试图开发这种"自动"织机。乔治·德雷珀父子公司认为这种特殊的设计是不切实际的，但在研究现有技术之后，该企业在1888年投入1万美元的资金用以开发一种替代方案。

1895年，乔治·奥蒂斯·德雷珀向美国全国棉花制造商协会（National Association of Cotton Manufacturers）讲述了这项突破性技术的发展。阿隆佐·罗德斯（Alonzo Rhoades）和詹姆斯·诺斯罗普（James Northrop）这两名员工对如何自动更换梭子持有不同想法。这些技术都在1889年开始的为期七年的实验中接受测试。乔治·奥蒂斯·德雷珀列举出19次在不同织机上所做的实验，然后告诉我们："这样的实验次数可以放大一百倍而不会穷尽各种情况。该设计机制的某些部分已经被重新发明了数十次，仅我们收集的样品梭就有80多个。所有这些实验汇集了许多人的发明技能。"他猜测其中涉及600多项发明，并指出发明者"还从绘图员、工人、法律顾问和一个大型而多样的机械厂那里得到了一些灵感"。此外，由于换梭装置与其他织机功能相互影响，需要开发更多的发明以使新织机具有商业实用性，如改进的经纱停止装置。最后，乔治·奥蒂斯·德雷珀公司不仅拥有几项专利来保护这种新织机，还积累了2000多项专利，包括内部开发以及在市场上购买的专利。[4]

复杂性从几个方面限制了独立发明人和专利市场的作用。复杂性意味着开发技术所需的工作量，超出大多数独立发明人的能力范围。很少有独立发明人能够负担得起持续七年的投资项目，同时雇用许多人、准备机械车间和测试设施来开发一项很可能失败的技术。而且，在当时，很少有银行家愿意为这样一项要付出1万美元的高风险项目提供资金。

但构成挑战的不仅是必须发明和改进技术的数量，还有正在开发的各种功能之间的相互作用，这些相互作用是使技术真正复杂的原因。而这些相互作用对外部发明者来说很难处理，最终使公平的市场交易成为导致技术开发变得低效的"元凶"。

创新的阻力

首先，开发复杂的技术通常需要大量的协调成本。生产不同组件工作的人需要定期收到彼此的反馈，做出相应的调整，进而影响其他组件的生产。当这些人就近工作时，这一点更容易实现，尤其是在与发明者进行远程沟通速度缓慢且成本高昂的时候。

其次，与大量外部发明者签订合同既困难又低效。就复杂的产品进行签约和议价远比为简单的独立部件（如织机机架）进行签约和议价更具挑战性；而且人们无法事先确定是否发明者研发出的部件可能被用于最终的发明设备上。阿隆佐·罗德斯的换梭装置被放弃，詹姆斯·诺斯罗普的设计则被使用。我们很难事先知道某位发明人应得的利润份额是多少。拥有关键部件的发明者可能会坚持要求买方支付高昂的费用。虽然乔治·德雷珀父子公司确实在许多情况下收购了一些独立发明人开发的专利，以防止竞争对手的发明进入市场，但这些发明的绝大部分经济价值都被乔治·德雷珀父子公司占有。

也许最重要的是，外部发明者在技术开发过程中无法获得有关该技术的关键知识。乔治·德雷珀父子公司的机械师和发明家将从他们进行的数百次实验中了解该技术的基本细节。其中的大部分知识不会被编纂、标准化或写下来；很多细节都一直会被保密。然而，这些知识很可能是完善技术的关键。问题的复杂性限制了模块化设计的实用性。虽然许多外部发明者参与设计了梭子，但只有了解所做实验的内部人员才能设计出与自动装置的其余部分协同运作的新梭子。丰富的技术实践经验可能对完善该技术以及开发必要的改进措施至关重要，但这种知识存在于乔治·德雷珀父子公司内部，外部发明者难以获取。

总而言之，自动织机的复杂性从三个方面影响技术扩散：①开发和协调成本使大多数独立发明人无法进行研究，限制了市场发展（规模）；②要想从经验中学习到重要的隐性知识，需要亲身参与开发过程（组织）；③知识的不确定性、隐性和私密性，以及潜在的大量参与方限制了各方有效谈判以达成公平交易的能力（市场交易）。

实际上，织机技术的日益复杂化扩大了专利与技术之间的鸿沟。当技术可以由独立发明人开发、专利转让与完整技术转让密切相关、发明可以被独立开发而不需要太多关于完整技术的专有知识或经验知识时，专利市场就会运作良好。但技术市场与专利市场不同。当技术变得更加复杂时，专利市场不再是组织重大新技术开发的最佳方式，独立发明人开发专利的工作模式逐渐转变为企业研发。

由于所需技术知识的扩散有所减少，独立发明人不再能够轻易地开发替代技术，这种更复杂技术需要的资源超出独立发明人的能力范围。乔治·德雷珀父子公司建立并保持了几十年的市场主导地位。复杂性限制了独立创造的程度，使技术领先者能够主导其市场。尽管在19世纪早期的几十年里，乔治·德雷珀父子公司在织机机架方面遇到了很多竞争，但它在自动织机技术方面几乎没有遇到真正的竞争。独立发明人并没有消失，但就技术创新而言，他们在这一领域和许多其他领域的重要性大大降低。

前所未有的复杂性

当然，技术专利市场并没有消失。企业确实参与了大量的技术许可。[5]经济学家阿希什·阿罗拉（Ashish Arora）和阿方索·甘巴德拉（Alfonso Gambardella）认为，近年来技术市场的复苏催生出了一种新的"创新劳动分工"，大学中的科学家可以在这种分工中开发基础科学技术专利，并将其许可给企业，之后将其商业化。他们将这种复苏归因于：①当前产业的发展开始更加依靠基于科学的技术，而不是基于经验的创新；②计算机技术的进步使描绘和应用越来越复杂的物理现象成为可能；③对于知识产权（尤其是专利）的保护力度越来越大。

1980年《拜杜法案》（*Bayh–Dole Act*）颁布后，大学中的技术转让办公室的迅速发展可能是技术专利市场复苏的证据。该法律鼓励大学将其受联邦资助的研究成果授权给商业化企业使用，包括美国国立卫生研究院（the National Institutes of Health）资助的大量医学研究。

技术专利市场的复苏是否预示着独立技术创造的复苏，从而引起更多的竞争？不幸的是，大学技术转让的经验表明，复杂性仍然对技术的独立创造构成很大的限制。在《拜杜法案》颁布之后，数十所大学设立技术转让办公室并制定教师研究规则，以促进大学中的研究成果获得专利并授权给企业使用，希望这会吸引新的资金来支持研究。然而，结果并不十分乐观。长期以来，在没有技术转让办公室的情况下，通常是通过教师创建自己的初创公司实现技术专利的商业化。没有明确的证据表明《拜杜法案》使技术专利的商业化程度超过了以前的水平。事实上，尽管少数大学的技术转移项目是赢利的，但其中大部分（87%）项目都处于亏损状态。而且他们难以为自己的许多专利找到被许可人。除了几个突出的特例，《拜杜法案》并没有引起自主创新的大幅扩张。

将这些技术专利推向市场所面临的困难与一个世纪前开发自动织机所面临的挑战相似。许多技术专利还停留在构想阶段，需要大量投资、补充开发、改进、测试等之后才能将可行的产品推向市场。与织布机一样，研究人员的隐性知识已被证实是成功的关键；仅有一个简单的专利许可远远不够。在一篇回顾过去几十年技术专利发展的论文中，阿希什·阿罗拉重新评估了大学和企业实验室之间的总体分工，与合著者莎伦·贝伦松（Sharon Belenzon）、安德

创新的阻力

里亚·帕塔科尼（Andrea Patacconi）和郑圭洙（Jungkyu Suh）一起得出结论："大学产生的知识往往不能被轻易消化并转化为新的商品和服务。大学技术转让办公室无法完全替代企业中的研发部门，后者以解决重大技术问题所需的规模整合了多个学科。因此，尽管'创新劳动分工'可能提高了大学的科研数量，但它也减缓了（至少在一段时间内）将这些知识转化为新产品和新工艺的速度。"

整个创新过程的复杂性似乎在很大程度上限制了技术专利市场，就像在19世纪末那样。当然，专利许可仍然存在，但主要是对组件的许可。由于现代技术具有高度的复杂性，无论是大学研究人员、小型生物技术公司还是独立发明人，都无法充分开发出许多现代技术。而这也阻碍了许多挑战者独立开发出新的技术。

但当今的"巨星级"企业使用的大型专有软件系统对行业挑战者构成了更大的挑战。从某些指标来看，开发这些系统远比开发药物复杂得多，所涉及的数据也多得多。此外，这些系统通常只适用于特定企业的组织结构。例如，沃尔玛的专有软件系统与其管理、组织供应商、商店经理和总部经理的方式有着特定联系。

因此，竞争对手在开发能与行业龙头竞争的系统时面临巨大的障碍。由于市场交易和知识共享，自动变速器是在20世纪40年代和50年代传播相对迅速的一项技术创新。如今，第三方仍在开发变速器和变速器控制模块，也就是即时控制变速器的计算机。这些组件的改进技术得以迅速传播。但真正重要的是将各类组件整合在一起的技术，而这正是复杂性的关键所在。虽然较小的汽车企业能获得变速器控制模块的许可，但如果像丰田汽车公司一样去集成现代汽车的所有部件，它们就会感到无所适从。因此，其他小企业的自主研发技术对于丰田汽车公司构成的威胁也就减少了。

"巨星级"企业想许可其技术吗？

但是，即便"巨星级"企业所面临的由独立技术创新带来的威胁有所减弱，它们仍然可能会选择自愿扩散其技术，无论是通过共享还是许可。例如，通用汽车公司将其自动变速器技术许可给其他公司，包括直接竞争对手，如福特汽车公司旗下的林肯汽车，后者直接与通用汽车公司旗下的凯迪拉克汽车竞争。而且，如上所述，企业有时会与竞争对手免费共享新技术。早期的纺织厂就是如此，今天的开源软件也是如此。

然而，这些决定取决于具体的经济计量。在"巨星级"经济中，占主导地位的企业不愿许可或分享其技术，原因很简单：拥有这些技术的主要好处是将行业龙头与其竞争对手区别开来。将专利授权给竞争对手将破坏这种优势，因此，此类交易不受欢迎。

创新的阻力

考虑一下通用汽车公司决定将自动变速器技术许可给福特汽车公司背后的明显经济逻辑。关键因素是自动变速器技术增加了市场总规模，带来了新客户，并为经济学家所谓的贸易收益创造了机会。显然，通用汽车公司让福特汽车公司拥有自动变速器技术，会增加其与福特汽车公司的竞争程度，这有可能降低通用汽车公司的利润。尽管通用汽车公司会从福特汽车公司那里收取特许权使用费，但如果市场规模保持不变，那么这些特许权使用费将无法抵销通用汽车公司遭受的利润损失。因为随着价格竞争加剧，通用汽车公司和福特汽车公司的共同利润将会减少。即使通用汽车公司从自动变速器技术中获得了福特汽车公司所能获得的所有利润，其总利润也会下降。

然而，自动变速器的普及极大地扩大了汽车市场。有了自动变速器，就可以将汽车出售给那些难以学会驾驶手动换挡汽车或认为手动换挡很麻烦的大量人群。更大的市场意味着通用汽车公司和福特汽车公司可以分享更高的共同利润。尽管专利许可意味着通用汽车公司所占的"蛋糕"份额较小，但通用汽车公司仍然赚得更多，因为这块"蛋糕"要比原先大得多。所以，通用汽车公司才会向福特汽车公司许可自动变速器技术。

但是，如今的"巨星级"企业所采用的技术主要的作用是获得更大的市场份额，而对扩大市场规模没有什么作用。这些技术的部署方式更像是"窃取业务",而不是促进增长。[6]当沃尔玛推出超级中心模式时,该地区的消费者确实会在一定程度上购买更多的杂货和商品。但沃尔玛的大部分销售收益来自其他零售商。当丰田汽车公司推出一款新车型时,购车总量可能会增加,但丰田汽车公司的大部分销量来自其他制造商或丰田汽车公司的其他车型。管理复杂性的软件系统有利于企业将自己的产品与竞争对手的产品区分开来(从而获得更大市场份额),但它们不一定会大幅增加市场规模。正因如此,"巨星级"企业几乎没有动力向竞争对手许可或分享他们的技术。

减少许可激励以及削弱(企业)复制复杂系统能力的综合影响,限制了(企业)对新技术的获取。有限准入意味着竞争对手更难挑战或超越占主导地位的企业。某些事态的发展强化了这些趋势。知识产权法和就业法的变化往往会降低有才能的技术人员和管理人员的流动性,使行业挑战者更难雇用到竞争所需的人才。而质量竞争会导致创新型企业的发展放缓。我将在后面的章节中探讨这些发展。

有限准入的挑战

如果占主导地位的企业能够更大、更持久地占据主导地位,这真的会是一个问题吗?为什么这种趋势会令人不安?毕竟,这些企业通过为消费者提供更多的价值而变得更具主导地位。它们在商店里提供更多的产品选择以及具有更多功能的产品，更有针对性地提供信贷、保险等服务。通过使用新的软件系统，行业龙头大规模定制产品和服务，以前所未有的程度满足消费者的个人需求。此外，在这个过程中，企业创造了许多就业机会，正如我们将看到的那样，它们支付的薪水也更高。

到目前为止，"巨星级"经济令人不安的一面是，大多数企业获得这些新技术的机会有限、存在技术差距，且技术扩散速度放缓。虽然保持技术的专有性可能对"巨星级"企业获取利润最有利，但对社会并非最好的选择。如果更多的零售商拥有沃尔玛的物流、库存和运输能力，也能提供更多选择、更快地响应需求变化、降低成本，那么消费者就会得到更好的服务。如果其他汽车制造商能够生产出质量和功能达到丰田汽车公司水平的汽车，消费者也会享受到更好的服务。此外，技术扩散不仅会为消费者带来直接利益，也会引发更激烈的竞争以达到刺激技术持续创新的长期好处。相反，有限的技术准入给我们带来了许多弊端。

事实上，"巨星级"经济的发展方式也有其弊端。有限技术准入意味着创新型企业面临着发展阻力，从而减缓了总体生产力的增长；意味着只有经过挑选的劳动者才可以获得关键的新技能，并凭借这些技能获得更高的薪酬，从而加剧收入不平等；意味着行业龙头可以规避审查或欺骗政府监管机构。

　　然而，大规模定制背后的信息技术本身并不一定会导致有限技术准入。诚然，这种大型系统需要大型组织来运行。同样，这些系统是复杂的，因此难以复制。然而，政府可以制定一些政策来促进技术准入，企业也可以采取一些行动来促进技术准入。事实上，一些企业已经发现将其技术部门分拆是非常有利可图的。政府制定政策时可能会遇到的挑战是在开放技术准入的同时，要继续保持大规模定制的社会效益。良好的政策可以引导更多的企业使用大规模定制先进技术，这在更大程度上是为了做大经济"蛋糕"的规模（而不是仅仅扩大"蛋糕"的份额），从而为整个社会带来更大的利益。

第四章

自动化悖论

创新的阻力

杰弗里·辛顿（Geoffrey Hinton）在2016年表示："让我先说几件看起来很明显的事情。我认为，如果你是一名放射科医生，你就像一只已经站在悬崖边缘但还没有向下看的狼，所以你还没有意识到脚下是万丈深渊。人们现在应该停止培训放射科医生。显而易见的是，五年之内，人工智能通过深度学习将比放射科医生做得更好，因为它将获得更多的经验。"多伦多大学和谷歌的计算机科学家辛顿是机器学习新技术的先驱，机器学习是包括深度学习在内的一种人工智能技术。包括辛顿在内的一批科学家错误地预测到，由于机器在某些工作任务上的能力已经超过了人类，因此将会引发大量失业。自"工业革命"以来，从卡尔·马克思（Karl Marx）到约翰·梅纳德·凯恩斯（John Maynard Keynes），许多学者都发出过这样的警告。随着新的人工智能系统拥有了读取X射线、驾驶汽车和处理客户请求的能力，新闻媒体发出了大量工作岗位即将消失的警告。咨询公司最近发布了18份以上的报告，预测自动化会导致失业。有十多篇的经济学论文试图论证自动化会导致失业这一理论。

然而，在很大程度上，他们都把注意力集中在了错误的问题上。新技术正在改变经济。与其说机器正在取代人类，不如说是它们增强了人类的劳动能力，让劳动者能做更多、更新、更复杂的工作，提供更好的产品质量。在未来几十年里，人工智能和新兴信息技术对社会其他方面的影响，远远重要于对就业的影响。

由于大众对大规模失业的担忧是普遍存在的，因此我在本章中简要地探讨了自动化的影响。在未来几十年里，自动化将影响许多工作岗位，就像过去几十年和几个世纪一样。但短期内，自动化并不会导致大量失业，因为它也在创造新的就业机会。工作正在转移，而不是消失。这些工作如何转移仍然是一个重要的社会问题，因为它们要求劳动者习得新的技能，在许多情况下需要更换职业和雇主。然而，新技术正在以其他方式改变经济，巩固大企业的主导地位，造成不平等加剧，并减缓生产率增长。

这些末日预言家过去没有看到，以及在过去两百年里一直没有看到的是，需求很重要。技术对社会的影响不仅仅是供给侧的问题。如第二章所述，消费者需求范围的增大意味着，当企业可以利用复杂性进行竞争时，行业会被少数大企业主导。而消费者需求深度的加深意味着，当自动化降低了单位产出所需的劳动力数量时，行业中的就业岗位往往会增加。在自动化面前，人类的欲望拯救了我们的工作，但人类的欲望也在引导我们走向一个完全不同的经济。

替代劳动力还是增强劳动力？

在撰写本书时，辛顿的预测已经发表了近五年，但放射科医生们并没有失去工作。事实上，尽管X射线分析这项工作广泛地被外包到印度，但在全世界仍存在放射科医生短缺的情况。这并非说明机器学习没有产生一些令人印象深刻的证明研究。例如，一项典型的研究使用有肺炎症状的胸部X光图像开发出了一种算法。这种算法在识别肺炎病例方面比四名放射科医生的表现要好一些。还有许多类似的研究，许多初创企业正试图将机器学习应用于放射学。

这些实验虽然令人印象深刻，但距离这些机器完全取代放射科医生还有很长的路要走。有许多实验采用的样本很小（四名放射科医生），没有在同行评议的期刊上被复现或发表，也没有在实际的临床实践中进行验证，来自实际临床中的挑战可能比在精心控制的实验室环境中遇到的困难多得多。最近的一篇论文回顾了试图通过X光片诊断新冠肺炎的2212项机器学习实验，该论文总结道："由于方法上的缺陷或潜在的偏见，所确定的模型都不具有潜在的临床应用价值。"

更重要的是，放射科医生使用X光扫描技术检查的不仅仅是肺炎，而且在任何情况下，使用X光扫描技术检查患者身体情况都只是放射科医生工作的一小部分。正如加里·马库斯（Gary Marcus）和马克斯·利特尔（Max Little）所写：

放射学不仅仅是关于图像的科学。深度学习系统擅长对图像进行分类，但放射科医生（和其他医生，如病理学家）必须将他们在图像中看到的东西与有关患者病史、当前流行疾病等的其他事实相结合。正如马萨诸塞州总医院的急诊放射科医生阿南德·普拉巴卡尔（Anand Prabhakar）博士告诉我们的："尽管放射科医生是成像模式识别方面的专家，但他们的很大一部分工作还涉及病理生理学，只有具备相应的知识才能正确解释图像。例如，胸片上呈现的形态有可能说明患者得了肺炎，也可能说明患有其他疾病，因为肺炎与包括癌症在内的各种疾病呈现在胸片上时具有相同的表现。一名合格的放射科医生会根据病人电子病历中的相关信息提出诊断建议，包含发热、年龄、性别、吸烟史或血液检查结果。"

尽管人类科技还没有到达人工智能系统广泛应用于放射性检测的地步，但在未来几年里，经过临床检验的扫描算法确实有可能被应用于放射性检测。但是，在放射科医生所从事的众多任务中，通过X射线来识别可能的疾病只是其中一项任务，即使这项任务也可能需要放射科医生的额外投入。这意味着人工智能机器将不会取代放射科医生；相反，它们会成为增强放射科医生能力的工具，帮助他们更快地做出更好的诊断和治疗建议。

事实上，虽然技术经常将特定的任务自动化，但它很少将一个职业所执行的每项任务都自动化。我研究了1950年至2010年美国人口普查对271种职业的情况进行的详细描述。许多职业由于各种原因被淘汰了。在许多情况下，某些职业被淘汰是因为人们对某些服务的需求下降了（例如，寄宿公寓管理员）；在某些情况下，需求下降是因为技术过时了（例如电报员）。然而，这些与自动化并不完全相同。只有在很少的情况下——如电梯员，职业的衰退和消失能归因于自动化。尽管在六十多年的时间里我们见证了广泛的自动化，但几乎都是部分自动化。在未来几十年中，人工智能自动化可能亦是如此。很少有人工智能应用软件旨在将所有需要执行的任务自动化，因为人类的工作通常涉及许多不同的任务，其中许多任务很难自动化。虽然一些工作确实会有被取代的风险，例如某些类型的卡车司机，但通常人工智能和自动化技术的开发更多的是为了提高人类的能力，而非取而代之。

这种差异对于理解新技术的影响至关重要。在导论中，我指出，条形码扫描仪确实使收银员的劳动量减少了18%~19%，使商店的劳动力成本下降了4.5%。但是，条形码扫描仪的主要变革性作用并不是它对收银员工作的影响；而是条形码扫描仪和相关技术为沃尔玛提供了更强的能力。这些技术改变了沃尔玛提供的服务的性质，对竞争、行业和社会产生了重大影响。专注于所谓的失业就是把注意力放错了方向。

自动化悖论

尽管有一些人最初预期条形码扫描仪能取代收银员的工作，但事实上，它并没有。自1974年首次安装条形码扫描仪后，这种扫描仪在杂货店的应用速度很缓慢，但在20世纪80年代却突然加速。到1985年，29%的超市使用了条形码扫描仪。然而，在20世纪八九十年代，全职收银员的数量却在持续增加。[1]

随着自动化的发展，就业增长的情况也不罕见。自动柜员机（ATM）最初被认为会使银行出纳员的数量减少。1995年至2005年，美国银行安装了数十万台自动柜员机，全职银行出纳员的数量却在增加。用于处理有关诉讼案件的电子文档的智能软件，对律师助理也产生了相同的影响。这些由人工智能驱动的软件，被美国律师事务所广泛使用。事实上，存在一个关于自动化的悖论：当机器开始为人工作时，企业对人的需求往往会增加。[2]

当然，情况并非总如此。当人们想到自动化时，通常会想到制造业。在制造业中，自动化确实会与工作岗位的急剧减少有关。20世纪40年代，美国棉纺织业的生产工人总数超过40万，但如今这一数字已下降到不足2万。这种下降大部分可归因于自动化。在过去的20年中，全球化损害了这个行业，但至少在半个世纪的时间里，该行业就业率的下降是和进口贸易没关系的。然而，即使在制造业，也可以看到自动化悖论。在1940年之前的　个多世纪里，尽管自动化正在极大地重塑该行业，棉纺行业的就业人数仍随着自动化而增长。

理解自动化悖论的关键是了解消费者的需求。自动化减少了生产一码布所需的劳动力。但在一个竞争激烈的市场中，这会导致价格下跌。而较低的价格增加了消费者对布料的需求。事实上，在19世纪初，有大量被压抑的需求。这是因为当时布料非常昂贵，最典型的就是成年人只有一套衣服。当价格下跌时，消费者会购买更多的布料用于制作额外的服装或另有他用。事实上，他们购买了大量的布料。消费者对布料的需求如此之大，以至于每码布所需的劳动力下降了，总体就业人数却在增加。自动化引起了高度弹性的需求反应。

但到了20世纪中叶，美国人对纺织品需求已经得到了满足。人们的衣橱里装满了衣服、软垫家具、窗帘，等等。自动化继续增加每个工人的产出，但需求反应变得缺乏弹性。需求的增长不再能抵消自动化带来的"劳动力节约效应"。因此，就业率开始下降了。

这种模式不仅出现在纺织业，也出现在钢铁和汽车行业，这些行业也经历过持续快速的生产力增长。它们的就业率也经历了一个倒U形，最初增长了几十年，然后趋于平稳或下降。此外，我们有理由相信，这种倒U形模式可能更普遍地适用于其他行业。

现有的证据

这一分析表明，自动化对行业内就业的影响是随着时间推移而变化的，而且在任何时候，都因行业而异。那么当今的行业如何？
包括人工智能在内的新兴的信息技术又如何？

　　有关自动化的最全面数据来源之一是荷兰，荷兰政府统计机构
一直在收集各公司每年花在自动化服务上的费用的信息。这些数据
与公司和具体劳动者的管理数据相关联。在公司层面上，关于所有
类型自动化的其他数据来源很少；而能够用于探讨自动化对行业内
就业的影响所需的大量关于公司和员工的数据，也很少。这些数据
涵盖了从2000年至2016年的约500万劳动者，这些劳动者来自主要
私营和非金融部门的约36 490家公司。

　　我与马尔滕·古斯（Maarten Goos）、安娜·所罗门（Anna
Salomons）和威尔扬·范登伯格（Wiljan van den Berge），一起探
讨了这些数据展示出的自动化对劳动者的影响。首先，需要注意的
是，自动化不仅仅与机器人或制造业有关；它几乎影响到所有行
业，对有些行业的影响比对制造业的影响更为深刻。[3]事实上，机
器人只影响了一小部分劳动力。在我们的样本中，有更多的劳动者
普遍受到自动化的影响，通常约9%的在职员工（有三年或三年以
上工作经验的员工）受雇于每年对自动化进行重大投资的公司。我
们重点分析了那些在自动化领域进行重大投资的公司。事实证明，
公司倾向于在自动化领域进行不连续的、不稳定的投资；也就是
说，它们倾向于一次投入大量资金，而非每年逐步投入少量资金。

这些重大投资事件有助于我们确定自动化产生的影响，因为我们可以将在自动化方面进行投资的公司的增长情况与不进行此类投资的相似公司进行比较。

数据非常清楚地表明：与不在自动化方面进行投资的公司相比，在自动化方面进行投资的公司在创造就业岗位方面增长速度要快得多。此发现也在其他研究中得到了证实，这意味着自动化并不一定会直接导致大规模失业。

尽管如此，自动化仍有可能减少就业，原因有三。第一，在自动化方面进行投资的公司往往比非自动化公司发展得更快，甚至在前者进行主要的自动化投资之前就已经有了这种趋势。道理在于，公司可能会选择将自动化作为促进自身快速增长的一种方式。但这意味着，如果这些公司选择不进行自动化，也许整个社会的就业会增长得更快。也就是说，自动化可能已经消除了潜在的就业机会。当然，我们很难知道如果这些公司没有进行自动化，会有多少就业机会被创造出来。许多研究都试图控制复杂因素，用不同的计量经济学技术来评估自动化对就业的影响。总的来说，他们发现自动化对一部分劳动者（那些在自动化方面进行投资的公司的员工）的就业有中性或积极的影响。

第二，虽然进行自动化的公司可能会促进就业，但其他公司的员工可能会失业。例如，在一个没有实现自动化的行业中，该行业内公司的生产率可能比实行自动化的公司要低。因此，这些公司的竞争力可能会下降，销售额和就业率也会下降。此外，一个行业内的变化可能会影响其他行业。有几篇论文研究了自动化对总体或行业层面上的就业的影响。然而，这些论文都发现技术并不会导致就业总量的下降。

第三，净就业人数变化可能不大，因为在创造新的就业机会的同时，许多旧的工作岗位会被淘汰。也就是说，就业岗位的净数量可能没有变化，但劳动力市场的波动可能会更大。这意味着，即使自动化没有造成大规模的失业，但它仍有可能给劳动者带来沉重负担：他们可能暂时失业，需要习得新技能来从事新的职业或行业，甚至需要搬迁。

自动化的负担

荷兰的相关研究评估了这些过渡性负担的规模。我们研究了自动化对在职员工的影响，这些员工在公司进行自动化之前在其公司工作了三年或三年以上。在自动化后的五年里，这些员工平均损失了一年收入的11%左右，按绝对值计算，损失了3800欧元。

这些损失主要是由于失业造成的。无论他们是留在公司还是离开，这些员工的日工资率都没有变化。但是，自动化确实导致一些员工离开了他们的公司。他们要么被解雇，要么主动选择离职。五年来，累积的离职概率小于13%。总的来说，进行自动化的公司的员工在五年内平均少工作了18天（无论是离职者还是在职者）。

此外，这些损失只有部分能被荷兰社会保障体系的福利所抵消。总的来说，失业者从失业救济金、残疾救济金和福利金中收回了约13%的损失。这类失业者的情况与因其他因素而失业的人的情况相当，在这些事件中，社会保障体系通常只抵消了一小部分的负面影响。[4]受自动化影响的劳动者比留在自动化转型后的公司的劳动者更有可能转行。除了转行之外，我们未发现劳动者的平均或中位数工资、公司规模或公司自动化支出在经济上或统计上有显著变化。受影响的劳动者也更可能提前退休和自谋职业。

究竟谁受到影响了？如上所述，在我们的样本中，每年约有9%的在职员工留在经历自动化转型的公司工作。虽然不是每家经过自动化转型的公司的每位员工都受到了影响，但这些公司的员工数量很大。从我们对这些公司的所有部门的研究发现，虽然大公司在每位员工的自动化培训上的平均花费超过小公司，但许多小公司的支出确实也很大。

我们还研究了员工的特征。我们没有发现性别上的显著差异。

在控制了员工的年龄因素后，我们也没有发现工资方面的显著差异。也就是说，与人们普遍的看法相反，受自动化影响最大的不是低工资的员工。当我们将同一公司的员工按工资水平进行比较时，如果要说存在什么区别，我们发现，工资较高的员工会有较大的相对收入损失，但这种差异在统计上并不显著。最后，我们确实发现年长的劳动者受到的影响更严重。50岁及以上的劳动者会有更大的收入损失，主要是由于他们会经历更长的失业期。年长的劳动者似乎更难找到新的工作。

因此，自动化确实对劳动者产生了重大的负面影响，不是因为它永久性地消除了某些工作岗位，而是因为劳动者在转行时承担了巨大的成本。在研究自动化对劳动者的影响时，人们一直在关注错误的问题。这并不是一个关于大规模的失业的问题，而是关于工作转换的问题。

这个负担有多大？通过将这些自动化转型事件与大规模裁员事件进行比较，我们可以获得一些启发。经济学家研究了在公司破产、需求状况出现变化、技术过时和其他原因的作用下，公司倒闭或被裁员对员工产生的影响。与这些事件相比，自动化转型事件对公司员工的影响较少，自动化转型事件后员工离职的速度也更为缓慢。有关大规模裁员的文献研究的是公司30%及其以上的员工被裁员的情况，但自动化转型事件后第一年员工的离职率只比以往增加了2%，随后是持续不断的离职潮。此外，研究发现，大规模裁员会永久性地降低工资率；然而，对受重大自动化转型事件影响的员工来说，并没有出现这种情况。一个粗略的计算表明，每年约有1%的在职员工因重大自动化转型事件而离开他们的雇主。相比之下，美国和荷兰每年约有4%的员工因为雇主的经济状况不佳而被大规模裁员。

因此，尽管自动化给一些员工带来了巨大的损失，但其影响似乎比持续的经济动荡造成的大规模裁员和工厂倒闭的影响要小一些。

错误的问题

把思考的重点放在自动化上，显而易见是个错误。许多人似乎想当然地认为技术的发明主要是为了消除人力的使用。也许这一假设源于我们对自动化的长期痴迷。在希腊神话中，赫菲斯托斯神创造了机器人来做他的工作。在犹太人的中世纪传说中，能自动工作的傀儡是用泥土制造出来的。19世纪，玛丽·雪莱（Mary Shelley）的《弗兰肯斯坦》（*Frankenstein*）讲述了一个关于人造人的故事。也许我们被这些故事迷住了，因为它们让我们思考是什么使我们与机器不同。或者，我们对此类故事的迷恋可能源自对于发明会产生不利影响的恐惧。

那些人工智能的推动者也确实在利用我们的恐惧。辛顿并不是第一位宣传这项技术的人工智能研究人员。人工智能的先驱们在20世纪五六十年代也做出了一些过于乐观的预测。1957年，诺贝尔经济学奖获得者赫伯特·西蒙（Herbert Simon）预测，10年之内，计算机将成为国际象棋世界冠军（和实际情况差了40年），并将"发现和证明一个重要的数学定理"（目前还没有）。1963年，约翰·麦卡锡（John McCarthy）创造了"人工智能"一词，并成立了斯坦福大学人工智能项目组，目标是"在10年内建造一台完全智能的机器"。1967年，另一位先驱者马文·明斯基（Marvin Minsky）提出"在一代人的时间内，几乎没有哪个智能单元会留在机器领域之外，人工智能问题将得到实质性的解决"。炒作有利于吸引研究资金和天才工程师，而最好的炒作是针对人类恐惧的炒作。

但经济学家也倾向于关注自动化的劳动力节约效应，而不是人工智能等新技术的其他方面。没有什么比经济学文献中对机器人的重点关注更能清楚说明这一点的了。虽然机器人是运用自动化节约劳动力的显著案例，但与其他技术投资相比，对机器人的投资还是微不足道的。美国人口普查报告显示，2018年，美国对所有机器人设备的支出达到65亿美元。同年，私有企业针对信息处理设备和软件的投资为7786亿美元。此外，机器人主要用于汽车等少数制造业。

这些更广泛的技术投资对就业有什么影响？荷兰的一些研究也

使用了我们在评估自动化支出影响时所采用的方法，研究企业在对计算机方面进行大额投资时会发生什么。[5]我们发现，针对计算机的主要投资并没有导致离职员工增加，也没有导致在职员工增加。我和塞萨尔·里吉（Cesare Righi）一起探讨了当美国企业对自己的软件进行重大投资时会发生什么，这就是本书的重点。在投资发生的那一年，信息技术领域外的员工的就业率增长了约7%，企业的收入增长了11%，甚至更高。

这些对专有系统的大规模投资正在对经济产生影响，但这并不是用机器人取代人力。这些系统帮助企业增加销售额和市场份额；它们有助于增加企业对人力资源的需求。如果我们想了解技术投资这一重大转变的变革效应，我们就不应该只关注劳动力节约效应或机器人技术。

未来自动化

也许这一切很快就会改变。末日预言家警告说："这一次是不同的。"他们认为，过去蓝领工作被白领工作取代，但这次白领受到了影响。他们还认为，即将到来的变化将影响更广泛的经济领域，而且这些变化的速度将超过经济的调整速度。

这次的情况确实是不同的。这些差异并不意味着即将到来的变化，会在未来几十年里引起大规模的失业。白领工作的确受到了影响，但上述证据表明，新的白领工作亦在被创造。大部分经济领域都受到了影响，但在过去农业机械化的时候，也是如此。

此外，有证据表明，在不久的将来，人工智能技术将更倾向于增强人类的能力，而不是取代人类。一项调查询问了人工智能初创公司为客户带来的好处。几乎所有受访者都强烈认同，他们的产品增强了客户的预测或决策能力、管理和理解数据的能力，以及创新和改进产品、服务的能力；有大约一半的受访者认为降低劳动力成本或使日常工作自动化是有好处的。

变革的步伐也有可能会加快，但这也并不意味着会出现永久性的大规模失业。原因同样是人们的需求增加了。上述关于自动化和就业间联系的证据表明，在如今受自动化影响的职业和行业中，平均而言，需求往往是具有弹性的。也就是说，自动化的劳动力节约效应被随之而来的需求增长抵消，从而导致就业增长。如果自动化步伐加快，需求保持弹性，那么就业增长的步伐也将加快。这可能意味劳动者必须以更快的速度过渡到新的工作领域，但并不会导致大规模失业或大量永久性失业。

我们完全有理由期待，如果今天受自动化影响的行业需求是有弹性的，那么未来几十年需求仍将保持弹性。历史清楚地表明，需求的性质变化过程是很缓慢的。如果消费者对服装有着巨大的被压抑的需求，那么尽管他们在几年内获得了更多的服装，他们对额外服装的需求仍然会很大。事实上，在对棉花和人造布的需求趋于饱和之前，人均布料消费量在一个世纪里增长了20倍。鉴于目前对医疗、娱乐、服务和金融的需求具有高度弹性，我们有充分的理由认为，至少在未来10年或20年内，需求将继续保持高度弹性。这意味着自动化通常不会减少这些行业中的就业机会。

当然，如果我们把目光投向50年或100年后的未来，出于几个原因，预测的结果就不确定了。在这个时间框架内，未来人们对当今具有高度弹性的服务的需求，很有可能会趋于饱和。此外，技术会使更多的工作完全自动化。然而，即使在这个时间框架内，我们也不清楚一些工作是否会消失，因为这在很大程度上取决于需求的基本性质。

为了理解经济结果，我们需要推测人类的基本欲望。我们对于服务业的许多需求是基于人与人之间的互动吗？虽然我们都知道，人类会将机器人拟人化并将其视为"人类"，但也许在我们身上存在着一种需要与真实社会互动的元素，而这种元素是机器无法取代的。此外，还有一些需求的元素没有得到满足。比如，我们是否能够享受到大量的医疗保健服务来改善生命的长度和质量？我们是否对经济学家所说的"身份商品"有基本的需求——将我们与邻居区分开来或显示一种独特身份的商品？如果是这样，那么对这些商品的需求也不会趋于饱和。

任何关于一个世纪后需求性质的推测都应该相当谨慎地进行。过去，一些非常聪明的人对自动化和就业形势做出了预测，然而他们一直低估了人类需求的深度。例如，在1930年，凯恩斯预测生产力将持续增长，并预测一百年后，他的孙子孙女每周只需要工作15个小时即可。现在我们已经接近这个百年大关，经济合作发展组织成员国中的劳动者，每周的平均工作时间是34个小时。凯恩斯关于生产力增长的观点是正确的。到1977年，美国一个工人15个小时内的产出与1930年一个工人平均每周的产出相同。凯恩斯没有探寻到的是人类欲望的深度，也就是消费者需求的深度。我们如今之所以没有选择"每周的工作时间不超过15个小时"这种工作模式，是因为我们在工作中找到了意义，或者是因为我们需要更多的商品和服务，而技术已经使这些商品和服务变得更便宜、更好。[6]人们之所以会预测自动化将导致大规模失业，是因为他们低估了人类的需求。

因此，需求有力地调节了技术对社会的影响。正是需求的深度削弱了自动化的影响。但是，新一代大型软件系统利用的是人类需求的范围，也就是我们的个人偏好和支付意愿的差异，它使企业能够通过满足更广泛的消费者需求来使自身区别于竞争对手，并在其

创新的阻力

行业中占据主导地位。通过满足不同的需求，这些软件系统带来了
巨大的社会效益。但由于获得这些技术的机会受限，对于这些系统
的使用也滋生出重大的社会问题。

第五章

生产率差距

强劲阻力

2005年，两家语音识别初创公司"扫描软件"（ScanSoft）和微妙通讯（Nuance Communications）合并，创建了一个产业巨头，旨在准确地抓住他们所认为的新兴机遇。"语音软件正在改变人们使用数字设备和访问信息系统的方式"，新任微妙通讯首席执行官保罗·里奇（Paul Ricci）在宣布两家公司合并的新闻稿中表示。微妙通讯很早就意识到，语音将成为人与计算机之间沟通的核心手段，正如我们现在看到的苹果的Siri、亚马逊的Alexa和谷歌的Assistant（均为这三家公司推出的智能语音助手）。微妙通讯成立于1994年，最初是斯坦福大学国际研究院（SRI）下属的一个实验室，为美国政府开发语音识别技术。

合并完成后，微妙通讯在近10年中快速增长，销售额平均每年增长27%，直到2014年左右突然停止增长。微妙通讯2019年的收入与2013年的收入基本持平。微妙通讯遇到了来自亚马逊、谷歌和苹果等巨头的强大阻力。我与微妙通讯前高级副总裁兼总经理丹·福克纳进行了交谈，以了解行业动态。福克纳的职业生涯是从信息工程领域开始的，他先后在曼彻斯特大学和爱丁堡大学学习语言学和语言处理。他于2001年来到美国，为麻省理工学院的一家衍生公司

"语录"（SpeechWorks）工作，但这家公司很快被"扫描软件"收购。当福克纳加入时，公司只有50名员工；当他离开时，他们已经有1.4万名员工。"扫描软件"和后来的微妙通讯聚集了当时大部分的稀有人才——数据科学家、软件开发人员、管理人员和专业服务人员，他们在语音和语言技术方面拥有深厚的技能。微妙通讯通过直接招聘来揽才，也收购了像"语录"等有潜力的初创公司，并成功地将其整合到自身的运营中。[1]微妙通讯在2005年后收购了50多家公司。

在20世纪90年代和21世纪初，语音识别系统的发展受到当时计算机处理能力的限制。这意味着当时的系统只能识别有限的词汇。尽管如此，还是有一些重要的业务可以用只能识别有限词汇的语音识别系统来处理。例如，依据专门的词汇表转录医疗记录或提供电话客服。此外，大型银行每天接到数百万个电话，而其中大多数都是可以自动处理的任务，如查询银行余额。老式的电话接听系统允许银行客户通过打电话来了解服务菜单并选择相应服务。有了语音识别系统后，客户只需在电话里说出他们的要求。如果是一个简单的请求，系统就可以直接提供答案，而无须人工干预；如果不是，那么系统将把来电转给相应的接线员处理。这些系统结合在一起，为银行节省了大量资金，同时也提升了服务水平。基于这些有限的应用，微妙通讯在2005年合并后取得了稳步增长。

然后，在21世纪头10年的末期，情况发生了变化。微妙通讯开发了"大词汇量连续语音识别系统"。据福克纳说："突然之间，你可以就任何话题说任何话，我们可以准确地转录。这就是开启（医疗保健）业务的钥匙。"他们还将这项技术应用于苹果手机的一款名为声龙听写（Dragon Dictation）的新应用软件中。"我们以独特的方式解决了在一部玻璃机身的手机上进行准确实时听写的问题，这部手机的键盘很糟糕，所有人都在抱怨。结果令人惊奇，这款软件能非常准确、快速地识别语音进行听写（无论说话人是什么口音），而我们是唯一能解决这个问题的公司。" 苹果在2009年全球开发者大会上推出了苹果 3GS手机，该公司在其显示器上展示了声龙听写应用软件。一旦苹果验证了该产品，三星和所有其他手机制造商都想拥有它。谷歌、亚马逊和微软也是如此。通过与这些主要客户以及数百万购买苹果应用软件的个人客户签约，微妙通讯的业务迅速增长。该应用软件成为iTunes[①]商店中下载量最高的商业生产力应用软件。[2]两年后，苹果推出了基于微妙通讯技术的Siri。2013年，微妙通讯收入增长至17亿美元。

但这种增长是短暂的。随着微妙通讯的成功，大型科技公司意识到，语音将成为人类与计算机和云服务交互的主要渠道。语音识

---

① iTunes是一款数字媒体播放应用软件，由苹果推出的用于播放以及管理音乐和视频数字档案。——编者注

别不再只是听写，而是搜索信息、购物、选择音乐或视频、控制设备等。与键盘或鼠标相比，语音识别是免提的，速度快得多，不需要打字技巧，是一种更自然的人类交流方式。

因此，大型科技公司开始投入大量资金和人才来抓住这个机会。例如，亚马逊有超过一万名工程师从事Alexa产品的研发工作，其人员数量是巅峰时期微妙通讯雇用的核心研发员工的10倍多。亚马逊在语音相关产品上的研发支出可能超过了微妙通讯的收入。大型科技公司已经成功地掠夺了微妙通讯的人才库，将顶尖人才纳入它们的阵营。谷歌、苹果、微软等大型科技公司也在大力投资、积极招聘。

这些针对语音系统的巨额投资所带来的商机远远超出了提供听写服务。大型科技公司正在使用语音系统来处理各种各样的交互任务，它们现有的产品和客户基础使他们比微妙通讯有明显的优势。亚马逊的Alexa产品最初被设计用来处理从音乐到购物的许多任务，但亚马逊也创造了一个生态系统，第三方开发者可以在其中创造额外的功能。如今，有超过10万种这样的功能，语音引擎可以处理每一种功能。此外，亚马逊已经将Alexa的远场技术授权给家电制造商，以便控制洗碗机、洗衣机、烘干机和真空吸尘器。苹果手机和使用安卓系统的手机现在使用自己的语音产品来处理大量的任务。尽管苹果购买了微妙通讯的语音引擎为Siri提供动力，但该公司后来还是开发了自己的系统。虽然声龙听写软件在安卓手机上被广泛使用，但谷歌在2014年采取了行动，要求手机制造商要么在手机上预安装谷歌的所有应用软件，要么不得预安装谷歌的任何应用软件。想定制产品的制造商现在被要求提供一整套自己的替代品，这一点很少有制造商能做到。这意味着手机上的声龙听写软件不得不将控制权移交给使用麦克风的谷歌应用软件，使得声龙听写应用软件无法处理一系列的任务。在许多情况下，制造商不再预安装声龙听写软件。

因此，与大型科技公司的语音系统相比，微妙通讯处理的任务或互动的范围要窄得多。这一点至关重要，因为这些系统会随着用户的使用而逐渐改进。也就是说，语音识别系统在进行机器学习；系统获取的来自不同任务中的数据越多，就越能提高完成这些任务的质量。大型科技公司的应用软件覆盖范围和大量用户给它们提供了巨大的数据优势。目前有三亿台设备安装了Alexa；谷歌平均每天处理56亿次搜索，一半谷歌用户表示他们使用语音进行搜索。

微妙通讯遇到的直接阻力来自大型科技公司，这些公司阻止微妙通讯访问他们的手机平台。他们还进行了大量投资，来提高语音技术的质量。并且，为了构建处理广泛互动（更复杂）应用的最佳语音系统，他们设法获取到了所需的数据源。他们开始在手机平台上就语音识别系统的质量展开竞争，而微妙通讯再也不能参加这种博弈了。2018年，微妙通讯宣布停止为许多直接面向消费者的产品提供技术支持，专注于医疗保健等垂直市场。在医疗保健等垂直应用中，微妙通讯仍然可以获得必要的数据，来开发出性能良好的深度词汇表系统，微妙通讯的专业领域应用技术优势是巨大的。微妙通讯面向利基市场的战略转变，不仅受到了投资者的热烈追捧，还提高了微妙通讯的利润，从而使其股票价值创历史新高。

实际上，微妙通讯已经退出了消费者语音识别系统的一般市场。凭借巨大的投资，这些大型科技公司利用他们的其他业务建立了优质的消费者语音识别系统，进而从微妙通讯手中夺取了对该市场的控制权。这个广阔的市场现在形成了自然寡头垄断。尽管微妙通讯可以作为一家利基公司蓬勃发展，但它不可能再像与"扫描软件"合并后的10年间那样快速增长。微妙通讯的利基市场战略得到了回报。2020年4月，微软宣布将斥资160亿美元收购微妙通讯，以扩大其在医疗保健市场的产品范围。

对微妙通讯增长的这种抑制是颠覆率下降的另一种体现。正如我们在第二章中所看到的，占主导地位的公司的大规模投资可以抑制较弱的竞争对手的增长。"巨星级"企业的崛起已经改变了行业动态。现在我们来看看为什么小公司的增长率很重要，它们是如何变化的，以及这对生产率意味着什么。

生产率已经成为经济学家的主要关注点，因为自2005年以来，生产率的增长速度大幅放缓。非农企业部门的年劳动生产率增长率，从2000年至2007年的每年2.7%下降到此后的每年1.4%。劳动生产率是每个劳动者的产出量，这一点很重要，因为这一指标反映了社会为每个劳动者创造了多少收入。[3]虽然不是所有的收入都归劳动者所有，但它代表了众所周知的经济"蛋糕"的大小。"蛋糕"越大，我们的平均收入就越高。在过去的两个世纪里，生产力一直在强劲增长，这种增长推动了普通人财富的广泛增长。然而，现在增长已经放缓，许多人的经济前景并没有改善。

一些人，如《美国增长的兴衰》（*The Rise and Fall of American Growth*）一书的作者罗伯特·戈登（Robert Gordon），认为经济放缓是因为信息技术不再带来实质性的生产率效益。这似乎很难与大公司大量投资于专有软件系统的决定相吻合。相反，我认为，生产率增长下降的主要原因是"巨星级"企业形成的自然寡头垄断，而不是创新放缓。此外，我还认为，"巨星级"经济破坏了经济学家衡量生产率的方式。

简要地看几个例子是有帮助的。当像微妙通讯这样一家价值数十亿美元的公司遭遇强劲阻力时，在小型公司和初创公司身上会发生什么？它们从哪里获得所需的数据？它们可能会从顾客那里得到，向第三方支付费用购买，从网上抓取——但这些活动可能会让他们上法庭。此外，一些初创公司使用新技术，在一定程度上可以合成数据。但前微妙通讯高管丹·福克纳指出，这意味着"在核心业务问题得到解决之前，数据劣势使企业需要在外围进行创新（如何解决数据采集和赋值问题）。"此外，获取数据带来了巨大的监管负担。在欧盟国家销售数据或者其客户在欧盟国家销售数据的公司必须核实他们的数据处理和存储符合《通用数据保护条例》（General Data Protection Regulation，GDPR）的要求。其他公司必须核实其行为是否符合美国国家标准与技术研究所制定的网络安全框架。这些法规给初创公司带来了沉重的负担。在一项针对初创公司的调查中，69%在欧洲销售数据的受访者回答说，他们必须创建一个职位才能满足《通用数据保护条例》的要求。

人们可能会认为，很少会有初创公司选择进入这个市场，因为与大型科技公司相比，他们面临着严重的劣势。一些人已经确定了所谓的"杀戮区"，在这里，慑于大型科技公司的市场主导地位，初创公司不会进入该市场，风险资本家不会为初创公司提供资金。然而，事实上，在这一领域，创业公司的进入率和风险投资都在增加。如果我们看一下紧缩数据库（Crunchbase），一个包括初创公司数据在内的公司数据库，我们会发现，自2005年以来，进入语音识别和自然语言处理领域的软件初创公司的市场份额已经翻了两番，这些初创公司中有55%获得了风险投资。[4]

为什么创业公司和风险资本家即使面临阻力，仍然热衷于这个领域？有些公司，比如微妙通讯选择进入垂直利基市场，在那里他们拥有专业化优势，而行业龙头不太可能获得这种优势。也有人开发通用技术，希望被行业龙头收购。创建Siri的开发人员在2012年成立了一家名为微威（Viv）的初创公司，旨在打造一个智能个人助理领域中"更具扩展性、功能更强大的Siri版本"。2016年，三星收购了微威。沃斯（Voysis）公司于2012年在都柏林成立，为零售商开发了一个独立的语音平台，它在2020年被苹果收购。语义机器（Semantic Machines）公司创建于2014年，旨在开发"下一代对话人工智能"，微软在2018年收购了它。

面对来自科技领域的强劲阻力，初创公司仍在打入市场并创新，风险资本家仍在投资。但它们的增长速度和规模不会像微妙通讯这样的公司那么快。那些进入利基市场的公司，其增长前景必然较小。那些旨在被收购的公司通常会在成长壮大期进行创新。行业龙头的崛起往往会抑制初创企业的增长。

然而，一家初创公司开发了一项新技术，使其能够引领行业发展的梦想并未破灭。优路（UiPath）公司是一家快速成长的初创公司，已成为欧洲第一家所谓的独角兽公司，估值超过100亿美元。该公司在企业软件市场做到了这一点，企业软件市场是大公司用来管理会计、资源规划、客户关系的软件系统市场，这个市场由微软、思爱普公司（下文简称思爱普）和甲骨文公司（下文简称甲骨文）等大型公司主导，价值5000亿美元。我采访了优路公司的创始人兼首席执行官丹尼尔·迪内斯（Daniel Dines），他谈到了该公司如何在一个由大公司主导的市场中迅速发展。迪内斯以软件工程师的身份看待这个世界。他带着柔和的罗马尼亚口音说："五年前，我们在罗马尼亚布加勒斯特的一个小办公室里有10到15人。现在，如你所见，我不是一个商人，英语不流利，也不善于表达，但我们有技术、愿景和资金……可以彻底改变世界。"今天，优路公司雇用了大约3000名员工，并拥有一个由30 000名开发人员和分析师组成的大型全球社区。

优路公司的技术被称为机器人流程自动化（RPA）——很难描述这类工具的实际功能。它们模拟人类在其他软件上执行的任务，使这些任务自动完成，并让系统对这些任务进行整合。例如，假设一家公司有一个客户关系管理（CRM）系统，跟踪客户与公司销售人员和客户支持部门之间的交互；假设该公司还拥有一个来自其他供应商的会计系统；为了全面了解一个客户的情况，员工需要浏览菜单，确定客户在客户关系管理软件上的历史，获得客户的ID，并在会计软件的对应菜单中输入该编号。这些步骤都可以用优路公司开发的工具来模拟，这样，员工只需输入客户的名字，就可以生成一份包含客户关系管理和会计信息的定制报告。

机器人流程自动化消除了这种重复性工作，更重要的是，它使不同的计算机系统轻松整合在一起。企业系统的供应商通常为其系统提供接口，以便软件开发人员能够访问数据并生成类似的报告；这些接口称为应用程序接口（API）。然而，优路公司提供了简单的可视化工具，使这一过程自动化，并且比定制应用程序接口速度更快、成本更低。此外，随着底层软件的更新和变化，优路公司保持了解读用户界面的能力，这样软件更新就不会引起大量的重新编程了。

由于机器人流程自动化使大型公司能相对容易地集成他们的系统，因此它已成为由"巨星级"公司建立的专有软件系统的一个重要组成部分。优路公司的客户包括沃尔玛、丰田汽车公司、脸书和谷歌。机器人流程自动化市场以每年约60%的速度增长，2019年收益达到14亿美元。在这个市场中，2018年优路公司的收入比2017年增长了六倍，迅速成为年销售额排名第一的公司。

这一增长并没有被大型企业软件供应商忽视。在前三大供应商中，甲骨文与优路公司合作，思爱普在2018年收购了一家法国机器人流程自动化公司，以提供自己的替代方案；微软也推出了自己的产品——在一定程度上是以英国初创公司软件动力（Softomotive）开发的软件为蓝本的。

我问迪内斯，他是否有可能颠覆像思爱普这样的公司，或者他们是否有可能在其市场中占据主导地位。他回答道："嗯，我们不会取代他们。对我来说，思爱普只是一个'基础设施'……我不打算建立一个完全水平式的系统……如果他们有意愿，完全可以进入我的业务领域……当然，每个人都可以进入我们的市场；这并不意味着他们会成功。"他表示，事实上，优路公司采用的仿真技术[①]以前已经使用过很多次了。例如，微软长期以来一直使用仿真技术来测试带有图形用户界面的软件。"但在界面更丰富的系统里，它的构建难度要大得多。"此外，作为"基础设施"，占主导地位的企业软件公司无法利用他们的数据或现有的软件来获得在机器人自动化处理方面的主导地位。事实上，机器人流程自动化的核心特征是，运用大型供应商提供的基础设施展开工作。这意味着大型供应商没有特别的技术或数据优势，而优路公司在专门技能方面有着巨大的领先优势。[5]

　　我还请教迪内斯，为什么他的公司没有被收购。他说出了两个原因。第一，公司的快速增长使得估值非常困难，因此投资者不太可能对该公司进行足够高的估值。虽然偶尔收购者会表示愿意支付非常高的收购费用，比如脸书对WhatsApp[②]和照片墙（Instagram）

[①]　仿真技术是应用仿真硬件和软件展开实验，借助某些数值计算和问题求解，反映系统行为或过程的仿真型技术。——编者注
[②]　WhatsApp是一款在国外非常受欢迎的跨平台应用软件，用于智能手机之间的通信。——编者注

的报价，但这很少发生。第二，优路公司已经筹集了超过10亿美元的风险资本，这是一个惊人的数额，因为最近其他金融工具的回报率接近零；这种融资让优路公司暂时打消了"退出"的念头。

优路公司的案例表明，尽管有来自行业主导对手的竞争，初创公司仍有可能快速发展。然而，优路公司的情况很特殊：一个难以模仿的产品，限制了行业龙头可以利用其数据或技术优势的程度；非凡的风险资本估值；以及一个保留控制权、不想过早变现的创始人。从这些例子中可以看出，大公司日益增长的主导地位可能会抑制小公司的增长，特别是创新型初创公司。

用数据说话

定量研究的相关证据更加支持了那些关于初创公司的发展正遭到抑制的观点。由风险投资支持的初创公司，获得资金所需时间已经大幅度延长了。从创业公司成立到获得种子轮融资的时间中位数，从2006年的0.9年增长到2020年的2.5年。在同一时期，获得后期风险投资资金的中位时间，从6.8年上升到8.1年。此外，从首次融资到退出的时间也在增加。对于被收购的公司，从首次融资到被收购的平均时间从2000年的2年多一点增加到2018年的6.3年，大约增加了3倍。对上市公司而言，类似的时间也在上升。研究人员发现，2005年之后，使用云技术的初创公司不太可能获得后续融资，失败的概率更大。另一项研究发现，高质量的科技初创公司在2000年之后，不太可能发展到能够高价值收购其他公司或展开首次公开募股（IPO）的程度。

用于证明初创公司的发展正在受到抑制的、最显而易见也是最基本的证据是，公司因生产率的提高而增长放缓。创新有时是很难衡量的。[6]在许多情况下，生产率（产出与投入的比率），可以被很好地衡量，因此许多研究使用这一指标来衡量创新成功与否。我使用所谓的多因素生产率，这种衡量方法考虑到了多种投入，包括劳动力、有形资本和无形投资。

约瑟夫·熊彼特的颠覆性创新理论的一个关键特征是，生产率更高、产品更好、成本更低或商业模式更好的公司将比生产率较低的公司增长更快，最终取代生产率较低的现任行业龙头。我们可以在图5-1中看到这种关系，其中以销售额衡量的公司增长率与公司生产率成比例增加。[7]但图5-1也显示，这种关系在2000年后发生了急剧变化。公司增长率与生产率增长之间的正相关率急剧下降。平均而言，一家具有一定生产率的公司在2000年后的增长速度，预计仅为20世纪80年代和90年代的一半。这种下降与第一章中讨论的颠覆率下降是相对应的。当生产型公司增长较慢时，它们就不太可能超越行业龙头并取代它们。而许多相同的因素和公司增长率与生产率增长之间的正相关率下降有关。下降的主要原因是大公司加大对无形资产的投资力度、行业集中度日益提升，以及公司之间生产率差异的增加。我们在第三章中看到的技术差距似乎与生产型公司的增长速度的放缓直接相关。不管原因是什么，这些数字都提供了行业活力下降的确凿证据。但这又意味着什么呢？

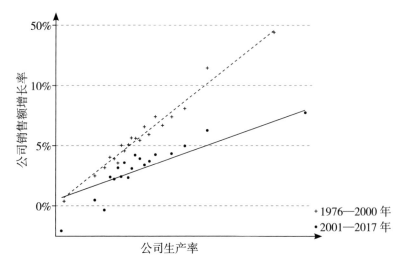

图5-1　随着生产力的提高，公司的增长放缓

资料来源：Bessen and Denk, "From Productivity to Firm Growth."

我们为什么要关心初创公司和小公司？

关于为什么初创公司和小公司的发展可能对我们的整体经济很重要，特别是在提高创新和生产力方面，有三个主要论点。一种观点认为，小公司比大公司更具创新性，因此，在其他条件相同的情况下，由大公司主导的市场往往会缺乏创新性。事实上，人们普遍认为小公司的创新能力超过了大公司。许多人将颠覆性创新视为一个过程，在这个过程中，创新的小公司成长起来，从而颠覆了现有的大公司。

但约瑟夫·熊彼特本人早就对这一观点提出了质疑。他认为，至少需要暂时的市场力量来激励公司进行创新。此外，大公司拥有进行广泛研究的资源。在一个竞争激烈的市场中，公司无法获得可观的利润，因此几乎没有动力去投资研发。

约瑟夫·熊彼特的假设以及关于大公司还是小公司是更好的创新者这一有争议的问题，催生了大量实证文献。创新经济学家韦斯利·科恩（Wesley Cohen）回顾了50年的文献，得出了一个普遍结论，即两种规模的公司对创新都很重要。研发和创新都随着公司规模的扩大而增加，尽管"公司产品创新的增长率往往小于公司规模的增长率，而致力于更多增值性创新和流程创新的研发工作通常会随着公司规模的扩大而增加"。换句话说，无论是小公司还是大公司都在创新，但小公司倾向于进行更多的产品创新，而大公司倾向于进行更多的流程和增值性创新。

在语音识别市场，毫无疑问，微妙通讯和语义机器公司都在创新，亚马逊和谷歌也在进行重大创新。事实上，亚马逊在Alexa（智能个人语言助理）上投入的资源远远超出了小型初创公司的能力范围。

一种观点认为，大公司对小公司的收购会抑制创新。事实上，的确存在一些所谓的"扼杀式收购"的案例，即在某些情况下，一家大公司会收购一家小公司，以消除对方所带来的潜在的竞争威胁。但这类案例相当有限。到目前为止，这种情况只涉及医药行业，该领域的专利有着明确的限定范围。这一点很重要，因为如果没有高度专门化的专利，要想抑制一系列研究可能很难。[8]而且受该领域的专利影响的医药收购案相对较少（5%~7%）。此外，还有许多例子表明，收购能帮助收购方实现进一步创新，包括中小型公司。事实上，微妙通讯通过收购50多家公司，极大地发展了自己的创新能力。

总之，大公司和小公司对创新都很重要，没有证据支持这样的结论：大公司起的作用越大，其做出的创新就越少。

另一种观点认为，来自小公司的竞争能促使大公司加快创新。经济学家约翰·希克斯（John Hicks）有一句名言："所有垄断能带来的最大的'利润'是平静的生活。"竞争扰乱了这种平静的生活，迫使行业龙头进行创新。

事实上，有很多关于竞争是否会刺激创新的研究。反垄断经济学家卡尔·夏皮罗（Carl Shapiro）总结道："有大量实证证据支持'竞争越多越好'这一普遍主张，因为这会促使公司提高效率，并在研发上投入更多资金。"例如，生产率经济学家查德·西弗森（Chad Syverson），通过对混凝土行业的研究发现，当生产商更密集地聚集在一起，从而更激烈地争夺客户时，生产率会更高。这种局面似乎会产生两个影响：更多的本地竞争刺激混凝土生产商改进技术；而生产率低的生产商退出。

但是，尽管竞争促进了生产率的提高，推动了创新，但并没有证据表明竞争一定来自小公司。这一观点是1956年由产业组织经济学的先驱乔·贝恩（Joe Bain）提出的。他认为，一些行业存在行业进入壁垒，比如规模经济，这阻碍了小公司进入该行业。在他看来，这会阻碍竞争，从而抑制创新和生产力的提高。这一分析思路被称为"结构-行为-绩效"范式，并在几十年里成为反垄断监管的重要指南。但在20世纪80年代，经济学家开始质疑它的实证基础。他们注意到，其中的因果关系可能是相反的：那些因为创新能力强而更有竞争力的公司可能会扩大规模，并将规模较小、效率较低的生产商赶出市场。在这种情况下，由大公司主导的行业有时更具效率和创新性。重要的是市场要具有竞争性；在一个由几家大公司主导的市场中仍然可能会有激烈竞争。例如，一般的语音识别系统市场由亚马逊、谷歌、苹果主导，但毫无疑问，这些公司之间的竞争非常激烈，它们为了获得技术优势而投入大量研发资金。因此，尽管竞争是创新的重要推动力，但这并不意味着当小公司主导一个行业时，会有更多的创新。

还有一种观点认为，高增长、高生产率的公司是社会总体生产率增长的关键。这种说法更有说服力。它借鉴了经济学家理查德·纳尔逊（Richard Nelson）和西德尼·温特（Sidney Winter）提出的产业进化论的观点，以及经济学家迈克尔·戈尔（Michael Gort）和史蒂文·克莱珀（Steven Klepper）对产业生命周期的相关研究。基于这种观点，生产率更高的公司往往会实业增长，因为它们可以提供价格更低或质量更好的产品。与此同时，生产率较低的公司无法与之竞争，所以它们会收缩或倒闭。这种达尔文式的过程有助于提高社会总体生产率。竞争是这一过程的重要组成部分：竞争是淘汰低生产率公司的重要因素。在社会总体生产率增长的过程中，高生产率的初创公司可以发挥重要作用，但现在重要的是增长率，而不是行业内公司规模的分布。

从这个角度来看，图5-1所示的生产率和企业增长之间不断变化的关系是令人不安的。一组研究人员利用美国人口普查关于个别公司和机构的微观数据，在一系列论文中展示了这种变化在实证上的重要性。社会总体生产率增长可以分解为两部分：现有公司可以提高生产率（企业内部的生产率增长），生产率较高的公司可以更快地增长，而生产率较低的公司则会收缩或退出（重组）。当研究人员详细研究美国公司的实际增长模式时，他们发现，公司重组的速度在2000年前后急剧放缓，与图5-1所示的公司增长放缓相对应，而这种放缓导致了社会总体生产率的增长大幅下降。重要的是，他们发现出现这种现象的主要原因是初创公司的平均增长速度较低，而很少有初创公司增长得非常快。在不断发展的行业中，年轻高效公司的成长对于提高社会总体生产率至关重要。这意味着行业龙头对初创公司增长的抑制会减缓社会总体生产率的增长。的确，我们有理由关注"巨星级"经济的运作方式。

简而言之，行业的活力和初创公司发展的稳健性确实很重要。高增长的初创公司对生产率的增长至关重要，自2000年以来，它们的增长已经放缓，而这种减速是过去20年公司生产率放缓的主要原因。大型公司对无形资产的投资，尤其是对软件系统的投资，与公司生产率的放缓密切相关。这些对增长的不利因素确实对社会总体生产率有影响。其他因素也可能导致生产率增长的下降，但（由"巨星级"公司主导的）行业活力下降是一个主要因素。

企业家精神衰退的神话

上述基于美国人口普查微观数据的研究将生产率增长的放缓归因于高生产率公司的增长放缓。但许多人认为，经济放缓源于创新能力下降，公司的创新减少，因此它们的生产率增长下降。美国人

创新的阻力

口普查的研究人员提供了挑战这一观点的证据。他们发现，在2000年之后，公司层面的生产率有了更大的变化，这表明提高生产率的创新没有放缓。生产率相对较高的公司越来越多，这可能表明出现了更多更显著的创新。

尽管如此，人们似乎普遍认为，由于高新技术初创公司进入市场的概率急剧减少，创新出现了下降。例如，美国国会调查人员就反垄断和大型科技公司举行了听证会（见第八章）。他们得出的结论是，初创公司的数量有所下降，而大型科技公司是罪魁祸首：

> 然而，近几十年来，初创公司的成立和早期创业资金急剧减少。数字经济中的新兴技术类公司的数量有所下降，而创业率，即初创公司在整个行业中的份额，也大幅下降。不出所料，科技初创公司能够获取的早期融资也大幅减少。

> 越来越多的证据表明，在线平台的主导地位严重削弱了美国经济中的创新和创业精神。例如，一些风险资本家表示，他们避免资助那些与数字经济中的行业龙头直接竞争的企业家和其他公司。这一趋势通常会扼杀创新，仅仅是因为风险资本家不觉得投资刚进入行业的公司不是好的选择，这使强大的行业龙头免于遭受竞争压力。

然而，这种认为新成立的初创公司正在减少，初创公司获得的早期融资也在减少的观点是完全错误的。图5-2显示了根据（美国）综合人口普查数据得出的美国成立五年或五年以下的年轻公司的数量。实线表示年轻高科技公司的数量（左轴），灰色虚线表示所有行业的新公司总数（右轴）。很明显，40年来，新公司成立的概率基本保持不变，只有轻微的周期性变化。然而，这里所说的新公司包括新的餐厅、新的零售店和其他许多非创新型公司。关于新兴科技公司的排名显示，它们的行业进入率在20世纪90年代末的互联网泡沫时代是最高的，但自那个高峰期以来，它们的行业进入率略有下降，并保持在互联网泡沫时代之前的20世纪80年代初的两倍水平。很难理解美国国会的调查人员如何能得出"初创公司的数量急剧下降"的结论。

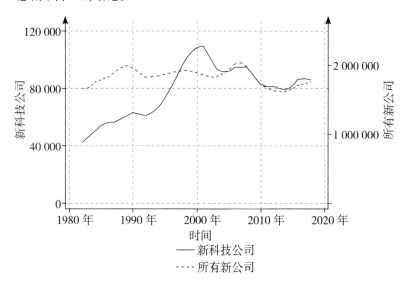

图5-2 新公司的数量没有下降

资料来源：U.S. Census Bureau，"BDS Data Tables."

創新的阻力

　　初创公司获得的风险投资也没有减少。图5-3显示了美国公司成立初期获得风险投资资金总额的两组数据。沥青数据库（PitchBook）的数据更完整；自2006年以来，美国公司成立初期获得的风险投资增长了四倍。CB洞察数据库（CB Insights）的数据没有记录下那么多交易，但它记录下的交易可以追溯到1995年，这有助于进行长期比较。虽然这一系列的早期融资随着网络泡沫经济的发展达到了顶峰，但初创公司获得的风险投资自互联网经济泡沫破灭以来一直在强劲增长，大约是1995年的八倍。此外，在这两组数据中，公司成立早期的交易数量都在大幅上升。[9]该市场非但没有衰退，反而充斥着风险投资——不仅是早期的交易，还有天使和种子阶段的交易和后期的交易（该阶级获得的风险投资尤其多）。比如，优路公司

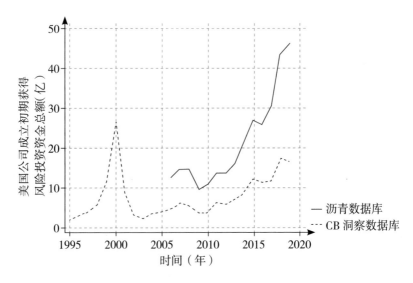

图5-3　美国早期风险投资资金总额并未下降

146

筹集了10亿美元的巨额风险投资资金。

　　诚然，自互联网泡沫时代以来，初创科技公司在公司总数量中所占的比例已大幅下降，但即使如此，这一比例也明显高于20世纪80年代和90年代初。有点误导性的是，这个比例被贴上了创业率的标签，但它实际上是衡量公司年龄的一个指标。鉴于实际的创业率并未下降，这一比例的下降只意味着新入行的公司在市场上存活的时间更长。但这并非是件坏事，而且它本身肯定不会反映当前市场的创新状况。事实上，这种趋势可能是低成本风险投资更容易获得的结果，这些资金可以帮助暂时陷入困境的公司渡过难关。

　　还有一些证据表明，大型科技公司在特定细分市场的并购可能会减少这些细分市场的初创公司能够获得的风险资本，从而形成一位风险资本家所说的"扼杀区"。例如，一项研究考察了谷歌和脸书的九次并购（这些公司加起来已经进行了300多次并购）；研究发现为相关细分市场中的初创公司提供的风险投资有所减少。另一项研究发现，在并购活动较多的行业，研发活动往往较多。事实上，并购似乎刺激了语音识别系统领域的新入行公司和风险投资的增长。在任何情况下，无论大型科技公司的并购可能产生何种影响，风险投资仍在强劲增长。

一些人认为，尽管初创公司在行业中的比例没有下降，但初创公司的质量可能已经下降。也许我们看到的创新型创业公司或伪装成科技创业公司的营销公司［如微沃公司（WeWork）］越来越少。经济学家豪尔赫·古兹曼（Jorge Guzman）和斯科特·斯特恩（Scott Stern）开发了一个经过质量调整的创业指数。他们通过确定一系列与公司成功的可能性相关的公司特征推导出这一指标——这里的成功是指公司能否被高价收购或在公开市场上进行首次公开募股。例如，其中一个特征是该公司是否已申请专利。他们发现，尽管这一指标在互联网泡沫时代达到了顶峰，但自那以后一直保持较高的水平，大约是20世纪90年代初的水平的两倍。换句话说，被质量调整创业指数衡量的创业公司与未被质量调整创业指数衡量的科技公司在行业进入率方面遵循相同的模式。

那么，现在基本的情况是，生产率的增长已经放缓，不是因为创新型公司的数量减少了，而是因为创新型公司，尤其是初创公司，相对于其他公司，增长速度没有那么快。问题在于它们遭遇到了阻力，而这些阻力来自行业龙头对专有软件系统的投资。

对生产力的错误衡量

保罗·克鲁格曼（Paul Krugman）有一句名言："生产力不是万能的，但从长远来看，它几乎是万能的。"经济学家和商业媒体非常关注生产率（通常以每名工人的产出衡量）和产出（以国内生产总值衡量）。正如经济学家戴安·科伊尔（Diane Coyle）在《极简GDP①史》（*GDP: A Brief but Affectionate History*）中所述，统计机构在第二次世界大战后的几年里开发了测量国内生产总值的标准化工具，以测量经济的复苏水平。今天，这些测量工具帮助我们了解经济表现如何。

但科伊尔指出了国内生产总值无法用来正确衡量经济活动（更不用说经济福利②）的三个众所周知的原因：①当前经济活动的重心向服务业和无形资产转移；②当前经济的日益复杂化；③资源逐渐枯竭（可持续性下降）。事实证明，当整个社会的发展模式转变为"巨星级"经济时，前两个问题将被极大加剧。她写道："经济由越来越少的物质（商品）组成。当你可以计算从工厂运来的汽车、冰箱、钉子或微波炉餐食的数量时，测量经济产出就相对简单了。但是你如何测量护士、会计、园林设计师、音乐家、软件开发人员、保健助理的产出呢？唯一的办法是计算他们有多少人，以及他们为多少'客户'提供了服务，但这样做就完全忽略了服务的质量——而这是非常重要的。"

---

① 即国内生产总值。——编者注
② 经济福利是指个人在一个经济体中的富裕程度和生活质量水平。——编者注

创新的阻力

当公司在产品质量上展开竞争，能快速地改进质量时，这项任务就变得更加困难。统计机构衡量产品质量的一种方法是将产品或服务的价格与其基本特征联系起来。回想一下，通用汽车公司通过提供更多品质不同的车型与福特汽车公司竞争。20世纪30年代，汽车经济学家安德鲁·考特（Andrew Court）试图创建一个经过质量调整的汽车产出衡量标准。他使用一种统计方法（回归分析）将车型价格与汽车的重量、长度和马力联系起来，这样他就可以根据这三个参数计算出质量指数。这种定价方法后来被兹维·格里利切斯（Zvi Griliches）引入主流经济学，如今，统计机构使用这种方法来衡量计算机等更新换代很快的商品的质量。

但在"巨星级"经济中，这种做法存在两个普遍的问题。第一，当汽车有数百万行软件代码时，大量（过多）的功能（特征）会影响汽车的质量；它们会影响（汽车的）操控性能和驾驶性能。测量所有的基本参数并将其与价格联系起来是不可能的。第二，当公司的产品在质量上有所差别时，价格不再简单地与产品或服务的绝对质量相对应。相反，价格也反映了相对差异。与同级别的通用汽车车型相比，丰田车型的价格反映了丰田车质量的相对优势，因此价格不能直接用来衡量产品质量水平。

科伊尔强调的第二个国内生产总值无法正确衡量经济活动的原因是，新产品或产品版本在急剧增加。根据一系列统计数据我们发现，从汽车模型到超市商品，再到电影、书籍和音乐，再到信用卡产品，产品的种类和范围一直都在增加。如今不仅有更多的车型，而且汽车制造商现在使消费者能够在所谓的大规模定制中定制自己专属的车型。有一项估计认为，产品种类的增长率为每年1%，并指出至少自20世纪90年代以来，这种增长一直在加速。然而，统计机构很难解释这一增长。科伊尔认为，"由于国内生产总值未能充分捕捉到经济中产品范围的增长，从而低估了经济的增长水平"。

当公司在产品功能与特征的丰富度上竞争时，它们会推出更多的新产品或服务，并以复杂的方式提高产品或服务质量，但它们给出的价格并不是产品或服务质量的简单反映。出于这些原因，"巨星级"经济消弱了国内生产总值和生产率作为重要经济活动指标的地位。

此外，查德·西弗森（Chad Syverson）承认，国内生产总值存在众所周知的计量问题，但他认为，没有证据表明当前存在的问题正在加剧，也没有证据表明它们与信息技术有关。他指出，所有发达国家的生产率增长都有所放缓，但放缓的程度与各国对信息技术或宽带的投资无关。当沃尔玛进入西班牙市场时，它很可能会减缓西班牙国内零售商的增长，但西班牙的生产力受到的影响可能更多地与美国阿肯色州本顿维尔的软件开发人员就业情况有关，而不是与西班牙的信息技术和通信设备投资有关。尽管是推测的，但行业龙头对专有软件系统的持续投资似乎不仅会日益影响生产率的增长，也会影响对生产率增长的衡量。

利用技术来区分企业之间差异的做法也会影响生产率。在这种情况下，技术可能会提高使用该技术的公司的利润，但会减少其竞争对手的业务。有利可图的技术并不一定能使社会总体生产率提高，提高产品差异化水平的技术可能不会提高生产率。

发展的阻力和技术差距

占主导地位的公司如今可以在更长的时间段内保持领先地位，因为它们可以获得竞争对手无法获得的关键技术，这些技术尚未扩散。而这种技术差距限制了创新型小公司的发展能力。2014年，当谷歌迫使安卓手机制造商要么在手机上预安装谷歌的所有应用软件，要么不得预安装谷歌的任何软件时，微妙通讯的命运就已经注定了。这实际上意味着谷歌应用软件在语音交互方面拥有了第一手资料，迫使微妙通讯在平台上成为一个附属角色。此前，苹果通过将Siri的开发纳入内部，有效地将微妙通讯排除在苹果手机的大多数语音交互之外。这些举措在很大程度上剥夺了微妙通讯与手机用户进行通用交互以及生成大量数据的机会。此外，优路公司之所以能够继续发展，正是因为它的访问不受限制。任何一家主流企业软件平台都无法限制对于优路产品的访问，因为优路公司巧妙地利用了这些供应商提供的人与系统互动的界面。

　　总的来说，我们在第三章中看到的技术差距与本章中观察到的创新型公司增长速度放缓直接相关，而公司增长速度的下降又与社会总体生产率增长的放缓直接相关。然而，必须指出的是，这种结果并不是新技术诞生所导致的必然结果；它在很大程度上取决于公司的选择和政府制定的政策。例如，反垄断部门很可能会针对谷歌阻碍微妙通讯对安卓用户的设备进行访问的行为进行干预（将在第九章中讨论）。

　　获得关键技术的机会受限，不仅影响到社会总体生产率增长，并且会对劳动力市场产生重大影响。由于劳动者的技能通常是在实际工作中习得的，因此，当获得的机会有限时，许多劳动者就无法提高自己的技能。此外，许多技能只有应用在最先进的技术设备或系统上才更具价值，且占主导地位的公司与其他公司在支付意愿上的差异越来越大；一场人才争夺战不可避免。

第六章

社会分化

20世纪90年代，经济学家们逐渐意识到美国的收入不平等至少自1980年以来一直在加剧。根据各种不同的衡量标准，高薪劳动者与低薪劳动者之间的薪酬差距一直在扩大。大量文献对这一趋势的性质和出现原因进行了探索。其中一个主要原因是受过大学教育的劳动者和只有高中学历的劳动者之间的薪酬差距越来越大。虽然在20世纪70年代，大学毕业生的相对工资一直在下降，但在20世纪八九十年代，相对于高中毕业生，他们的工资仍在强劲增长。许多经济学家认为，技术，特别是计算机技术，是造成这种变化的罪魁祸首。具体而言，从20世纪80年代开始，低成本计算机的广泛应用提高了大学毕业生所掌握的技能的价值。受过大学教育的管理人员和专业工作人员可以使用计算机工作得更多、更好、更快，因此他们能为雇主创造的价值增加了，收入也随之增加。也就是说，计算机技术增强了受过大学教育工人的能力。这一想法被称为技能偏向的技术变革假说。

值得注意的是，在这个模型中，劳动者之间日益扩大的薪酬差异是由这些劳动者的个人特征驱动的，主要是受教育程度。计算机技术增加了教育回报，扩大了劳动者之间的差异，一些经济学家称之为"劳动者在教育和技术方面的竞争"。在这种情况下，可以通过增加大学毕业生的供给来减少不平等。这是一个非常精英化的故事，劳动者的报酬取决于他们的个人努力以及在教育方面的投资。如果不平等的结果源于这种努力和投资上的差异，那就可能更容易被社会所接受。

但事实上，收入不平等之所以加剧，不仅是因为接受过更高教育的人所获得的收入回报更高。目前的研究发现，近几十年来收入不平等的加剧大多源于劳动者个人特征（如教育）与其所任职公司特征的相互作用。薪酬差异主要在企业之间有所扩大，而在企业内部劳动者之间的薪酬差别不大。这些发现是在研究人员首次使用大规模的新数据库，在一段时间内追踪个体劳动者及其雇主的情况后得出的。一项关于联邦德国的研究得出了这一结果；另一项关于美国的研究也得出了这一结果，该研究使用了美国国税局（Internal Revenue Service）1978年至2013年整个美国劳动力市场的数据。劳动者个人特征的差异在决定其工资水平方面仍然很重要，但这些差异似乎被企业间的差异所调节。

专有软件系统在企业间的薪酬差异加剧方面发挥着重要作用。此外，信息技术不仅与企业的薪酬差异有关，还与日益扩大的社会分化有关：它将我们的工作场所和生活场所隔离开来。这些经济不平等和社会分化打破了精英阶层对经济不平等的合理化解释，加剧了经济、社会和政治两极分化，导致了人们对精英怨恨以及对民众的不满。下面，让我们更深入地了解一下。

精英主义的谎言

我们为什么要关心收入不平等问题？[1]一种观点认为，不平等会减缓经济增长、减少整个社会的长期财富。虽然有证据表明，在某些情况下经济不平等确实会减缓国家经济增长，例如在贫穷国家，但对于发达国家来说，这种结果并不那么显著。

另一种主要观点是收入不平等会导致社会不公。如果有些人凭借不公平的优势而赚得更多，那么不平等就会被视为一种"不公平的现象"，会削弱社会的凝聚力。镀金时代[①]的"强盗大亨"被视为以不公平的方式获得财富，他们成为民粹主义者发泄愤怒的对象。然而，精英主义的意识形态有助于解释和合理化经济不平等。如果一些人因为更努力工作或加大教育上的投资而赚得更多，那么这就被认为是公平的。精英主义对不平等现象的解释为：只要人们至少拥有平等的经济机会，社会就是公平的。事实上，从这个角度来看，如果收入不平等反映了对不同努力程度和投资水平的回报，那么它就是一件好事。一个对工作和投资有强烈激励的社会最终将

---

① 镀金时代指美国南北战争结束到20世纪初的那一段美国历史。工业化让许多人攫取了相当大的财富，例如约翰·D.洛克菲勒（John D. Rockfeller）因为石油致富、安德鲁·卡内基因为钢铁而致富等。因为这些人靠着买低卖高的手段，赚取大量财富，所以他们都被称为"强盗大亨"。——编者注

导致严重的不平等。此外，精英主义认为，对精英的奖赏或任人唯贤的方式有助于减少不公正现象：当人们都能获得真正平等的机遇时，基于绩效进行的奖赏将消除种族差异或性别差异所带来的不平等。

　　但精英主义也有缺点，迈克尔·桑德尔（Michael Sandel）在《精英的傲慢：好的社会该如何定义成功》（*The Tyranny of Merit: Can We Find the Common Good*）一书中强调了这一点。桑德尔认为，精英主义意识形态不仅仅是基于经济的。"精英主义非常重视个人责任的概念"，它肯定了"某种自由的观念，即我们的命运掌握在自己手中，成功不取决于我们无法控制的力量，而取决于自己……我们不是周遭环境的受害者，而是命运的主人，努力、才能和梦想指引我们去发奋图强……一切付出皆有回报"。

　　这种观点的缺陷在于，在我们的社会中，虽然更好的表现可能会得到回报，但经济上的成功也反映出运气、社会提供的公共服务、家庭资源、种族、性别以及其他与个人表现无关的因素。例如，在其他条件相同的情况下，富裕社区长大的人往往能获得更好的成就。忽视这些因素并认为收入差异是理所当然的，会造成潜在的负面影响，继而破坏社会凝聚力，引起民粹主义及社会不满。"精英主义削弱了我们视整个社会为一个命运共同体的能力。精英主义一点都不利于社会团结，因为它让我们怀疑才能和财富的获得都具有偶然性。" 正如桑德尔提供的证据所表明的，"特朗普的支持者之所以憎恨精英、专家阶层，是因为精英赞美市场驱动的全球化，获取利益，将劳动人民置于国际竞争的重压之下，而且他们似乎更能对全球精英阶层产生认同，而非自己的同胞"。

经济成功（在更大程度上）取决于个人努力以外的那些因素这一点，使精英主义的理想落空。对专有软件系统的大量投资加剧了这种差距，因为只有一些企业能够使用最新技术，只有一些劳动者可以获得与这些技术相关的技能。正如我在其他地方所论述的，使用新技术所需的大部分技能必须从经验中学习。这就导致了雇主们在技能上的差距和劳动者在机遇上不平等。这些技能差异与收入差异直接相关。渐渐地，工资不仅取决于工作的努力程度或受教育程度，还取决于为谁工作。当今企业的招聘模式正在加剧社会分化：你更有可能与其他具有相似教育和职业背景的人一起工作，也更有可能与背景相似的人住在一起。这些趋势揭穿了精英主义意识形态的虚伪性，并加剧了民众对政治不满。要探讨这些趋势，从技能开始是很有帮助的。

技能差距

万宝盛华集团（ManpowerGroup）每年都会对雇主进行一次大规模调查，询问他们是否面临"人才短缺"等问题。[2]2019年，54%的雇主表示难以雇用和留住技术人才，而10年前这一比例仅为

30%。其他许多调查也同样体现出所谓的技能差距。

但关于技能差距的观点遭受到广泛的批判。劳动经济学家彼得·卡普利（Peter Cappelli）质询这些研究是否只是"雇主抱怨"的标志；保罗·克鲁格曼将技能差距称为"僵尸想法……应该被证据杀死，却拒绝死亡"；马修·伊格莱西亚斯（Matthew Yglesias）在《声音》（*Vox*）中称其为"谎言"；《纽约时报》（*The New York Times*）编辑部断言，技能差距"主要是企业虚构的，它们这样做是出于对自身利益的考量和对政府数据的误读"。据《泰晤士报》（*The Times*）报道，这些调查反映的是高管们为了让"政府承担更多培训劳动者的费用"而做出的努力。

这是真的吗？这种认为数千名企业管理者在全球范围内操纵舆论的阴谋论听起来似乎很牵强。也许更简单的解释能让人更好理解：许多雇主实际上可能难以雇用到掌握关键技能的劳动者。平心而论，一些人在没有太多证据的情况下提出，技能差距可能是失业的一个原因。不管这一说法是否属实，雇主在雇用掌握关键技能的员工时仍然会遇到真正的困难。

引起争议的一个原因是，人们对于雇主需要什么技能以及如何提供这些技能这两个问题似乎存在一些困惑。一些批判技能差距论的人士认为，如果雇主难以招聘人才，他们只需要支付更高的工资就好。《泰晤士报》的编辑告诉我们，"如果一家企业真的需要掌握关键技能的员工，它会支付高薪的"。如果有很多具备所需技能的失业者，可以被诱导去工作以获得更高的薪酬，那么这种说法可能是有道理的。例如，如果所谓的"关键技能"只是拥有四年制大学的学位，情况可能如此；但有许多大学毕业生并没有进入过劳动力市场。不幸的是，太多人将"技能"等同于四年制大学教育。但是，当今人们要想掌握使用新技术所需的技能，需要具备相关技术和商业模式的经验。而由于很少有劳动者能获得这种经验，这些技能确实很稀缺，仅仅提供更高的工资并不会神奇地创造出具备这些技能的劳动者。一方面，只有当技术应用到"巨星级"公司正在采用的新商业模式时，劳动者才能在工作实践中学习关键技能；另一方面，许多技能要求是多元化的，它们结合了不同领域的专业知识，因此不太可能通过课堂教学来传授。

回顾一下沃尔玛利用技术分散决策的方式。商店经理需要获取和解释数据的技能；他们还需要营销技巧，包括对当地市场的一些了解，才能做出采购决策。各种各样的工作都需要混合技能。劳动力市场分析公司Burning Glass Technologies[①]通过收集招聘广告中的数据，得到如下报告：

---

① 该公司的中文译名为"燃烧玻璃技术"。——编者注

在营销和公共关系领域，一系列需要数据分析技能的新工作（营销经理、数字营销经理）需要结合右脑思维（创意设计）与左脑思维（分析和数据分析）才能完成。当今的广告经理是集创意设计师和分析师于一体的一种职位。

在计算机科学和数据分析领域，情况正好相反。曾经被认为技术性很强的岗位，如今还被要求具有写作技能、解决问题的技能、创新和研究技能以及团队协作的技能。因此，就像现在承担一部分分析师职责的营销经理一样，软件工程师或数据科学家现在也是营销人员、设计师和团队合作者。

数据科学和分析是"巨星级"信息技术系统中的关键工作内容，催生出了一个新兴职业类别，创造了200多万个工作岗位，其中许多岗位需要混合技能和基于经验的技能。例如，营销分析经理必须具备特定职能领域的知识（如人力资源、市场营销），还必须具备分析技能、项目管理技能，以及财务规划和预算编制技能。由于这些技能跨越了不同的职能领域，培养此类技能的员工是困难的。例如，营销分析经理需要具备分析技能，如SQL（用于访问数据库的工具）、大数据和预测性建模，以及公司在营销、产品管理和市场战略方面的特定专业知识。

雇主经常抱怨称这些职位的空缺难以填补。一项针对首席信息官的年度调查发现，46%的人表示难以雇用并留住大数据和分析类员工；接受调查的雇主报告称，填补这一职位类别的空缺具有巨大困难。而通过更客观的测量，技能差距也显现出来了。填补数据科学和分析类职位空缺需要更长的时间：虽然填补一般职位空缺需要40天，但分析/数据总监职位的空缺需要73天才能填补。详细分析表明，企业对数据科学和分析类员工的需求远远超过供给。此外，即便雇主的确支付了更高的薪酬，这类职位出现空缺的情况也会发生——担任这类职位的员工年薪比具有类似教育背景担任其他职位的员工高出约9000美元。

显然，培养更多具备雇主所需技能的员工远不止让学校培养出更多的STEM①员工那么简单。一方面，STEM员工同时还需要具备关键的管理、团队和社交技能。教育经济学家大卫·戴明（David Deming）和卡迪姆·诺雷（Kadeem Noray）发现，虽然STEM毕业生最初的收入高于其他毕业生，但他们的技能很快就会过时。长远来看，那些表现最好的人会转而从事管理或其他工作。在其他工作中，戴明还强调了社交技能重要性的总体增长，他认为出现这种情

① STEM一词代表的是四种不同专业的大方向，S代表Science科学，T代表Technology科技，E代表Engineering工程，M代表Mathematic数学，是美国鼓励学生主修科学、技术、工程及数学的一项计划。例如，化工、计算机科学、物理、数学、生物科学和航空航天等理工科均属于STEM计划的专业，详细专业列表在美国国土安全局网站上可以查到。这里的STEM员工或工作是指与自然科学相关的从业者或工作——译者注

况的部分原因是信息技术改变了工作组织，使工作任务更加多变并且需要团队协作。

　　另一方面，信息技术也在改变企业对非STEM岗位的技能要求。通过查看在线招聘广告，我们可以了解新信息技术如何推动对技能的需求。在本章中，我从Burning Glass Technologies收集的大型招聘广告数据库中获得了各种统计数据。[3]表6-1显示了所有招聘广告中列出的非信息技术岗位的技能要求。第一列表明这些要求的平均水平：平均而言，招聘广告要求应聘者具有11项特定技能，其中大约有22%的企业要求应聘者至少掌握一项信息技术技能（不包括使用Microsoft Office技能），0.1%的企业要求应聘者具有特定人工智能技能，67%的企业要求应聘者掌握其他软技能；[4]平均而言，企业要求应聘者至少有2.9年的（工作）经验和12.5年的受教育年限。

表6-1　信息技术密集型企业在招聘广告中对非信息技术岗位的技能要求更高

应聘要求	平均值	信息技术密集型企业与低信息技术化企业间的差异
所需技能数	11.0	2.1
信息技术技能	21.9%	20.1%
人工智能技能	0.1%	0.2%
其他软技能	66.7%	6.8%

应聘要求	平均值	信息技术密集型企业与低信息技术化企业间的差异
工作经验 （年）	2.9	1.0
受教育程度 （年）	12.5	1.5

但是信息技术密集型企业的职位对这些技能的要求要高得多。表6-1第三列显示了信息技术密集型企业（前四分之一）与低信息技术化企业（后四分之一）对于类似岗位应聘者的技能要求差异。[5]数据表明，对于每项技能指标，信息技术密集型企业的技能要求都高于低信息技术化企业：更多的特定技能，更多非职位要求的信息技术技能、人工智能技能、其他软技能、平均多一年的工作经验，以及平均多一年半的教育。当企业大量投资于专有信息技术时，它们要求许多非信息技术岗位的员工在各方面具备更高的技能。与一些预期相反，信息技术密集型企业要求员工具备更高的社交技能；在部署新技术的组织中，团队合作变得更加重要。信息技术密集型企业尤其需要混合技能，即在非信息技术岗位中将信息技术能力与非信息技术能力相结合。

混合技能通常结合了学校课程没有涉及的多个领域的专业知识。由于混合技能更难学习，具备这些技能的员工的供应已经落后于对此类员工迅速增长的需求。课程时代（Coursera）、优得美

（Udemy）、可汗学院（Khan Academy）等平台和越来越多的大学提供在线课程，人们在毕业后继续学习新技能的需求是这些在线课程增长的原因之一。尽管这些在线课程在一定程度上能够弥补员工在混合技能上的不足，技能差距仍在继续扩大，因为关键技能的习得需要技术经验的积累。由于只有部分大企业有能力投资新技术的开发，员工通过在工作中使用这些技术学习新技能的机会有限。事实上，一项研究发现，员工会为了获得这种宝贵的经验而做出牺牲。研究人员利用一个在线招聘网站的数据捕捉求职者的目标薪酬，发现他们愿意接受较低的薪酬，以便在投资新技术的雇主那里获得经验。具体来说，求职者会将投资Hadoop（一种核心大数据技术）与未进行投资的雇主进行比较。员工愿意通过接受较低的薪酬进行技能投资。研究人员发现有证据表明，员工在获得新技能之后，会以较高的薪酬收回这项投资。

因此，由于如今专有信息技术没有得到普及，员工在职技能的发展会受到限制。与此同时，基于新技术的新商业模式需要新的、更难获得的混合技能。综合起来，这些因素使雇主更难雇用和留住具备这些技能的员工，造成了更大的技能差距。正如上一章所讨论的，这种差距减缓了有创新型创业公司的发展。事实上，人才战争使占主导地位的企业通过有限技术准入来加强他们所获得的优势。

但获得新技能的机会有限还会带来另外一个影响：收入不平等

加剧。我在2015年出版的《边做边学：创新、薪酬和财富之间的真正联系》一书中认为，在过去，对于广泛分享新技术带来的经济利益来说，通过劳动力传播新的技术相关技能至关重要。如今，获得技能的机会受限，制约了共享财富的增长。

企业与工资

如上所述，企业间的技术差异已经开始对工资差异日益加大这一问题产生了越来越大的影响。企业间的技术差异能否在推动企业间工资差异的增长中发挥关键作用？长期以来，有证据表明计算机技术与企业间的工资差异有关。我们在上文看到，对专有信息系统进行投资的企业对其新雇员的技能要求更高。

事实上，信息技术是造成企业间工资差异的一个重要因素。通过查看招聘广告中发布的薪资，我们可以了解企业间工资差异的大小。虽然招聘广告上的薪资与实际薪资不同，但招聘广告上的薪资提供了一种分析企业间薪资差异的简单方法。在专有信息技术方面投入大量资金的企业（信息技术密集度[①]前四分之一）在招聘广告中发布的薪资比信息技术密集度位于后四分之一的企业平均高出36.1%。这种惊人的巨大溢价是一种收入上的重大差异，反映了

---

① 在工作中使用复杂先进而尖端的信息技术的程度。——译者注

企业间工资和劳动力构成的差异。从两个层面研究企业间工资差异是有帮助的。首先，企业工资差异确实存在：一些企业为具有同等技能和才能的员工支付的工资高于其他企业。其次，与其他企业相比，高薪企业可能倾向于雇用更优质的员工，这被称为跨企业的员工分类。让我们先来看看专有信息技术和企业工资差异之间的联系。

企业间工资差异

一个劳动经济学中长期存在的难题，是不同企业为相同岗位上能力高度相似的员工支付的工资显著不同。通常情况下，大企业支付的工资更高。例如，在对观察到的和未观察到的员工特征变量进行控制后，我们发现员工超过1000人的企业与员工少于100人的企业相比，前者秘书的收入比后者秘书的收入多7%，前者门卫的收入比后者门卫的收入多10%，前者卡车司机的收入比后者卡车司机的收入多6%。

为什么有些企业要为看起来能力相似的员工支付更高的工资？这对于正统的完全竞争经济学来说确实是一个谜。在那个世界中，劳动力是一种商品，在给定的一系列特征下以统一的价格交易。但由于各种原因，劳动力市场与这个理想世界不同。经济学家们提出了几种不完全竞争理论，即企业为能力相似的员工支付差异化（或多或少）的工资，而且有相当多的证据支持其中一些理论。所有这些理论的一个共同论点是，赢利能力越强的企业工资越高。大量证据表明，企业赢利能力（以各种方法计算出的）与企业工资水平之间存在着密切的关系。

当然，专有信息技术是企业利润的一个来源。因此，探讨信息技术密集型企业为何会为员工支付更高工资是有意义的。我们可以在对各种工作的特征进行变量控制的情况下，通过比较不同企业的招聘广告中提供的工资来计算企业间工资差距。我们从中发现，企业间的工资差距与其信息技术密集度显著相关。更具体地说，按信息技术密集度排名，与后四分之一的企业相比，前四分之一的企业为同等能力的员工提供的工资要高出17.4%，这是一个显著的差异。

这17.4%的差距是不同企业的类似岗位（有相同的能力要求）在工资水平上的差异。但我们在第一章（见图1-2）中看到，自20世纪90年代以来，企业对信息技术的投资增长了八倍。这意味着，不断增长的信息技术密集度或多或少地导致了企业间工资差异的大幅扩大。

按劳动者素质分类

企业间之所以存在工资差异不仅是因为一些企业为同等能力的员工支付的薪酬高于其他企业，还因为一些企业雇用的员工，素质比其他企业的更好。宋杰（Jae Song）及其同事发现，工资较高的企业也倾向于雇用收入较高的员工，因为这些员工有更高水平的技能。他们将近几十年来收入不平等加剧的大部分原因，归于这种"分类"成分的增加。[6]

我们在上文看到，信息技术密集度与招聘广告中企业需要的关键技能密切相关。由于信息技术密集度也与企业间工资差异相关，可以预期，信息技术密集度（的增长）是技术熟练的劳动者被选拔出来，得以进入高薪企业工作的重要原因。我们还发现，信息技术在所需技能排序中非常靠前。首先，除其他软技能外，表6-1中显示的技能指标与企业间工资差异显著相关。但这些相关性在很大程度上（46%~92%）源于信息技术密集度和员工技能之间的相关性。换言之，信息技术密集度的增加在很大程度上导致技术熟练的员工被筛选出来，得以进入高薪企业工作。

职业类别为劳动者素质和跨企业分类提供了另一个维度。信息技术密集型企业在其倾向于雇用何种职业类别的员工，以及为不同职业的员工支付的工资方面都有所不同。表6-2显示了不同职业在招聘广告中体现出的差异。[7]前两列显示，与低信息技术化企业相比，信息技术密集型企业雇用的管理人员、专业人员和行政支持人员要多得多，其他职业的员工则较少。由于外包可能会使不同行业的职业的工作份额发生变动，我在表中排除了可能存在的外包工作。表6-2第四列显示在控制了职业、行业、教育背景、经验、所在地区和年份等变量后，信息技术密集型企业为从事不同职业的雇员支付的工资溢价。在信息技术密集型企业，管理人员和专业人员的收入要高得多，而卡车司机和其他运输工人的收入则要低得多。

表6-2 排名前四分之一的信息技术密集型企业会雇用更多某些特定职业的员工、支付更高工资

职业/行业	不同职业的员工在整个企业中的占比		工资溢价
	低信息技术化企业	信息技术密集型企业	
经理	8.5%	19.7%	22%
专家	10.2%	35.1%	20%
医务人员	17.1%	6.3%	−3%
商务服务	5.1%	2.3%	12%
销售	25.9%	10.1%	5%
行政支持	8.0%	15.1%	10%
建设/生产	9.0%	8.6%	11%
运输/物料搬运	16.1%	2.8%	−34%

　　管理人员和专业人员的工资溢价表明，专有信息技术系统往往会对这些员工的不足起到补充作用，这与技能偏向的技术变革假说一致。关于卡车司机的事情要复杂一点。事实证明，信息技术促进了卡车司机工作的外包，减少了他们的工资。[8]

无论如何，这项分析表明，信息技术密集型企业倾向于雇用更多从事高技能职业的员工，且工资更高。再结合技能招聘所产生的工资差异以及与信息技术相关的企业间工资的巨大差异来看，毫无疑问，企业在专有信息技术上的支出与员工收入不平等密切相关。当然，这不是导致收入不平等的唯一因素，却是一个主要因素。

社会分化

信息技术带来的收入不平等似乎有助于削弱精英主义的正当性。当人们的教育背景和工作经验不分伯仲，而信息技术密集型企业员工的平均收入比低信息技术化企业的员工高17%时，精英主义的观点就很难自圆其说。但"巨星级"企业还有另一种破坏社会凝聚力的方式：加剧经济隔离。

20世纪90年代，诺贝尔经济学奖获得者迈克尔·克雷默（Michael Kremer）和埃里克·马斯金（Eric Maskin）指出，按技能划分员工等级的情况日益严重，"经济活动的重心已经从通用汽车公司等同时雇用高技能和低技能员工的公司，转移到微软和麦当劳等员工更加同质化的企业上了"。这一发现似乎很有说服力，适用于需要具有各种不同类别技能的不同职业，并且出现在多个发达国家中。

创新的阻力

"巨星级"企业促成了这种趋势。这些企业按比例雇用更多的管理人员和专业人员，使从事这些职业的劳动者更有可能一起工作，而不太可能与生产工人、卡车司机或销售人员一起工作。此外，这些企业雇用更多掌握特定技能的员工，包括与新技术相关的技能。我发现由于这些信息技术密集型企业往往在其市场上占据主导地位，导致在这类企业工作的员工与其他人之间的分化越来越大。利用领英（Linked In）的数据，我追踪了员工的工作变动，特别关注那些受雇于在相关市场排名前四的企业的员工。在对各种因素进行变量控制后，我发现这些员工来自另一家排名前四企业的可能性要比常人高出5%~6%。[9]利用标准普尔ExecuComp①的数据，我发现排名前四的企业雇用的高管来自其他排名前四企业的可能性要比常人高出13%。[10]这意味着劳动者之间存在显著的分化，尽管该趋势并非完全不可逆。

专有信息技术也在加剧地域分化。"巨星级"企业倾向于在大城市进行招聘，且比例过高。尽管22%的低信息技术化企业在美国十大都市区进行招聘，但信息技术密集型企业的这一比例为32%。[11]如果我们按照城市的信息技术劳动力规模对城市进行排名，那么在排名前十的城市中，低信息技术化企业的招聘比例为21%，而信

---

① 标准普尔ExecuComp是一个提供2515家上市公司和已退市或摘牌的公司详细信息（包含1992年及以后的历史数据）的综合性数据库。——编者注

174

息技术密集型企业的招聘比例为36%。[12]因此，信息技术有助于培养高收入、高学历、高技能的城市精英，主要是沿海地区。这一发现与法比安·埃克特（Fabian Eckert）、沙拉特·加纳帕蒂（Sharat Ganapati）和康纳·沃尔什（Conor Walsh）的研究相吻合，他们的研究表明，收入不平等的加剧，很大一部分源于知识密集型工作高度集中在大城市。

总之，专有信息技术正在加剧经济和社会分化。它正在扩大在不同企业任职、不同职业和掌握不同技能的劳动者之间的薪酬差距。这导致了不同城市和企业之间技能群体的进一步分离。当然，"巨星级"企业不是导致收入不平等的唯一因素。工会和劳动者议价能力的下降也起到了一定作用，教育在经济中起到的作用不断变化也是如此。但目前的研究发现，工资不仅取决于受教育程度和工作努力程度，还取决于雇主是谁。"巨星级"企业的兴起解释了为什么企业之间的差异在扩大。此外，不只是不平等加剧了，正是基于企业差异的不平等进一步破坏了精英管理（社会）的理想。越来越多的迹象表明，当前那些经济上的赢家获得巨额财富并不一定像他们所宣称的那样理所应当，这种转变加剧了民众对精英的怨恨以及民粹主义。当然，专有软件系统并不是引发社会两极分化的唯一因素，全球化起到了一定的作用，或许社交媒体也是如此。但日益加剧的经济不平等和社会分化现象注定会火上浇油。

第七章

监管的阻力

清洁柴油

2014年春天，当几名研究生从洛杉矶开车到西雅图再返回时，大众汽车公司首席执行官马丁·温特科恩（Martin Winterkorn）的职业生涯开始走向终点。这些学生正在西弗吉尼亚大学进行一项由丹·卡德（Dan Carder）组织开展的低成本研究，以表明柴油汽车制造商有能力满足更严格的氮氧化物排放限制标准。他们驾驶的汽车是大众汽车公司的帕萨特，该车型配备了旨在减少氮氧化物排放的先进催化还原技术，所以研究小组预计会发现的污染物排放水平会比较低。

帕萨特是大众汽车公司所谓的清洁柴油车的一个车型，该汽车制造商极力吹捧其在环保方面优于汽油动力汽车。的确，柴油发动机产生的二氧化碳比同等性能的汽油发动机少。正因为如此，欧洲的政策制定者们为履行在《京都议定书》（*Kyoto Protocol*）中的承诺，发起了"抢购柴油车"活动，旨在通过降低柴油税以及其他激励措施，鼓励欧洲民众购买柴油汽车。柴油发动机是德国汽车制造商倡导的欧洲本土技术，这一点并没有问题。但柴油发动机也会排放氮氧化物和更高水平的颗粒物，这两者都是有害污染物。众所周知，氮氧化物会诱发肺气肿、支气管炎和其他呼吸系统疾病。

研究小组驾驶的帕萨特安装了一个临时配备的便携式排放仪。大多数排放测试（包括监管机构进行的测试）都是在实验室里使用标准测试规程进行的。便携式测量系统使研究人员能够在真实驾驶的条件下测量排放量。研究人员面临着将实验室转移进汽车的挑战。现有设备的电池寿命很短，因此卡德的团队将便携式汽油动力发电机固定在被测试车辆的尾部。这种装置噪声大，且容易发生故障。有一次，他们不得不晚上在俄勒冈州波特兰市的一个购物中心停车场修理它。不过他们仍然可以持续测量氮氧化物。令他们惊讶的是，测得的氮氧化物水平比在固定测试设施中测得的高20倍，远高于联邦环境保护局（EPA）的限值。

研究人员对此感到困惑，猜测这种差异是由设计缺陷或技术缺陷造成的。其中一名研究生马克·贝施（Marc Besch）于2014年初在美国圣迭戈市的一次行业会议上介绍了他们的研究发现。听众中有加州空气资源委员会（CARB）的官员，该委员会是负责设定排放标准的州立机构。加州空气资源委员会的研究人员开始怀疑帕萨特的排放量是否符合标准，开始进行自己的测试，并与负责制定美国国家排放标准的联邦环境保护局联系。加州空气资源委员会的研究人员很快发现，当车辆在类似高速公路的环境下行驶时，排放量要高得多。面对这些发现，大众汽车公司回应称，这些车辆的排放量增加可能是由各种技术问题和意外的使用条件造成的。监管机构坚持要求大众汽车公司提供解决方案。2014年12月，大众汽车公司发布了一项召回计划，据称已解决这些技术问题。联邦环境保护局发给大众汽车公司的违规行为警告信中描述了接下来发生的事情：

加州空气资源委员会与联邦环境保护局合作，在实验室和正常道路运行期间对这些车辆进行了后续测试，以确认召回的有效性。当测试结果显示召回的好处有限时，加州空气资源委员会扩大了测试范围，以查明车辆性能不佳的确切技术因素，并调查车载诊断系统没有检测到排放增加的原因。大众汽车公司提出的所有潜在技术问题都无法解释在加州空气资源委员会测试期间一致确认的排放量较高的测试结果。很明显，在大众汽车公司能够充分解释异常排放量产生原因并确保2016年的车型不会出现类似问题之前，加州空气资源委员会和环保局不会批准其2016年柴油车型的合格证书。直到那时，大众汽车公司才承认在这些车辆中设计并安装了一个减效装置，其形式是一个复杂的软件算法，可以检测车辆何时进行排放测试。

减效装置是用于欺骗测试程序的机制。研究人员后来发现，大众汽车的减效装置隐藏在发动机控制单元（ECU）的数千行计算机代码中。发动机控制单元是一台计算机，它从各种传感器接收有关车辆的信息，并使用这些信息来管理发动机的各个部件，在油耗量、排放量，以及发动机提供的扭矩和加速度之间进行权衡。汽车达到最佳驾驶性能时通常会产生过量排放，而最佳排放性能则会降低驾驶性能。大众汽车公司的减效装置在感知汽车似乎正在进行排放测试时，开始启动。当点火开关打开时，发动机控制单元开始工作，就像车辆正在接受测试一样，它会调整各种控制装置，如准时喷油或废气再循环装置，以减少排放。当车辆运行时，发动机控制单元代码秘密地进行了10次检查，以查看车辆是否已经退出测试模式。例如，它检查汽车的行驶时间和距离——联邦环境保护局的测试持续31分钟，行驶11.04英里[①]。在一些车型中，它会检查车轮转动是否超过20度。当代码检测到车辆没有进行测试时，则会改变参数以增加扭矩和加速度，改善汽车的驾驶性能，但也增加了氮氧化物的排放。

这并不是第一个减效装置。例如，1995年，通用汽车公司不得不召回47万辆凯迪拉克汽车，因为这些汽车在空调或供暖系统开启时会增加燃油空气混合物的排放量。由于排放测试是在关闭空调和暖气的情况下进行的，因此凯迪拉克汽车的这一特点起到了减效装置的作用。它的这种设计并非是纯粹为了起到减效装置的作用（如果不排放更高浓度的燃料混合物，凯迪拉克汽车在打开空调或暖气时会熄火），但仍然规避了排放量监管。然而，大众汽车公司的减效装置完全是另一回事。据加利福尼亚大学圣迭戈分校的计算机科学家基里·列夫琴科（Kirill Levchenko）所说，大众汽车公司的减效装置"可以说是汽车史上最复杂的"。

---

① 　1英里≈1.609千米。——编者注

创新的阻力

大众汽车的减效装置更难被发现——凯迪拉克汽车的减效装置可以相对容易地被检测到（打开空调排放量就会上升），而大众汽车公司的则要精妙得多。事实上，西弗吉尼亚大学的研究人员甚至没有怀疑这是故意混淆。而且，虽然加州空气资源委员会和联邦环境保护局确实怀疑车内存在减效装置，但他们无法证明它在发挥作用。要证明这一点，需要识别出实施减效的计算机代码，即隐藏在海量计算机软件中的一小段代码。此外，根据美国的版权法，除制造商之外，任何人访问汽车中的代码都是非法的。根据《数字千年版权法》（*Digital Millennium Copyrights Act*）第1201条，汽车公司可以对任何违反汽车固件访问限制法规的人（包括汽车所有者）采取法律行动，无论其理由多么正当。尽管汽车制造商反对，美国电子前线基金会（Electronic Frontier Foundation）不得不向国会图书馆馆长请愿，以便为研究人员争取到合法访问权。即使可以访问固件代码（控制汽车设备的机器级指令），研究人员也很难在没有相关文档的情况下解释这些代码。幸运的是，业余爱好者团体已经积累了足够多的泄密文档，以帮助其理解代码和识别违规的例行程序。最后，一旦提起诉讼，进入法庭传唤流程后证明大众汽车公司明知故犯的电子邮件就会被揭露出来。

此外，这种新型减效装置出现的规模远大于早期装置。由于发动机控制单元软件的代码相对容易更改（一项研究表明不到10名工程师就可以做到），因此可以很容易地将其扩展到各条产品线。

1995年的召回事件涉及的凯迪拉克汽车不到50万辆，而全球有超过1100万辆大众汽车受到影响。其他制造商很快也被发现安装了类似的代码，其中许多制造商使用由大众汽车公司供应商博世公司提供的发动机控制单元，并且他们都已多年如此。针对沃尔沃、雷诺、吉普、现代、雪铁龙、日产、奔驰、保时捷、奥迪和菲亚特的排放作弊指控已经提出。

一旦联邦环境保护局发出违规通知，大众汽车公司及其首席执行官马丁·温特科恩的事情很快就会暴露。温特科恩在五天后辞职，他说："我对过去几天的事件感到震惊。最重要的是，我对于大众汽车公司竟会出现如此大规模的不当行为感到震惊。"尽管如此，他坚称，"我不知道我做错了什么"。2018年5月3日，温特科恩在美国被指控犯有欺诈和共谋罪；2019年他在德国被起诉。截至目前，已有13名大众汽车公司的员工被起诉，两名员工在美国认罪并被判处监禁。对大众汽车公司而言，这起丑闻使其因罚款、处罚、财务结算和回购成本而损失了333亿美元。随着该丑闻触及越来越多的国家和制造商，它也产生了行业和政治上的影响。欧洲对柴油车技术的支持由此大幅减弱。十多年来，欧盟和成员国监管机构已经知道柴油车的排放量远远超出法律限制，但他们没有采取行动，这无疑对这一技术的发展造成了伤害。世界各地的国家和城市都在致力于减少柴油车的使用并采取行动减少排放。巴黎、马德里、墨西哥城和雅典的市政府已经表示，他们计划到2025年禁止柴油车辆进入城市。当然，真正的受害者是大量失去健康或生命的人。

但这不仅仅是一个关于少数不良行为者或腐败监管机构的故事，这里面存在系统性问题。由于软件允许汽车制造商在产品复杂性上展开竞争，监管这些复杂系统变得越来越难。监管机构可以采用更复杂的测试标准，而且它们已经开始这样做。但是，如果制造商会由于排放测试受到一段时间的责罚，那么在其他许多领域，复杂的软件会使监管机构处于不利地位。即使在排放测试中，一些制造商部署更复杂的欺骗手段可能也只是时间问题。这是一场"军备竞赛"，如果无法访问软件代码及解析它的来源，监管机构就会处于劣势。

由软件引发的复杂性不仅改变了企业的行为，也改变了政府监管企业的能力。许多作者，包括《反脆弱》（*Antifragile*）的作者纳西姆·尼古拉斯·塔勒布（Nassim Nicholas Taleb），以及《融化》（*Meltdown*）的作者克里斯·克里尔菲尔德（Chris Clearfield）和安德拉斯·蒂尔克（Andras Tilcsik），都写过有关控制复杂系统的普遍挑战的文章。但复杂的软件会以与信息使用相关的非常具体的方式来影响监管。企业信息已经成为政府监管的核心。正因如此，政府需要对法律和政策进行具体修改，以应对专有软件给监管带来的问题。

在大众汽车公司案例中，复杂的软件蒙骗了打算测量氮氧化物排放结果的监管机构。软件混淆了测量结果。但是，复杂的软件还有其他方式可以蒙骗监管机构，并且鉴于复杂软件系统在整个经济中的广泛应用，还有许多其他行业也会出现类似情况，有时将产生重大影响。

波音737MAX飞机

波音737MAX飞机专有软件的复杂性使波音公司逃避了监管机构对其具体性能合规性的监管评估。2011年，波音公司承诺为其老化的737客机更换更强大的发动机和新功能，以防止大客户美国航空公司（American Airlines）投奔波音的竞争对手空客公司。为了容纳更大的发动机，波音公司将发动机的位置前移。然而，这种重新定位改变了飞机的空气动力学性能，尤其是在一种被称为"收敛半径转弯"（将飞机带到失速点的陡峭的倾斜螺旋）的机动过程中。尽管很少在飞行中使用，但收敛半径转弯是美国联邦航空管理局（FAA）要求的一项安全测试。通常情况下，当飞机接近失速时，飞行员会感觉到控制杆上的力量，并将其作为降低机头以避免失速的信号。然而，在新的发动机配置下，波音737MAX飞机在接近失速时控制杆实际上已经松动。

单凭这一点不会构成安全问题。但根据美国联邦航空管理局的规定，在这种情况下，企业需要对飞行员进行额外的模拟培训，费用高且耗时长。相反，波音公司安装了一个软件修复程序。工程师在飞机上加装了一个传感器来检测陡峭的上升角度，当角度变得太陡有失速的风险时，软件会自动调整尾翼稳定器，将机头向下推。经此修复，飞机通过了美国联邦航空管理局的安全测试。由于波音公司认为这是一个在正常飞行条件下不太可能遇到的微小调整，因此在公司的飞行员手册中没有提及。波音公司也未能安装第二个备用的传感器，以防第一个传感器出现故障。而且，波音公司并没有将这些变化完全告知美国联邦航空管理局。

结果是灾难性的。2018年10月29日，一架载有181名乘客的航班从雅加达起飞。飞行大约三分钟后，角度传感器明显发生故障，尽管当时飞机处于低空且未接近失速，软件还是自动将飞机送入下降状态。飞行员疯狂地努力抬起机头，一再试图抵消自动调整。飞行员一直在惊慌失措地试图纠正飞行方向，9分钟后，飞机坠入大海。软件修复程序向监管机构隐瞒了这个问题；显然，它也向波音公司经理隐瞒了这一点，他们很快将责任归咎于训练有素的飞行员。波音737MAX飞机被允许继续飞行，直到次年3月另一架飞机在埃塞俄比亚发生类似故障坠毁，造成157人死亡。直到那时，在来自世界各地的巨大政治压力下，波音737MAX飞机才被停飞。只有经过进一步的检查，灾难的真正根源才浮出水面。

次级抵押贷款

在2008年的全球金融危机中，复杂的软件以一种不同的方式误导了监管机构。软件模型和由软件支持的金融工具掩盖了主要银行的财务状况和系统性风险的规模。2007年7月19日，美国房地产市场的下滑导致许多次级抵押贷款陷入违约，美国联邦储备银行（下文称为美联储）前主席本·伯南克（Ben Bernanke）在参议院作证说，他认为次级抵押贷款市场的损失不超过1000亿美元。他的说法与实际相差甚远。到2009年11月，国际货币基金组织（IMF）估计，美国和欧洲的主要银行已经损失了超过1万亿美元的不良资产和不良贷款，他们预计这一数字将上升到2.8万亿美元。次贷泡沫的破灭是国际金融危机背后的一个主要因素。金融监管机构怎么会一直不知情呢？

这些资产不是简单的抵押贷款，而是基于抵押贷款的复杂金融工具。抵押贷款是以房屋价值作为抵押品向房主发放的贷款，可以有固定利率或浮动利率的利息。它们可以是二次抵押贷款，即以高于原始抵押贷款价值的房屋价值为担保的抵押贷款。许多抵押贷款由政府赞助企业（房地美、房利美和金利美）提供有效担保，以防发生房主违约情况。一些贷款没有达到获得这种政府保险资格的信用要求，它们被称为次级贷款。平均而言，次级贷款的违约风险较高，因此，它们通常具有较高的利率，有时会比一般贷款的利率高很多，这使得它们对愿意承担这种风险的投资者具有吸引力。

华尔街设计了多种基于简单抵押贷款的金融工具。他们创建了抵押债券，即抵押贷款池。将抵押贷款集中起来的好处是可以降低风险。虽然单个次级抵押贷款可能具有很高的违约风险，但在一般情况下，可能只有部分抵押贷款会违约。只要不发生某些可能会导致大部分抵押贷款同时违约的事件（比如房价普遍暴跌），就不会出现大问题。预期违约的部分可以计入抵押债券的利率中，一般条件下债券的风险将低于个人抵押贷款。

专有软件对于创建这些工具而言必不可少，例如，它可以用于计算综合利率以及如何处理个别债券的违约。在评估风险性的过程中，专有软件至为关键。抵押债券投资者无法了解相关抵押贷款的详细信息。相反，他们依靠穆迪（Moody）和标准普尔（Standard & Poor）等债券评级机构来了解每种工具潜在的风险程度。这些机构建立专有的软件模型，根据每个抵押贷款池的平均特征（如抵押人的平均信用评分或贷款中固定利率与浮动利率的比例分配）得出风险评级。然而，这些债券评级存在一些问题。评级机构没有研究个人抵押贷款或当地市场的情况，只查看了债券池的平均特征。这意味着他们更难发现可能导致违约出现的因素，包括房价下跌和欺诈。此外，这意味着评级系统可能会被操纵——华尔街公司将贷款打包在一起，从而使贷款获得比实际风险水平更高的评级。最后，这些模型做出了房价不会下跌的乐观假设。事实上，许多次级贷款在房价下跌或利率上升时就会面临违约风险，这种情况发生在2006年。简而言之，用于分配风险评级的软件模型掩盖了真实的风险水平。

随着穆迪和标准普尔给予贷款池有利的评级，贷款发起机构有可能出售各种可疑贷款。大量资金流入有问题的次级抵押贷款。迈克尔·刘易斯（Michael Lewis）讲述了一位年收入为1.4万美元的墨西哥草莓采摘者的故事，他获得了一笔无首付贷款，并在加利福尼亚州购买了一套72.4万美元的房子。许多负摊还贷款①被发放，借款人可以支付很少或不支付利息，只是积累了更多的债务。最常见的贷款形式是最初收取较低的初始利率，三年后利率上升。当借款人突然无法再支付月供或房屋价值低于债务水平时，会出现更大的违约风险，贷款人可能会跑路。但评级机构掩盖了真正的风险。

此外，各种基于抵押债券广泛交易的金融工具进一步掩盖了这种风险。个人抵押贷款债券被汇集成复合证券，即担保债务凭证（CDO），进一步分散了风险，且允许大型投资者收购这些重要资产。此外，这些金融工具的持有人表面上可以通过购买信用违

---

① 指贷款人所还利息低于应缴的利息，未付的那部分再增加到抵押贷款余额中，贷款人今后的还款负担会更加沉重。——编者注

约掉期①（CDS）来降低风险，实际上是押注该工具（抵押债券或担保债务凭证）不会违约。如果真的违约，你将获得它们的初始价值。尽管这些信用违约掉期的作用类似于保险，但它们的不同之处在于不必实际拥有债券或担保债务凭证即可购买信用违约掉期（下注）。同样的金融工具可以多次投保，次级抵押债券的信用违约掉期创造了一个价值1万亿美元的市场。这些巨额投资都是在错误的信念下进行，即认为评级机构模型能够提供准确的风险评估。此外，所有这些资产都进入了银行的资产负债表，银行使用自己的专有软件模型来评估风险，并向银行监管机构提供所需报告。银行监管机构使用这些数据和模型来评估银行在不同假设情景下的风险敞口。当银行风险过高时，监管机构要求银行增加相对于贷款的资本，提供足够的资产以防止贷款坏账的出现。这是中央银行监管机构用来管理系统性风险的关键机制。但当数据和模型出现问题时，资本要求就会过低，金融系统由此会变得非常脆弱。

事实就是如此。当房价停止上涨时，一连串的违约金融工具接踵而至。不仅美联储和银行监管机构感到惊讶，许多银行和华尔街的企业也是如此，他们显然没有记住这些工具只是为容易上当的人准备的。贝尔斯登（Bear Stearns）公司、雷曼兄弟（Lehman

---

① 即信用违约互换，是进行场外交易的最主要的信用风险缓解工具之一。——编者注

Brothers）公司和美林证券（Merrill Lynch）都面临破产，美国国际集团（AIG）也面临倒闭，后者曾出售抵押债券和担保债务凭证的信用违约掉期。违约使数百万贷款人陷入财务困境和破产，银行系统的崩溃造成了严重的经济衰退。

近年来，一些重大的监管失败事件中都隐含着软件问题，这绝非偶然。近几十年来，由软件管理的信息在监管实践中变得越来越重要，监管机构也越来越依赖此类信息。重要的是要明白监管的本质是什么以及为何会发生变化。

监管领域的信息革命

在美国，联邦监管法规的出现在一定程度上是对新的大规模技术的反应，这些技术帮助资本家变得更加强大。大型铁路、肉类加工厂、钢铁厂和石油精炼厂以前所未有的新方式影响着农民、劳工、消费者和小企业，激起了政治上的强烈反弹。从19世纪末的民粹主义运动到20世纪初的进步运动，再到罗斯福新政，美国联邦政府越来越有能力应对新时代出现的社会弊病。

1884年在美国农业部设立的畜产工业局是第一个对私营部门行使重大权力的联邦监管机构。该机构拥有广泛的权力，可以检疫和宰杀牲畜、烧毁建筑物、逮捕各州的违法者，以控制通过铁路和大型肉类加工中心而迅速蔓延到全美的牛类疾病。铁路企业也成为农场主针对的目标，农场主往往受制于当地铁路垄断。政治压力促成了1887年监管铁路价格的《州际商业法》（*the Interstate Commerce Act*）和1890年的《谢尔曼法案》，这将在下一章中讨论。随后的几十年里，联邦政府拥有了监管劳工、食品和药品安全，以及消费者保护等方面的新权力。政府的干预是为了制衡强大的新企业。也许美国历史上最具侵入性的经济权力是由1933年短暂实行的《国家复苏法》（*the National Recovery Act*）授予的，以设定行业工资和价格。然而，最高法院认为这是违反宪法的。

从一开始，监管机构就面临一个两难的局面：虽然私营企业的行为并不总是符合社会的最大利益，但监管机构缺乏充分的信息指导私营企业应该如何行事。亚当·斯密（Adam Smith）认为，私营企业为了自身利益，会高效地进行生产，从而促进社会福利。镀金时代大企业的种种劣迹清楚表明这种逻辑是不能完全自洽的。例如，一位追求利润的钢铁厂主可能被激励去寻找最有效的钢铁生产方法，但这种方法也可能会污染工厂附近的空气和水。由于钢铁厂主可能无须承担污染成本，因此他们在决定如何经营钢铁厂时没有考虑到这一点。经济学家阿瑟·塞西尔·庇古（Arthur Cecil Pigou）在1920年发现了这个问题，称其为外部性。监管机构面临的问题是，他们的目标是既要减少污染，又要为社会提供低成本的钢铁。这两个目标之间通常会有冲突。虽然监管机构可以发现污染问题，但他们缺乏如何经营钢铁厂的知识，以实现经济效益和环境效益双丰收。

这是哈耶克困境的一个例子，我在导论中讨论过：政府监管机构缺乏不同工厂管理者所拥有的必要信息。此外，工厂管理者有理由不会如实透露他们所知道的情况，因为这会影响他们的利润。也就是说，这是一个（私有）信息不对称的问题。

根据哈耶克的见解，经济学家们已经编写了丰富的信息经济学文献，这改变了人们对监管的分析以及监管的实施方式。这些思想产生了重大影响。然而，这确实意味着监管越来越依赖于对结果的衡量和正式指标的披露，在某些情况下，这会使监管机构面临更大的软件滥用风险。为监管机构勾勒出几种处理私有信息的重要方法是很有帮助的。

技术统治论

对监管机构而言，了解其所监管的公司最原始、最直接的方式是聘请业内专家。例如，监管铁路价格的州际商业委员会（ICC）就是如此。该委员会的第一位专员是托马斯·库利（Thomas Cooley），他是一名与铁路公司打了多年交道的律师。从食品和药品管理局到环境保护局再到美联储，专家们为各种各样的监管机构工作。

当然，人们早就认识到，依赖行业专家可能会给监管机构灌输一种"亲行业"的偏见，即监管者可能会被"俘获"。这就是所谓的文化俘获，即监管者拥有反映某行业关切和世界观的视角。或者，可能会出现一种不那么崇高的"俘获"形式，即监管者可能会期望因与行业合作而得到补偿，例如，期望离开监管机构后在行业中获得收入丰厚的工作机会。州际商业委员会很早就认识到了这些和其他可能性。米尔顿·弗里德曼（Milton Friedman）引用了在国际刑事法院（ICC）成立几年后，格罗弗·克利夫兰（Grover Cleveland）总统在位时的美国司法部长理查德·J.奥尔尼（Richard J. Olney）写给芝加哥铁路公司、伯灵顿铁路公司和昆西铁路公司总裁查尔斯·E.珀金斯（Charles E. Perkins）的一封信：

> 委员会……对铁路公司而言是，或者可以说是有很大作用的。它满足了大众对政府监督铁路的呼声，同时这种监督几乎完全是名义上的。此外，这种委员会的资格越老，就越倾向于从商业和铁路行业的角度看待事物。因此，它成为铁路公司和人民之间的一道屏障，也是一种保护，以防止进行不利于铁路行业利益的草率且粗糙的立法……明智的做法不是破坏委员会，而是利用它。

机制设计

从庇古开始，经济学家设计的政策对专家的依赖程度大大降低。这些政策不是强制企业采取具体行动或直接定价，而是力图改变企业的激励机制，使企业在实现利润最大化的同时能兼顾社会目标。回到钢铁厂污染环境的例子，庇古建议对钢铁厂排放的污染量征税。这样一来，就会迫使钢铁厂主调整生产方法以减少排放；他们就会有动力开发新技术，以降低排放水平高效生产钢铁。旨在减少温室气体排放的烟尘排放税正是借鉴了庇古的思想。其想法是，如果排放温室气体的活动（如驾车）将变得更加昂贵，人们将会更谨慎地选择进行这些活动。但一些经济学家关于私有信息的关键见解是，政策制定者不需要了解运营钢铁厂所使用的技术，也不需要了解所有产生温室气体的各种活动。

经济学家采纳了这个简洁的思想，对其进行改进并将其应用于许多不同的监管情况。列昂尼德·赫尔维茨（Leonid Hurwicz）、埃里克·马斯金（Eric Maskin）和罗杰·迈尔森（Roger Myerson）开发了一种通用方法来设计这类政策，称为"机制设计"。他们因此获得了诺贝尔经济学奖。让·梯若尔（Jean Tirole）也是如此，他与让-雅克·拉丰（Jean-Jacques Laffont）一起开发了一种方法，用于规范公共基础设施的收费或政府采购的价格，相关的采购合同以往是基于成本加成的价格基础签订的，监管机构不需要知道公共基础设施或承包商的实际成本结构。机制设计的一个例子是美国联邦通信委员会用于分配电磁频谱的拍卖（另一个基于其他诺贝尔奖获得者研究成果的应用）。经济学家使用机制设计工具来确定电磁频谱拍卖的微妙特征。另一种类似的创新政策是总量管制与排放交易计划，监管机构对企业可以排放的污染量设定最大上限。之后，他们分配排放指定数量的许可证，这些许可证指定的排放数量之和等于全美所有企业最大排放上限。企业可以相互交易这些许可证，出高价以获得他们想要的数量。通过这种方式，有效的排污税由排污许可证市场决定。

强制披露

另一套政策涉及企业向消费者和劳动者提供的私有信息，而非直接向监管机构提供的信息。企业不会向消费者透露有关其产品质量的重要信息，也不会向劳动者透露所提供的工作质量的重要信息。为了做出正确的决策，购车者需要了解不同车型的油耗；贷款人需要知道他们的实际还款金额；劳动者需要了解工作的健康和安全风险。但企业可能无法向消费者和劳动者提供进行公平交易所需的信息。更糟糕的是，企业可能会提供误导性信息。此外，企业会利用消费者和劳动者的认知局限性。人们早就认识到，个人并不总是按照符合自己利益的方法行事，因为他们可能不了解自己行为的全部含义，或者存在认知偏见，导致他们做出不利于自己或冒险的选择。现代行为经济学已经证实了人们存在重要的认知偏差。

在过去的半个世纪里，强制披露一直是对这些问题的有效政策回应。强制披露政策要求企业以标准化的形式和清晰的语言准确说明其向消费者承诺的内容、（消费者）应该期望得到什么，以及相关的保证和担保内容。这些信息披露就是我们在贷款、订票、就医、注册医疗保险甚至访问网站时经常看到的那些细则。

信息披露往往伴随着放松监管。其理念是，通过向消费者提供其做出明智决策所需的信息，监管机构可以将企业从限制性监管中解放出来。消费者，而不是政府，可以决定什么最符合自己的利益。例如，在放宽贷款限制的同时要求提供财务状况披露表。在20世纪中叶的美国，大多数州都制定了高利贷法律，限制可以收取的最高利率上限，并施加其他限制以保护借款人。例如，许多抵押贷款要求大额首付和最低收入水平，而且贷款的还款形式仅限于按照固定利率和固定期限支付本息。这些具有"家长式作风"的政策使很多人不能居者有其屋，将许多合法借款人排除在外，他们本可以安全地借款，而不必承担额外的风险或负担不起的利息。

从1968年的《诚信贷款法》（ *the Truth in Lending Act* ）开始，贷方被要求提供有关贷款利率和总付款额的清晰、标准化的信息。[1]此后不久，联邦法律开始取代各州的高利贷法律，允许放贷人收取比以前更高的利息，发行可调利率抵押贷款和负摊还贷款，并取消最低收入和首付限制。消费信贷迅速增长并促使更多人拥有了房屋所有权，但也对借款人提出了严格的认知要求，这是许多次级抵押贷款人无法满足的，而且正如我们所见，它可能会增加借款人违约和破产的风险。

强制披露政案也可以被改进。卡斯·桑斯坦（Cass Sunstein）和理查德·泰勒（Richard Thaler）认为，强制披露政策可用"轻度推送"或默认方式作为补充。例如，除了接收有关不同退休储蓄方案的信息外，员工还可以自动签订一份适合自己的方案，如果他们愿意，可以自行撤销该方案。

复杂性挑战

在过去的半个世纪里，监管变得更加依赖于正式的信息交流。与此同时，专有软件使技术和产品更加复杂。这为企业提供了各种各样逃避监管的机会。下面我来介绍一下复杂性给监管带来的一些挑战。

监管俘获

如前所述，当监管机构依赖行业专家时，他们有可能会偏向行业中的企业。监管事项越复杂，对行业专家的依赖就越大，受专家影响造成的风险也就越大。政治学家诺兰·麦卡蒂（Nolan McCarty）认为，复杂性使监管机构和立法者依赖行业专家，从而使监管更接近行业偏好。

在波音737MAX飞机的监管历史中，我们可以清楚地看到复杂性对监管俘获[①]的影响。由于了解现代飞机的复杂性对美国联邦航空管理局的监管机构而言很困难，他们长期以来一直依赖制造商的指定工程代表。这些人直接观察新飞机的开发，可以监控所有高度细化的功能的增加，并在开发过程中证明这些功能的增加是安全的。过去，这些工程代表通常受雇于飞机制造商，但直接向美国联邦航空管理局汇报。亚历克斯·麦吉利（Alex MacGillis）描述了一个关键转变："2005年，在（小）布什政府和国会中的共和党人推动的放松管制议程下，美国联邦航空管理局改用了一种被称为组织指定授权的模式。现在由制造商选择并监管安全监督员。如果监督员发现有问题，他们会向其经理而不是美国联邦航空管理局报告。这项改革的支持者认为，'由于消除了让制造商等待美国联邦航空管理局消息的过程，航空业可以在未来十年节省250亿美元'。"

在波音737MAX飞机的监管审批过程中，越来越多的认证决定权被移交给波音公司的管理人员，直到最后，实际上是波音公司在认证飞机本身的安全性。然而，在随后调查中发现的电子邮件内容显示，波音公司的员工知道波音为了通过收敛半径转弯测试而进行的修复存在问题，并向管理层报告了这些问题，但管理人员选择不

---

① 监管俘获是指被监管者投入资源来影响监管者的决策，使监管者的决策更多地反映企业利益最大化的目标而非社会福利最大化的目标。——编者注

通知美国联邦航空管理局。此外，波音公司的管理层将该修复方案描述为对现有系统的一次微小修改，并将其从飞行员手册中删除，这样美国联邦航空管理局就不会对飞行员提出新的培训要求。虽然波音公司的管理人员确实有罪，但此事更大的教训是，飞机的复杂性使美国联邦航空管理局依赖波音公司获取关键信息，这使美国联邦航空管理局很难进行独立判断。

结果测量

在机制设计的框架下，监管的成功依赖于对结果的测量。在某些情况下，政府机构可以自己进行这些测量，例如，测量大型工业厂房的（点源）空气污染物排放。但在其他情况下，监管机构必须依赖标准化测试（如机动车尾气排放测试）或依靠企业报告的信息。如果测量结果由专有软件管理，就会出现专有软件混淆结果的可能。许多监管领域都有可能出现这种情况，包括税收合规、医疗结算、公平薪酬和劳动标准监管、公共事业账单、住房和就业歧视、高频股票交易和超额预订航班。例如，专有软件系统会被用于制订跨境转移定价计划，以逃避税收合规。一个新兴的研究领域是偏见和歧视在警务、司法裁决、招聘、在线广告等软件系统中起到的作用。监管工作本应一视同仁，然而算法偏见破坏了监管的客观公正性。

一系列类似的问题会影响私有信息的强制披露。正如大众汽车公司在排放测试中作弊一样，它在用于确定向消费者披露的燃油经济性等级的测试中也作弊。

很难知道监管机构在这么多领域受到误导的程度。但可以肯定的是，随着越来越多复杂的经济活动由专有软件管理，监管的合规性将逐渐被操纵和模糊。

风险评估

在风险评估方面也出现了一系列类似的误导。监管机构会评估银行、股票交易商、保险公司和其他金融机构的风险水平。消费者依赖于有关车辆和消费品安全的风险披露。与物理上可观察到的结果（如氮氧化物的排放）相比，监管机构更难直接观察和衡量风险。而监管机构和消费者甚至更加依赖私营企业及其统计模型。

此外，随着复杂软件系统被用于管理越来越多的产品，潜在风险可能会变得更加难以评估。这是因为复杂系统通常具有非常不同的风险状况。以车辆的安全性为例，保险公司和安全监管机构通过查看一段时间内许多车辆的数据来估计特定车型发生事故的可能性。他们计算出每行驶一英里可能发生的事故数量。在某些假设下，该估值可以很好地预测未来的事故率，因此它可以作为车辆安全性的衡量标准。一个关键假设是事故的发生原因是独立的，也就是说，由于驾驶员能见度低而发生车祸的可能性与刹车失灵的可能性无关，而刹车失灵的可能性与轮胎打滑的可能性无关。大数定律告诉我们，对独立原因引起的风险的大样本评估将是对未来风险进行准确判断的先决条件。在简单系统中，进行独立因果关系推断是可行的。

但对于复杂系统（如由机器学习软件控制的自动驾驶汽车）而言，这不一定是一个正确的假设。首先，很难确定这些系统的出现故障原因。例如，2016年，一辆自动驾驶的特斯拉汽车发生车祸，导致约书亚·布朗（Joshua Brown）死亡，原因可能是软件将一辆横穿马路的拖车误认为高架标志，因此没有采取刹车措施。但是，这些看起来似是而非的原因并不是相互独立的，它们可能会相互影响。当这种情况发生时，大数定律就不适用。看似罕见的事件会在互动中更频繁地发生。要想利用过去的经验预估未来可能存在的风险，就需要观察一款车行驶很长一段里程后的事故发生率；在最坏的情况下，过去的经验可能根本无法帮助人们准确预测未来的风险。安全监管机构、保险公司和消费者需要更多的数据和分析来评估复杂软件系统的风险。

信息披露

法律学者奥姆里·本·沙哈尔（Omri Ben-Shahar）和卡尔·施耐德（Carl Schneider）认为，强制披露"可能是美国法律中最常见也最不成功的监管手段"。它基于这样一个逻辑：在与专家打交道的过程中，当人们需要对不熟悉且复杂的事项做出决定时，专家（披露方）应当向人们（被披露方）提供信息，从而帮助被披露方做出明智的选择，而披露方也不会滥用职权。也许除了在某些有限的领域有效外，几乎没有证据表明这些政策有效。

　　但是，复杂性在几个方面颠覆了强制披露政策有效性。首先，复杂的信息披露通常是由软件实现的，而这些信息对于普通消费者而言是难以理解的。例如，法律学者劳伦·威利斯（Lauren Willis）认为，住房抵押贷款政策的真实性"在一个相当简单的、贷款产品统一的世界中运作相对较好，或者至少没有什么危害，其价格和风险被限制在高利贷限额和信贷配给下，但是世界已经改变了"。如今，可调利率抵押贷款的借款人需要了解涉及"指数、保证金、折扣、利率和付款上限、负摊还、付款选择以及重铸（重新计算）贷款"的披露信息。这些被披露出来的信息是否能有效地告知那个不会说英语却获得72.4万美元房屋贷款的墨西哥草莓采摘工人，似乎非常值得怀疑。威利斯提供的证据表明，与其他对借款人更有利的替代方案相比，次级抵押贷款者支付了过多的利息，与其他贷款相比，他们申请的贷款风险过高。

　　此外，即使一个人完全理解这些信息所描述的抽象概念，他也需要成为一名专家才能理解各种条款的法律含义和叮执行性。关于信用卡信息披露，伊丽莎白·沃伦（Elizabeth Warren）告诉我们"我在哈佛大学教合同法，但我都听不懂里面说的是什么"。

然而，除了这些问题之外，复杂的软件系统还以一种更险恶的方式颠覆了强制披露政策。例如，这些政策假定，了解贷款基本条款的人可以根据自己的需要，理性地决定自己需要承担的风险水平和未来还款的规模。但是，行为经济学家已经证实，许多人都存在认知偏差。人们会低估风险，误判未来需要支付的实际成本。如果有认知偏差的人只是借款人中随机的一小部分，那么这可能不会影响强制披露政策的有效性。但是，做出这些错误选择的借款人不是被随机选择的，他们是拥有复杂的信用卡、房屋净值贷款和其他种类信贷营销计划的贷方的目标。利用金融交易和人工智能软件系统的大量数据，贷方能够大量接触并将金融产品出售给那些将支付过多费用并承担过多风险的人。强制披露政策根本无法与这些复杂的工具相匹敌。

合规成本

最后，复杂性增加的一个后果，是颁布和维持法规的成本以及私营公司遵守法规的成本不断上升。监管的复杂性普遍上升。例如，自1970年以来，《联邦法规汇编》（*the Code of Federal Regulations*）的词汇量增加了两倍。其中部分可能归因于联邦政府正在监管的技术日益复杂，尽管这不是唯一的原因。[2]无论如何，日益增加的复杂性表明政府的监管成本在增加，或者说，由于行政预算的增长速度没有那么快，监管机构很可能会逐渐变得人手不足，因此无法充分执法。

但是，监管复杂性的增加还有另一个后果：不断上升的成本不成比例地落在小公司身上，进一步增强了大公司的主导地位。例如，对于小型银行（资产少于1亿美元），确保合规的费用占其总支出的10%（不包括利息支出）；对于大型银行，确保合规的费用仅占其总支出的5%。因为合规成本有很大一部分是固定成本，即表现出规模经济，所以对小型银行而言相对较高。例如，核实抵押贷款的真实性是成本第二高的合规活动。虽然核实抵押贷款真实性的合规性要求为每种金融工具都设置了准入成本，但大银行可以将该成本分摊给更多的客户。当许多不同的金融工具软件的使用激增时，固定成本亦水涨船高。有证据表明，合规成本在银行非利息支出中所占比例一直在上升。[3]

结果是，更严格的监管（即使仅仅是看似平淡无奇的核实抵押贷款真实性的合规性要求）也进一步增强大公司的主导地位。在银行业，大银行的主导地位几十年来持续上升。[4]

开源监管

总而言之，复杂性从三个方面破坏了监管。首先，它使大公司能够弄虚作假或欺瞒监管机构，如大众汽车公司的例子。复杂的软件为大公司提供了大量欺骗监管机构的机会。其次，它使监管机构或受信任的中介机构滋生腐败或监管俘获现象，如美国联邦航空管理局对波音公司的监管，或上文提到的债券评级机构和次级抵押贷款的案例。在这些情况下，更高的复杂性意味着对行业资源的更大依赖，从而导致更严重的监管俘获现象。最后，更高的复杂性会加剧信息过载以及产生更大的监管成本。例如，对于抵押贷款真实性的监管为借款人提供了难以理解的披露信息，并给小银行带来了相对更大的合规成本负担。

确定解决这些具体问题的最佳方法超出了本书的范围，也超出了我的能力范围。但我可以从开源软件运动的经验中提出一些关于如何规范软件的一般原则。对大规模开发复杂软件至关重要的概念也对思考如何对复杂软件监管有借鉴作用。

自计算机诞生之初，程序员就开始非正式地共享软件代码。在20世纪七八十年代，各种组织开始授权可以自由使用的软件代码，包括更改和分发代码的权利。这被称为开源软件，且如今被广泛用于各种应用程序中。例如，互联网的大部分管道①都是通过开源软件实现的。它在人工智能、物联网、自动驾驶、分布式账本和云计算基础设施等方面的表现也很突出。

---

① 在计算机世界中，由于进程之间相互独立，信息无法交互；而计算中的管道，就是一种解决进程间信息交互问题的手段。——编者注

由于开源软件是免费的，人们可能会认为它在商业应用软件中没有什么用处。有人认为专有软件总是会更好，因为其开发者有更大的动力改进代码。然而事实证明并非如此。如今，大多数大型软件公司大量投资支持开源项目，包括曾经公开反对开源软件的微软。尽管开源代码是免费的，但商业供应商通过将其与配套的软硬件一起提供给客户来赚钱。例如，IBM通过销售装有Linux（一种开源操作系统）的硬件来赚钱。IBM的优势在于，大量使用Linux的程序员修复了错误并增加了能提高其质量的功能。事实上，一些证据表明，一般而言，开源软件的质量通常会优于类似的专有软件。原因在于开源软件的错误检测和质量改进有分布式特性。用早期开源软件倡导者埃里克·雷蒙德（Eric Raymond）的话说，"只要有足够多的眼睛，所有的错误都是浅显的"。

从监管机构的角度来看，欺骗性或模糊性代码也是一个缺陷，而且人们可以通过类似的方式发现和纠正此类缺陷。类似开源软件系统的审查结构将为监管机构及其选定的第三方提供对关键技术领域的访问途径。

显然，监管机构需要访问用于交付其监管的产品和服务的软件代码。检查代码可以发现公司混淆视听的企图，如果不访问代码，就很难识别这种欺骗行为。令人抓狂的是，监管机构可能不但无法访问这些代码，而且实际上访问这些代码也是非法的。至少有一个联邦机构[美国消费者金融保护局（CFPB）]有权访问其监管的金融机构的代码。消费者金融保护局的审查人员曾使用过这种权力，并且发现了违规行为，但他们只是偶尔使用。

当然，软件代码本身可能很难被解析。在大众汽车公司的案例中，研究人员只有在获取了除固件源代码之外的软件文档之后，才发现了存在问题的代码。因此，与开源软件一样，监管机构也需要获取文档。

但监管机构可能没有审查和测试代码的知识或动机。这就是为什么开源软件的"众目睽睽"这一特点很重要。如今，第三方机构往往扮演着补足，甚至是取代政府监管机构的重要角色。例如，保险公司对汽车的安全性进行评级，并根据汽车的安全性收取部分保费，这些行动激励制造商提高汽车的安全性。或者，如上所述，金融监管机构已经将债券风险评估外包给独立的评级机构。开源式的监管将授予特定的第三方机构（包括上述机构）访问代码或数据的权限，但也可能授予包括业余爱好者和没有直接经济利益的人在内的更广泛的社群。事实上，业余爱好者在曝光大众汽车公司丑闻的事件中发挥了重要作用。

因为开源软件引发了诸多关注，对这些社群的选择和限制很重要。如果允许汽车改装爱好者访问汽车代码，让他们以污染排放为代价提升汽车速度，那可能会弄巧成拙。显然，政府需要对代码的使用进行一些限制。同样，人们可能不想与竞争对手共享代码。人们普遍担心开源软件会削弱创新动力，但开源软件的经验表明，精心设计的流程不会削弱创新，尤其是当公开的代码与硬件或专有软件互补时。事实上，开源访问可能会为社群提供改进代码的机会，正如开源软件系统一样。此外，如果黑客可以访问源代码，他们也许能够发现漏洞。这一直是争论和研究的热点。然而，尽管开源软件存在几个众所周知的安全漏洞，一些研究表明，开源软件的安全性并不比专有软件差，甚至可能更好，因为其"众目睽睽"的特性可以使人们更快地识别和纠正问题。

在某些情况下，仅仅访问软件代码是不够的。特别是对于机器学习应用软件，访问数据是必不可少的。例如，自动驾驶汽车依赖于人工智能系统，而该系统是基于来自车辆传感器和摄像头的大量数据构建的。如果没有可对比的数据，监管机构、保险公司或其他第三方很难甚至不可能评估这些车辆的安全性。一种可行的办法是要求自动驾驶汽车制造商在共享代码的同时共享数据。虽然美国交通部已经为自动驾驶汽车运营商设立了一个自愿共享数据的计划，但这似乎还不够。另一种可行的方法是由第三方机构或政府创建自己的数据。这些数据是公共资源，政府很可能会有效地提供这些数据。

最后，即使无法访问代码和数据，在某些情况下也可以通过使

创新的阻力

用模拟器做到"众目睽睽"的效果。波音737MAX飞机的问题对于操作模拟器的飞行员而言是显而易见的。模拟器也可用于汽车动力系统,这可能会揭露污染排放问题。当然,模拟器的代码也可以被操纵。

复杂的软件无疑给监管带来了挑战。但问题当然不仅在于软件的复杂性,还在于其专有性。广泛共享或开源软件不会如此容易就被滥用。最高法院法官路易斯·布兰代斯(Louis Brandeis)有关"据说阳光是最好的消毒剂"的说法,为开源监管带来新的转机。将代码和数据暴露在众人眼前,可以在一定程度上平衡公司和监管机构之间的权力分配。

第八章

平台与反垄断

创新的阻力

2020年7月29日的听证会的场面非常奇特。四家顶级科技公司的首席执行官，即亚马逊的杰夫·贝索斯（Jeff Bezos）、苹果的蒂姆·库克（Tim Cook）、脸书的马克·扎克伯格（Mark Zuckerberg）以及谷歌的桑达尔·皮查伊（Sundar Pichai），接受了美国众议院司法委员会反垄断小组委员会成员的视频质询，历时近六小时。

《纽约时报》的头条将这一事件描述为大型科技公司的"大型烟草时刻"，并将其与1994年的听证会相提并论，当时七大烟草公司的首席执行官在国会面前接受质询。那次听证会标志着美国烟草业监管事业的转折。几十年来，尽管烟草成瘾的危险众所周知，大型烟草公司和烟草种植者仍旧形成了强大的游说团体，抵制有效的监管。在1994年的听证会上，高管们被问及烟草是否会上瘾，是否应当对其进行监管。烟草公司的负责人都作证称，他们认为烟草不会使人上瘾；其中一些人明确否认他们操控了其产品中的尼古丁含量。每个人都知道他们在撒谎，而且很快证明他们撒谎的证据就浮现出来。公众对烟草公司的作为非常愤怒，烟草公司与政界人士长期以来的融洽关系宣告破裂，这为相关监管和法庭审理开辟了道路。

虽然大型科技公司的听证会可能会推动一些立法，并可能会鼓励司法部对谷歌提起反垄断诉讼，但这次听证会似乎不会使科技公司的命运发生巨大变化。但可以肯定的是，仅仅是听证会的召开就标志着政界人士对大型科技公司态度发生了转变。就在几年前，这些公司还被政客们誉为成功的典范。现在，这些公司的高管受到了激烈的盘问。反垄断小组委员会在听证会上提供了实质的内容，并进行了充足的准备工作。该委员会进行了数百小时的访谈，收集了一百多万份文件，其中包括一些高管的私人电子邮件。

但是，与质询烟草公司的听证会相比，在质询大型科技公司听证会上似乎没有一个焦点或政策问题可能与深层次的公众愤怒有关。一位分析师统计了听证会上提出的28个独立的政策问题。一些提问者用有关公司行为的详细证据与高管们对质。亚马逊的杰夫·贝索斯被问及如何与纸尿裤网（Diapers）竞争，后来又将其收购；马克·扎克伯格被质疑脸书为什么会收购照片墙。其他问题的范围更广。共和党人断言，大型科技公司存在反保守主义的偏见。谷歌和脸书因夺走了报纸商的广告收入而受到批评，这加速了印刷媒体的衰落。一位代表问马克·扎克伯格为什么删除美国前总统特朗普发布的喹羟化氯可以用于治疗新冠肺炎的推文（实际上是推特公司删除的）。另一位国会议员质问谷歌首席执行官桑达尔·皮查伊，为什么发给他（该国会议员）父亲的竞选邮件最终会出现在他父亲的垃圾邮件文件夹中。

创新的阻力

尽管听证会上提出的一些问题触及了实质性的政策问题，强调大型科技公司可能存在不公平、不道德甚至非法的行为，但似乎很少能激起公众的强烈愤慨。公众对大型科技公司缺乏像对大型烟草公司那样的愤慨之情。人们确实担心大型科技公司，尤其是脸书。最近的一项调查发现，72%的受访者认为脸书掌握的权力过大。但90%~91%的人对谷歌和亚马逊有好感（苹果为81%，脸书为71%），只有4%~5%的人认为谷歌、亚马逊和苹果对社会有负面影响（脸书为25%）。相比之下，在针对大型烟草公司的听证会上，美国人知道烟草会导致健康问题且容易使人上瘾。自从30年前卫生部长发布关于香烟的警告以来，健康警告被强制印在香烟包装上。针对大型烟草公司的听证会聚焦于一个对许多人来说更为明确的重要问题。可是，针对大型科技公司听证会可能会使公众舆论倾向于大型科技公司。在18岁至34岁的年轻人中，近一半的人在听证会后对大型科技公司更有好感了，这可能反映了民众对国会议员咄咄逼人的提问策略的感受。

但这并不是要消除人们对大公司的担忧。正如我所说，还有很多值得关注的问题。但听证会显示，无论是国会议员还是广大公众，都不清楚如今的大公司到底出了什么问题以及需要采取什么补救措施。尽管在听证会上，人们提出了许多大型科技公司可能存在不良行为的例子（由于高管们几乎没有时间做出回应，因此很难下定论），但听证会总体上未能传达出令人信服的信息。听证会可能选择了错误的目标，即那些公众对其相当有好感的公司（脸书除外）。然而，这些大型科技公司的主导地位几乎延伸到了所有经济领域，包括不少确实引起公众愤慨的大公司。事实上，许多公司在调查中被评为"最令人讨厌的美国公司"，其中包括一些行业龙头。排名前三的分别是有线电视、宽带网络及IP电话服务供应商康卡斯特公司（排名第一）、美国银行（排名第二）和迈兰制药公司（排名第三）。迈兰制药公司垄断了EpiPen（一款治疗急性过敏的肾上腺素自动注射笔）紧急过敏反应治疗，并将价格提高了500%。[1]

为什么反垄断小组委员会在解决占主导地位的公司产生的问题时，要对公众喜爱的公司下手？这些公司的规模和实力快速扩大，迅速创造了巨额财富，而作为亿万富翁的高管们也制定了丰厚的利润目标。它们颠覆了报纸等许多现有业务，对手越多意味着自己遭到的反对就越多。不过，也许反垄断小组委员会关注大型科技公司的最根本原因在于，人们普遍认识到技术正在以新的不同方式影响竞争，这可能需要新的监管方式。事实上，反垄断小组委员会主席、众议院议员戴维·西西林（David Cicilline）曾聘请法律学者和（反垄断）倡导者丽娜·汗（Lina Khan，现任联邦贸易委员会主席）担任法律顾问，她曾撰写过有关亚马逊以及此类数字平台技术如何需要新的、充满活力的反垄断监管的文章。数字平台公司利用技术将卖家和消费者（如亚马逊），或者将消费者和广告商（如谷歌）等独立各方聚集在一起。丽娜·汗和相关学者认为，平台技术为掠夺性定价和排他性行为提供了新机会。因此，听证会上提出了许多有关不当并购和不公平对待竞争对手的详细例子。这些学者呼吁拆分大型科技公司或将其作为公共事业进行监管。

但是，听证会未能引发大众对大型科技公司的愤慨暴露了发难者的一个战术缺陷。大型科技公司已经破坏了竞争，导致价格上涨、质量下降和创新减少，而公众现在却普遍无视这一点。除脸书之外，这些公司的受欢迎程度不会使其成为公众愤慨的目标，而它们之所以受欢迎，是因为许多人享受大型科技公司带给他们的价值。人们喜欢大型科技公司提供的服务、产品及其（低廉的）价格，而且显然不太关心大型科技公司对社会的影响。显然，大部分公众似乎并不太担心数字平台技术可能会削弱竞争，损害消费者及社会利益。出于这个原因，听证会未能触及公众的愤慨，这种愤慨曾为烟草业带来变革，也为我们带来了一个世纪前的第一部反垄断法。

然而，当今存在一个现实的新问题：技术确实会影响竞争，不仅对平台公司，而且对大多数经济领域的公司（包括美国一些最令人讨厌的公司）都有影响。现在人们对平台公司的关注点被导入了错误的方向。国会调查人员的目光过于狭隘，他们对技术的关注点是错误的，并且他们提出的补救措施实际上可能会产生不利的影响。

开放型数字平台与其说是一个问题，不如说是一种解决方案。诚然，平台业务确实对反垄断监管机构构成了新的挑战，为此有必要改进或完善反垄断执法。但更大的问题在于经济的其他领域，专有平台技术正允许企业主导其行业，导致更严重的不平等和更缓慢的创新。而反垄断政策可以在改善这些行业的竞争中发挥作用。这种作用不是拆分平台公司或将其转变为公共事业，而是鼓励或迫使更多拥有专有技术的公司成为开放型平台公司。这些公司需要开放，允许合作伙伴和竞争对手获取其部分技术资源，以便进行更广泛地共享。监管良好的平台能促进市场竞争加剧，从而可以克服由大型信息技术公司主导的行业的一些弊病。

技术与反垄断的兴起

由于反垄断法会令人困惑（有些人会这么说），因此回顾反垄断的历史和关键原则的演变会有所帮助。从一开始，反垄断就与新技术密切相关，尤其是与表现出规模经济的新技术密切相关。19世纪的最后25年出现了大规模的新技术浪潮。在第二章中，我们了解到贝塞默工艺如何彻底改变了钢铁生产，大幅降低钢轨价格。凭借低廉的钢轨和新的技术，铁路业经历了一波投资热潮。随着运输成本的降低，农产品市场日益扩大，农场主开始从事商业化农业生产。其他技术同样改变了石油精炼、制糖、肉类生产、农业机械以及其他具有规模经济特征的行业。

创新的阻力

由少数大公司使用的新技术为许多行业带来了更低的价格和新的机会，但同时也赋予了那些被称为托拉斯的大公司控制人们生活的重大权力。铁路为农场主带来了农业商业化的新机会，但也意味着农场主开始依赖铁路。在许多农村地区，经济条件只允许修建一条铁路，因此往往会出现地方垄断。虽然铁路公司最初提供较低的运输成本，但他们也有权力提高价格，进而用这种方法压榨农场主。

铁路公司的权力和不公正成为引发民粹主义运动的主要因素。公众的强烈愤慨促进了1887年用于规范铁路运价的《州际商业法》，以及1890年《谢尔曼法案》的颁布。事实上，在《谢尔曼法案》实施的前10年，没有出现过对大公司的成功诉讼。相反，《谢尔曼法案》被用来对付工会。

但在20世纪的前10年里，公众对社会的不满进一步加深，一个重要诱因是记者们揭露了政府腐败、大公司的不公平行为以及其他社会弊端（如私刑、性骚扰及针对精神病患者"残酷治疗"）。揭发者还揭露了公司雇用童工和镇压工会的行为。厄普顿·辛克莱（Upton Sinclair）的《丛林》（*The Jungle*）一书揭露了肉类加工商和其他食品公司不顾及消费者健康的丑恶行径；布兰代斯（Brandeis）法官写明银行如何促使诸多行业掌握着少数人手中；塞缪尔·霍普金斯·亚当斯（Samuel Hopkins Adams）揭露了制药公司的虚假宣传；艾达·塔贝尔（Ida Tarbell）生动地描述了标准石油公司（Standard Oil）如何通过敲诈勒索成为世界上最大炼油商的细节。

西奥多·罗斯福（Theodore Roosevelt）总统抓住了这种广泛的不满情绪，将打破垄断作为其"公道政治"[1]（Square Deal）的一部分。在西奥多·罗斯福的领导下，美国政府以违反《谢尔曼法案》为由对标准石油公司提起诉讼，并于1911年胜诉，得以分拆该公司。这一胜利标志着美国反垄断执法的真正开始。1914年，美国国会认识到《谢尔曼法案》的漏洞，通过了《克莱顿反垄断法》（the Clayton Antitrust Act），大大加强了反垄断法的执法效力，并详细列举了各种形式的非法行为。

公司的规模化带来的社会成本和效益

反垄断法并非只针对大公司。例如，它禁止各种规模的公司进行串谋和价格垄断。然而顾名思义，大公司是反垄断政策的主要针对目标。而推动这项新政策实施的主要动力（即公众的愤怒）源于大公司对普通人生活的影响越来越大。垄断型公司拥有产品市场定价权、劳动力市场主导权和政治话语权。

---

[1] 西奥多·罗斯福提倡"公道政治"包含了三大基本理念：保育国家资源、加强对企业富豪的掌控，以及保护消费者。——译者注

然而，这对反垄断法的实施构成了实际挑战：公司规模似乎是一把双刃剑。虽然大公司确实可以利用其权力以不公平的手段获利，但它们也带来了巨大的社会效益。

价格

经济学认为，占主导地位的公司会拥有市场权力，这也意味着它们的产品价格更高。这一结论得到了理论和实证研究的支持。例如，美国钢铁公司在1901年成立后，其产能占美国钢铁产能的三分之二，尽管成本下降了一半，但它能够在大萧条时期之前保持相对稳定的价格。[2]

但是，如果大公司的效率提高，也会导致价格降低。例如，规模经济使早期的贝塞默钢厂得以大幅降价。1900年，以美元计价的钢铁价格还不到1868年价格的三分之一。此外，众所周知，生产力更高的公司发展更快。也就是说，公司通常通过提供更低的价格或更高的产品质量而成为大公司。因此，成为一家大公司可能代表着成本更低、效率更高、社会效益更大，并不一定意味着该公司会对竞争对手采取了掠夺性行为。

工资和劳动力

当一家大公司主导当地劳动力市场时，它可以支付较低的工资。最近的研究表明，在由少数大公司主导的市场中，工资有所下降。然而，正如我们在第六章中所看到的，大公司长期以来倾向于支付比其他公司高得多的平均工资。此外，研究表明，大公司也倾向于提供更好的福利和工作环境。

大公司也更有可能成立工会，尽管这是因为大公司为了更好地进行管理才成立工会。但是，大公司及其所有者也参与了一些极具暴力的罢工镇压事件，比如小约翰·D.洛克菲勒（John D.Rockefeller Jr.）在勒德洛大屠杀（Ludlow Massacre）中所扮演的角色，那是1914年发生在美国科罗拉多州的一起大规模杀害罢工矿工及其家人的事件。

创新

一方面，长期以来，人们一直认为垄断企业的创新动机较低。下面是布兰代斯法官对美国钢铁公司提出的论点：

以美国钢铁公司为例，它从卡内基钢铁公司（Carnegie Steel Company）处继承了世界上一流的组织框架和高效的钢铁制造商。自其成立以来，就具有非凡的管理能力。它拥有几乎取之不尽的资源。它的生产规模如此之大，如果它能在工艺上取得丝毫的进步，那么它在几乎所有实验上的投入都会为其带来可观的利润。然而，在其成立仅十年之后，美国的权威新闻机构工程新闻（Engineering News）就宣称：

"如今我们在钢铁冶金方面落后德国大约五年，而我们的钢铁制造商正在推出的这些创新大多只是在效仿多年前的外国人。"

"我们认为这并不是因为美国工程师的聪明才智或独创性不如欧洲工程师，尽管与德国工程师相比，他们在培训和科学教育方面可能确实存在不足。我们认为主要原因是美国工业中发生的大规模整合。一个庞大的组织太过笨拙，无法承担起开发原创理念的任务。由于市场受到严格控制，并且通过遵循标准方法可以获得一定的利润，那些控制大公司的人不想费心开发任何新事物。"

另一方面，约瑟夫·熊彼特认为垄断为促进研发提供了很有利的组织结构。正如我们在第五章中看到的，大公司在创新方面不一定比其他公司差。当市场被大大小小的竞争对手激烈争夺时，即使是占主导地位的公司也可能成为积极的创新者。

政治和社会权力

强大的财力带来更大的政治权力。大公司拥有能够影响政治和监管结果的资源。例如，标准石油公司曾捐助俄亥俄州共和党领袖25万美元（约合今天的800万美元），以助其击败民粹主义总统候选人威廉·詹宁斯·布莱恩（William Jennings Bryan），并获得选民支持。法律学者蒂莫西·吴（Timothy Wu）认为，大公司不断膨胀的权力在很大程度上促进了20世纪30年代法西斯主义的崛起，尽管他的历史分析受到了质疑。

此外，大公司似乎对公众所关注的社会问题更为敏感。虽然一些公司对大众社会目标的支持可能只不过是公关行为，但其中一些公司似乎真的关心社会问题。大公司雇用的劳动力更加多样化，平均下来会雇用更多的黑人和女性员工。[3]而且在大公司中职场歧视的现象也更少。相关调查分析发现，大公司支付给女性的工资比男性低13.0%，黑人员工的工资比白人低1.9%。但是，雇员少于1000人的公司支付给女性的工资比男性低19.7%，黑人员工的工资比白人工人低6.7%。

尽管人们普遍认为"大等于坏""小等于好"，但这种观点过于简单。虽然大公司所掌握的权力令人担忧，但其本身不一定是邪恶的。然而，还有其他事情需要关注，即在"进步时代"能激起人们对于垄断的愤怒的一些关键因素：大公司可以运用其规模来压制竞争对手，赢得更大的市场权力，并带来显著的负面后果。即使一家公司通过提高生产力成为大公司，它也可能滥用其权力以限制未来可能出现的潜在竞争。那些开始试图"不作恶"的公司可能会改变他们的经营方式。

充分利用规模

我们在第二章讨论美国钢铁业时看到了规模经济产生的作用。在19世纪70年代，规模经济意味着十几家大型钢厂可以以极低的价格供应美国国内钢铁市场。但是，规模经济也意味着只有少数公司可以进入市场，而在市场上只有十几家公司的情况下，他们通过打压市场竞争的行动来提高利润并确保更大的稳定性。首先，这些钢厂在19世纪70年代成立了卡特尔，限制产量以维持现有价格。由于安德鲁·卡内基不配合，该垄断计划失败了。之后，在摩根大通（J. P. Morgan）的金融资源支持下，大型钢铁公司进行兼并和收购，整合了美国钢铁市场。1901年，美国钢铁公司成立并控制了三分之二的美国钢铁市场。如前所述，当时的钢铁价格趋于稳定。

大公司也可以用更恶劣的方式利用其规模对付竞争对手。标准石油公司的发家史就是这种滥用规模优势的缩影。艾达·塔贝尔详细介绍了标准石油公司如何在1872年拥有美国约10%的炼油产能，到1879年利用各种手段夺取了该市场90%以上的控制权。这一过程始于石油行业的主要中心克利夫兰。1859年，埃德温·德雷克（Edwin Drake）上校在泰特斯维尔成功开采油井后，宾夕法尼亚州西部的原油生产蓬勃发展。这些原油被运往克利夫兰进行提炼，最终产品通过铁路或水路（伊利湖）运输。与钢铁行业一样，炼油业也表现出巨大的规模经济效益，因此只有相对较大的业务在财务上是赢利的。但随着市场的增长，更多公司可以进入市场，获得高额利润。到1872年，美国大约有250家炼油厂，其中26家在克利夫兰。标准石油公司是规模最大的。

　　这种庞大的规模为铁路公司提供了关键的筹码。1872年，南方改良（South Improvement）公司在宾夕法尼亚州注册成立，由标准石油公司的最大股东约翰·D.洛克菲勒控制，其他几家炼油厂充当合伙人。由于其规模很大，虽然不是垄断型公司，但铁路公司愿意与他们达成协议。南方改良公司的成员在运输过程中获得了大量回扣（原油的回扣为40%~50%，成品油的回扣为25%~45%）。此外，铁路公司还向南方改良公司支付一定比例的对非南方改良公司以外的炼油厂收取的铁路费用。塔贝尔描述了接下来发生的事情。"洛克菲勒先生现在正逐一向（其他）炼油厂的所有者介绍南方改良公司。他告诉他们：'你们看，这个计划一定会成功，它意味着我们对石油业务会有绝对控制。外面的任何人都没有机会，但我们会给所有人一个加入进来的机会。你们要把你们的炼油厂交由我的评估师估价，我会根据你们的意愿，按照我们的估价给你们提供标准石油公司的股票或现金。我建议你入股，这对你们有好处。'"

　　洛克菲勒告知持反对意见的人，他们会被击垮。在短短三个月内，几乎所有的人都接受了他的建议，标准石油公司从控制美国10%的炼油产能发展到控制美国20%的产能。愤怒接踵而至，宾夕法尼亚州吊销了南方改良公司的公司执照，但损害已经造成。

　　洛克菲勒还利用他的市场力量收购了相关垂直行业的资产。19世纪60年代，查尔斯·L.莫尔豪斯（Charles L. Morehouse）开始在克利夫兰利用石油蒸馏后剩余的焦油生产润滑油。他开发了多项专利和商标，并为各种机械生产了一系列润滑油。在洛克菲勒控制克利夫兰的炼油业后，莫尔豪斯去拜访了洛克菲勒，后者鼓励他扩大业务，因为标准石油公司没有涵盖这个领域。洛克菲勒签署了一份每天供应85桶焦油的合同，莫尔豪斯投资4.1万美元建造了一个新工厂。但随后在1874年，洛克菲勒将供应量减少到每天12桶，并提高了价格。这种供应量不足以使公司赢利，因此莫尔豪斯向洛克菲勒恳求增加供应。塔贝尔有如下回忆：

> 洛克菲勒先生很坚定。他每天只能给莫尔豪斯先生12桶。莫尔豪斯先生说："我很清楚这意味着什么，这意味着他们要购买你的工厂并让你出局。他们得到了工厂并且正在经营；而我现在却一无所有。他们支付了大约1.5万美元买下了我花费4.1万美元建造的工厂。"

大公司还通过其他方式利用其规模来获得市场份额。布兰代斯法官说："经验同样教会了我们许多具体的方法或手段，大型垄断公司利用其巨额资源或特别有利的地位，通常可以'碾压'竞争对手，它们会使用以下手段：展开'残酷'的竞争；歧视那些不愿意只与与垄断利益集团交易的客户；剥夺竞争对手获得原材料的机会；商业间谍活动；用假名字做生意；伪装成独立人士；通过铁路回扣获得不公平优势；通过提高生产效率以外的方式获得对市场的控制，从而主导贸易市场。"

惩罚的是不当行为，而不是规模

民众对大公司滥用权力的愤怒推动了反垄断法的制定，从一开始，该法律就区分了单纯的大公司（不违法）和滥用其权力阻碍公平竞争的大公司（违法）之间的区别。根据《谢尔曼法案》第2条，"垄断、试图垄断，以及与任何其他人联合或共谋垄断州际、国际贸易或业务"是非法的。即使是认为"今天没有任何一个行业垄断是（公司）自然增长的结果"的布兰代斯法官，也将反垄断调查的重点放在公司行为上，而不仅是公司规模。[4]

但困难之处在于（现在仍然是）确定哪些行为是非法垄断，哪些仅仅是有效竞争。某些行为（如串通定价）在《谢尔曼法案》和《克莱顿反垄断法》中被明确认定为本身就是非法的。但在标准石油公司案中，最高法院引入了一条理性规则，即可以审查每个案件的事实，以判断占主导地位的公司采取的行动是否不合理地限制了自由贸易。正如布兰代斯在1918年芝加哥贸易委员会诉美国案的判决中所写，"衡量其行为合法性的真正标准是，大公司（对竞争对手）施加的限制是否只是在进行调节并可能因此促进了竞争，还是可能抑制甚至破坏竞争"。请注意，关键的判断因素不是该行为是否会损害竞争对手（有效的竞争也很可能会伤害生产效率低的竞争对手），而是它是否会损害竞争。

创新的阻力

随着时间的推移，法院对这条理性规则的解释发生了巨大的变化。在20世纪三四十年代发生了重大转变。从司法部瑟曼·阿诺德（Thurman Arnold）的努力开始，在乔·S.贝恩（Joe S. Bain）的经济理念的支持下，拥有大量市场份额的公司被视为天生自我固化，对消费者有害。美国司法部于1938年起诉美国铝业公司（Alcoa）垄断铝的生产。美国铝业公司辩称其没有非法排挤竞争对手。但当此案于1945年提交到美国上诉法院时，勒尼德·汉德（Learned Hand）法官认为，"我们能想到的最有效的打压竞争的方式，莫过于让每一位拥有能力的新入行者融入一个拥有丰富经验、良好贸易关系和人才精英优势的大型组织"。这听起来像是如何成为一个有效的竞争对手。

在20世纪七八十年代，事情向另一个方向发展。新一代的经验主义经济学家对贝恩分析的基础提出了质疑，他们认为公司规模大并不一定意味着竞争会被削弱。罗伯特·博克和芝加哥学派的其他自由放任主义学者认为，反垄断分析不应该仅考虑公司的市场份额，而应询问公司行为是否损害了消费者。这就把重点放在了消费者身上，很大程度上忽略了公司的权力对劳动者、政治和社会的影响。而理性规则给原告带来了巨大的举证负担，以至于理查德·波斯纳（Richard Posner）法官打趣道："理性规则的内容基本上是未知的；在实践中，它不过是一种对不负责任行为的委婉说法。"

今天，人们对反垄断执法的力度和充分性存在争议。一些研究人员认为现在的执法力度太弱，导致行业集中度上升，尽管我认为行业集中度上升主要是大公司对专有软件投资的结果。我从对于医疗、医疗保险、啤酒和其他行业的案例研究中发现了强有力的证据，证明是并购为大公司提供了能够影响市场的权力，提高了价格。经济学家约翰·库卡（John Kwoka）回顾了相关文献并得出结论：针对恶意并购的反垄断行为执法力度总体上太弱。但联邦贸易委员会的研究人员对他的分析提出质疑。

对并购政策做出判断是很困难的，因为这涉及复杂的经济分析，并且需要解释。但至少在一个领域，美国和欧洲反垄断机构可以在没有这些复杂因素的情况下进行评判，并发现（自身的）不足：对操纵价格的惯犯进行执法。公司有时会串通定价：一家公司设定一个高价，其他公司则不压低这个价格。为了做到这一点，他们通过秘密会面或加密通信以展开行动。偶尔，他们会被抓、起诉、定罪并受到惩罚。在一些行业，如化工、电子、汽车零部件和金融业，几十家大公司被抓到一次又一次地这样做，有些卡特尔持续了15年或更长时间。公司管理层往往将这些违规行为归咎于所谓的"流氓部门经理"，但当我们看到这种情况反复发生时（我们只看到少数不幸被抓的），就说明高层管理人员打压竞争的行为正在加剧，以及反垄断机构的执法不力。虽然这是一个长期存在的问题，但反垄断面临的更大挑战来自新兴信息技术，而这是最近才出现的。

数字平台如何影响竞争？

人们普遍认为，信息技术以某种方式影响了竞争，但尚不清楚究竟是哪些技术影响竞争以及其如何影响竞争。各个专家小组将相关现象描述为"数字市场""数字平台"或"多边平台"。由于存在大量令人困惑的术语，因此制定一个简单的分类系统是很有帮助的。

"平台"指的是一种技术的模块化基础组件，用于（组合）多个更高级别的组件或应用软件。例如，汽车制造商经常在不同车型中使用通用的底盘和传动系统。自1908年以来，通用汽车公司在其雪佛兰、别克、庞蒂亚克和奥兹莫比尔品牌中使用了一个通用平台。这里使用的信息技术系统是高度模块化的，通常有很多层，各种接口被称为平台或应用程序编程接口。例如，与英特尔的产品兼容的个人计算机是Windows操作系统的平台，而Windows操作系统又是各种应用软件（如电子表格和文字处理器）的平台。网站也是一种平台，它们使用标准化接口与网络浏览器进行通信，传递信息内容并响应浏览请求。

上文最后一个例子清楚地表明，平台促进了人机交互；技术接口支持人机界面。网络平台有助于大量人群进行信息检索、为客户提供数字服务或促进商业交易。此外，一些平台处理多人群体之间的互动。例如，沃尔玛使用的系统通过扫描仪数据使供应商和门店经理查看各个门店的详细销售信息，并采取行动发起新订单。这样的平台被称为双边或多边平台。

封闭平台和开放平台在运营方式上存在显著区别。开放平台可供公众使用；封闭平台则不然。当然，介于两者之间的是对有限群体开放的平台。但我无意讨论两者在这方面的区别，而是集中讨论两者在经济运作方式与开放性上的区别。我的核心观点是开放平台促进交易和竞争。我们可以用一种简单的方式组织不同类型的平台（如表8-1所示）。

表8-1 平台分类

平台类别	单边	双边或多边
封闭式	计算机辅助设计（CAD）系统	面向供应商和门店经理的沃尔玛系统
	2006年前的亚马逊网络服务（AWS)	—
开放式	亚马逊直销	亚马逊市场
	2006年后的亚马逊网络\服务	谷歌广告
	—	2012年后的亚马逊网络服务

创新的阻力

在表8-1中可以发现，沃尔玛系统是双边且封闭式的；计算机辅助设计系统协助工程师设计产品，使他们能够就复杂的设计进行协作，这些系统可以被视为促进工程师之间协调的单边平台；亚马逊网络服务最初是一个内部平台，在内部云上为亚马逊的不同信息技术项目提供数据存储和计算服务（将在下一章介绍）。2006年，亚马逊向公众开放了这个平台，由此开创了云计算服务行业。当亚马逊销售其拥有和库存的商品时，其网站是一个单边的开放平台。当个体商家在亚马逊上向消费者销售产品时，该网站起到了双边开放平台的作用。2012年，亚马逊网络服务成为一个双边平台，它允许第三方开发者开发可供其客户使用的应用软件。

请注意，此分类系统也适用于非商业交互和隐性交易。例如，大量工程师和管理人员为设计飞机模型而访问的计算机辅助设计系统是一个封闭的单边平台；谷歌搜索提供了一个双边开放平台，用户可以在其中输入搜索请求，并显示搜索结果与广告。广告商和用户构成了这个隐性市场的双边：广告商需要付费，而谷歌用户免费获得服务。

这些分类也适用于数字时代之前的世界。古代集市和中世纪商品交易会实际上就是双边市场。交易会的平台提供仓库、销售空间、信贷服务，甚至私人法官来管理新制定的商法；报纸也是双边平台，同时为读者和广告商服务。

那么，这里的问题是，数字化如何改变这些不同类型平台的经济运行方式，这对竞争意味着什么？平台对竞争的影响取决于平台的类型。我确定了两组影响，一组作用于封闭系统，另一组作用于多边市场。对于封闭系统而言，大型专有信息技术系统使这些平台能够处理更高的复杂性，从而在差异化市场中提供关键的竞争优势，这是一种在技术方面的重要转变。相比之下，开放式系统回避了许多专有技术不受社会欢迎的特点。许多公司和员工可以获取其全部或部分技术资源，从而使他们能够从技术使用中获益，并可能对其进行改进。从封闭系统到开放系统的过渡，如亚马逊网络服务的开放，带来了这些好处。

但开放式多边平台，才是很多专家审查的重点，而在国会上被提及的大型科技公司都有属于这一类的业务。这些平台的经济运作方式使反垄断法中本已令人困惑的问题变得更加复杂。有两个主要因素使问题更加复杂。

首先，多边平台存在交叉补贴的问题。多边平台的所有者可以对一方进行补贴，对另一方收费。例如，通过向广告商收取更多费用来弥补订阅费过低带来的损失。这可能有一些经济意义上的原因，但交叉补贴使识别掠夺性行为变得更加困难。也就是说，报纸向订阅者收取的费用低于报纸的成本，但这是否意味着他们在试图非法垄断市场？也许展开细致的经济分析后可以确定报纸订阅是否

创新的阻力

具有掠夺性，但对这种判断进行举证既昂贵又困难，美国最高联邦法院在俄亥俄州诉美国运通（American Express）公司案中将这种举证责任转移给了原告，阻碍了反垄断执法。

其次，多边平台的第二个复杂特征是它可能具有网络效应。当使用平台的价值随着用户网络规模而增加时，网络效应就会出现。例如，一份报纸的订阅者越多，它对广告商而言的价值就越大。[5]

这种网络效应很像规模经济，它可以引起非常积极的增长态势。例如，一家报纸可能会收取较低的订阅费用，甚至可能会亏损，以便在竞争中赢得订阅者。有了更多的订阅者，它就可以提高广告费，用来给订阅者提供更大的折扣，并继续发展。因此，大家有很强的动机成为主导者。在过去，这些激励措施引发了"报纸战争"，激烈的发行竞争催生了黄色新闻和捏造的新闻（也许有些事情永远不会改变），为美西战争（Spanish–American War）提供了借口。这些激励措施也导致了报纸业的巨大并购热潮。1920年，（美国）500个城市有相互竞争的日报；到1963年，这样的城市不到50个；到2017年，只剩下10个。事实上，正是这种整合以及由此导致的政治观点多样性的下降，引起了A.J.利布林的调侃，即只有拥有新闻自由的人才能保证新闻自由。

互联网经济的运作模式在某些方面不同于规模经济的运作模

式。首先，具有网络效应的行业龙头的经济优势是动态的。随着用户数量的增加，它会在多年内慢慢构建。比如钢铁厂的规模优势是在工厂建成后迅速获得的，但平台之间争夺市场份额的竞争可能会持续很长一段时间。其次，互联网公司的经济优势可能不会那么持久。虽然大型钢铁厂的生产能力不会很快消失，但用户可能会迅速转向替代平台。如果没有被紧紧锁定在主导平台上，用户就可以做到这一点。事实上，在互联网市场上已经有大量曾经的行业龙头被取代，包括搜索领域的雅虎、社交媒体领域的我的空间（MySpace）以及移动电话领域的诺基亚。行业龙头在新兴市场中的地位经常受到颠覆，网络效应无法保证它们能持续占有主导地位。

当网络效应与质量差异化优势相结合时，市场可以被行业龙头更彻底地主导。当消费者喜欢顶级的产品时，即使不同公司间的产品质量差异很小且顶级的产品拥有最大的网络，占主导地位的公司也可以占领大部分市场份额。这就会出现一个赢者通吃的市场。如果市场规模不是太大，规模经济也可能导致赢者通吃的局面。但正如我们在第二章中看到的，规模经济是有限度的，即规模收益在达到一定水平时会减少，因此它们不再保证公司在大型市场中的主导地位。虽然网络效应也会减弱，但通常是在市场规模非常大的情况下才会这样。网络效应之所以有时会减弱，是因为大型市场支持多个手机操作系统平台（如苹果系统和安卓系统）或计算机平台同时运行。[6]

　　总而言之，多边平台的运作机制实际上在性质上与规模经济市场十分相似。二者有一些重要的差异，但不是真正的根本性差异。然而，多边市场对反垄断监管构成了巨大的挑战，因为它们要复杂得多。由于交叉补贴和网络效应的特点，要确定某些行为对竞争的影响通常是困难的，而且成本很高。这使监管更加困难，也往往会让监管者、政策制定者、法院和公众感到困惑。事实上，许多有关多边平台的公开讨论似乎大多集中在交叉补贴和网络效应问题上，而忽略了多边平台对竞争的影响。

数字平台与反垄断

　　在国会听证会开展之前的讨论、听证会期间提出的论点以及委员会随后发布的报告中，充斥着有关数字平台与反垄断之间联系的困惑。例如，丽娜·汗在其颇具影响力的文章《亚马逊的反垄断悖论》（*Amazon's Antitrust Paradox*）中认为，鉴于亚马逊等公司具有网络效应，制定反垄断法时人们需要重新思考掠夺性定价这一问题。她指出，亚马逊已经持续多年亏损或赢利很少（尽管最近的利润越来越高），她认为他们这样做是为了将价格设定在成本以下，从而把竞争对手挤出市场。丽娜·汗认为，当占据主导地位的平台正在实施掠夺性定价的行为时，法律条文也应随之改变。

　　为了说明她的想法，丽娜·汗举了一个亚马逊与纸尿裤网所有者奎迪斯（Quidsi）竞争的例子，国会听证会上也讨论过这个例子。亚马逊想收购奎迪斯，而后者发展迅速，对被收购不感兴趣。于是亚马逊开始以低于成本的价格为其销售的纸尿裤定价，并利用其庞大的客户群设立了一个订阅计划来对抗奎迪斯，还采取了一些其他措施挤压奎迪斯。奎迪斯最终妥协了，在2010年同意被亚马逊收购，收购价格可能低于它原本能获得的价格。这听起来像是艾达·塔贝尔讲述的有关标准石油公司历史中的那个故事。但是有一个很大的区别使我们很难评估奎迪斯的例子：约翰·D.洛克菲勒收购了美国90%的炼油产能，消除了所有重大竞争。亚马逊是否能消除甚至大幅减少纸尿裤市场的竞争？亚马逊的行为可能应受谴责，甚至可能是非法的，但除非它导致非法垄断，否则其行为不可能被认定为掠夺性定价。即使竞争对手可能受到伤害，但更需要关注的是竞争是否受到伤害。

　　纸尿裤零售市场，无论是线上还是线下都保持着激烈的竞争。事实上，在2017年，亚马逊和沃尔玛就包括纸尿裤在内的包装消费品展开了全面的价格战。只有22%的纸尿裤是通过电子商务销售的，因此大部分竞争都来自实体店。一般而言，关于定价行为的大量证据表明，线下和线上零售商之间的"激战"加剧了竞争。但即使谈及的是严格意义上的线上销售，在纸尿裤销售领域也存在激烈的竞争。例如，我在网上查询了一包帮宝适纸尿裤的价格。亚马逊的报价为48.00美元。但在亚马逊网站上，还有14个卖家在出售同款商品，其中一家报价47.99美元，并且免费送货。此外，还有来自其他网站的激烈竞争，主要是因为谷歌在搜索方面与亚马逊竞争——大约一半的产品搜索都是从谷歌开始的。通过谷歌搜索，我发现了许多其他卖家。沃尔玛网站上的价格与亚马逊相当，但Wish①的报价为46.21美元。考虑到多边平台的运作模式，我们不能假定掠夺性定价会消除竞争，尤其是当平台本身对第三方竞争对手开放时。[7]

丽娜·汗的文章还提出了有关法院如何看待垂直整合的问题，她认为双边平台的市场力量使亚马逊等公司在相关市场上具有影响力。例如，地方自力更生研究所（Institute For Local Self Reliance）认为，由于亚马逊用网店卖家缴纳的费用交叉补贴其运输业务，它可能将主导包裹运输市场。[8]因此，该研究所呼吁阻止亚马逊垂直整合包裹运输领域，这与伊丽莎白·沃伦和特朗普要求拆分亚马逊的呼声相呼应。但事实上，亚马逊的包裹运输只占美国快递和快运市场的一小部分，而该市场由美国联合包裹服务公司（UPS）和联邦快递（FedEx）主导。[9]换句话说，亚马逊的交叉补贴大大增加了高度集中市场的竞争。亚马逊也没有强迫其网店卖家使用其运输服务；在下一章中，我们将了解亚马逊实际上是如何鼓励其卖家使用

---

① Wish是一家北美的移动电商平台，是一家位于硅谷的高科技独角兽公司。——编者注

亚马逊的其他服务的。

同样，亚马逊也因在其网站上推出自有品牌与其他卖家竞争而受到批评，但在这方面，亚马逊的行为实际上可能会促进市场竞争。与其他卖家竞争似乎会引发利益冲突，但无论对错，零售商长期以来一直都在利用自有品牌商品与其他品牌竞争，而且通常在很大程度上如此。[10]在亚马逊网站，最大的自有品牌类别是高产出的商品。电池是第一大类产品，在这里，亚马逊再次将竞争和降价引入一个高度集中的市场，这个市场的前两家公司控制着75%的市场份额。[11]

可以肯定的是，自有品牌商品和交叉补贴运输都为亚马逊提供了打压市场竞争的机会，比如限制市场卖家使用亚马逊的运输服务，或将竞争对手置于网站上的不利位置。同样，双边市场的运作机制可能会招致限制贸易的掠夺性行为。关于大型科技公司不良行为的投诉已在国会听证会上公布，这些公司确实需要被调查。确实有必要就打压市场竞争的行为对多边平台进行审查，但由于经济环境复杂，这些审查可能会很困难。但这里的重点是，即使在高度集中的市场中，开放的双边市场也可以创造新的竞争。因此，原则上，认定低于成本的定价是非法掠夺，阻止多边平台在垂直市场上运营，或者在其已经开始运营的情况下将其拆分，都是错误的想法。

创新的阻力

　　此外，认为多边平台的威力比实际更强大的想法，夸大了这些公司在相关市场上利用其权力的显性能力。尽管亚马逊在某些细分市场（如图书销售）中占据主导地位，但批评者称亚马逊在一般电子商务领域亦处于垄断地位的说法是错误的。经过仔细计算，我们发现亚马逊在美国电子商务市场的份额约为35%，在美国零售市场的份额为6%，远远低于沃尔玛，后者现在也是一个强劲的电子商务领域的竞争者。此外，这里的35%是指整个亚马逊网站所占的市场份额，但其网站的大部分销售都是由其他卖家完成的。这意味着该网站的市场份额并不稳定，亚马逊的大多数网店卖家也在其他网站上销售产品，他们的业务可以迅速转移。[12]此外，还有一些替代网站，如沃尔玛网站和Shopify一站式电商平台，也正迅速发展。亚马逊市场权力的流动性可以从最近疫情发生时其市场份额的快速变化中看出。由于亚马逊难以满足客户的巨大需求，据估计，它在美国电子商务领域的市场份额从2020年1月的42%降至4月的34%。虽然这并不意味着亚马逊的主导地位将长期下降，但它确实证明了亚马逊的市场实力与标准石油公司掌握90%的炼油产能这种市场实力截然不同，亚马逊的市场实力更具条件性。

　　这些例子说明了多边平台与反垄断的结合是如何导致复杂的局面产生的。同时，多边平台很可能会增加反竞争手段滥用的现象。假设我们坚持公司规模庞大本身并不违法的原则，那么我们能做些什么呢？

一种做法是为联邦贸易委员会和司法部反垄断司提供更多的资金。更复杂的分析需要更多的专家分析师。大型科技公司需要更严格的反垄断审查，也需要资源来进行这种审查。也许对法官的培训也会有所帮助。一些人呼吁成立专门机构或法庭来处理数字平台反垄断问题。这可能是一个好主意，但也带来了一种风险，即在这样的机构中可能容易出现监管俘获现象。它可能会依赖行业专家，并与行业思维保持一致。事实上，当国会设立专门的法庭审理专利上诉案件时，情况似乎就是这样；该法庭倾向于以牺牲其他创新者的利益为代价来扩大专利权。

但关注大型科技公司数字平台的真正问题在于：它分散了人们对更严重问题的注意力，而这些问题实际上可以通过开放平台得到解决。大型科技公司根本不是美国经济的重要组成部分。亚马逊、苹果、脸书和谷歌在美国国内的销售总额还不到美国总产值的2%。然而，我们看到大公司在一个又一个行业中越来越占主导地位，对创新、生产力和社会平等产生了极大的负面影响。拆分几家大型科技公司并不能解决这个问题，我们甚至不清楚这样做能达到什么效果。纸尿裤的线上市场并不那么重要，线上平台推出自有品牌商品与其他卖家竞争也是如此。虽然加强对并购的反垄断执法肯定是必要的，但这本身也不太可能解决"巨星级"经济带来的更大问题。

此外，问题不在于数字平台本身。数字和非数字平台都是产

创新的阻力

生经济价值的强大工具。除非数字平台公司为消费者带来了巨大的利益并创造了就业机会（其中许多是高薪工作），否则它们不会发展得如此强大。诚然，开放式数字平台给反垄断执法带来了特殊挑战。这就要求对竞争机构进行更严格的审查，并提供更多的资源。但掠夺性定价和交叉补贴带来的这些挑战并不新鲜，对于报纸等行业的反垄断执法手段同样适用于电子平台。数字平台带来的真正挑战是，目前人们对数字平台和相关知识的访问受到限制，知识扩散是有限的。如果有了更多的准入机会，竞争将更加激烈，创新型初创公司就不会面临如此强大的阻力，人才战就会减少，技能差距就会缩小，政府监管机构或许就能做好自己的工作。问题不在于数字平台本身的技术，而在于"巨星级"企业使用技术以及提供技术访问权限的方式。

这意味着开放平台优于封闭平台。反垄断政策不必要地惩罚成功的开放式平台是一个错误；我们想要更多的"亚马逊"，而不是更少。在下一章中，我们将探讨政策是如何促进平台开放的。

第九章

下一次分拆

创新的阻力

大公司使用软件支持的系统来更好地满足不同的个性化需求。他们提供了更多选择、更多产品功能和更多定制的服务。这些能力使这些公司更具主导地位和实力。然而，重要的是要认识到，尽管这些公司取得了巨大的进步，但他们满足所有不同的消费者需求的能力还远远不够。一家典型的沃尔玛商店有12万件商品。这远远超过了它的大多数实体竞争对手，确立了它在零售业的主导地位。然而，这个数字远远小于电子商务网站的商品数量。沃尔玛自己的电子商务网站提供了3500万件商品。技术和知识的扩散变得非常重要，因为尽管软件带来了新的力量，但"巨星级"企业仍然无法管理所有可能的产品，他们既不可能提供所有的创新理念，也无法整合所有的产品功能。因此还需要其他公司来雇用劳动者作为补充。一旦当其他公司被禁止获得关键技术知识，社会将出现更大的不平等，生产率增长将放缓，创新潜力将被扼杀。如何找到促进技术广泛扩散的方法是政策制定者面临的挑战。

重要的是，一些领先的公司选择分拆其技术系统，即让技术系统的一部分可以通过接口被外界访问，从而共享或授权其软件代码、数据、专有技术或硬件的一部分，以便其他公司可以使用或访问其关键技术。事实证明，分拆可以有力地改变产业，加速技术扩散，改善"巨星级"经济对生产率和社会平等产生的一些负面影响。

IBM的开放

现代打包软件产业始于1969年6月23日——IBM分拆（将软件和硬件分开销售）的那一天。此前，IBM曾将其软件和硬件一起出售。软件没有单独的价格；客户购买的是一台计算机和相关的软件，包括IBM工程师以后将编写的定制软件。当IBM的软件至少在表面上是免费的时候，独立软件公司发现很难与之竞争。这种做法也使得其他计算机制造商难以与IBM竞争。

最初，商用计算机的软件是由硬件制造商、客户或与客户签约的人定制编写的。到20世纪60年代末，已有数千家定制软件工程服务公司。其中一些公司发现了向多个客户交付特定软件的机会。

在20世纪60年代末，"软件包"一词出现了，它包含可以在客户机器上运行的软件目标代码以及文档，通常还配有安装和培训服务。[1]1967年软件包清单首次发布，其中包括大约100个程序。

但这是一个运营困难且市场极度分散的行业，为某一特定类型硬件编写软件的市场往往非常有限。虽然软件公司以相对较低的成本复制他们为一个客户编写的代码，但运行软件的硬件设备并不是高度标准化的。每个硬件制造商和每个型号通常都有自己的操作系统。此外，由于当时的计算机功率不足，软件通常需要根据每个特

创新的阻力

定型号的具体特征来编写，以优化其性能。

当IBM在1964年推出360系列计算机时，情况发生了变化。IBM在这个系列的所有型号中引入了软件兼容性；为最小的机型编写的软件也可以在最大的机型上运行，以及体量在两者之间的每个机型上运行。客户可以确信，如果他们需要升级到另一个不同的机型，IBM为一个型号编写的软件仍然可以使用。此外，为一种机型编写的软件包可以在另一种机型上运行，从而增加了可用的软件库。在一定程度上，因为这些优势，360系列计算机为IBM带来了巨大的成功，至少占据了三分之二的市场份额。这为计算机应用软件创造了一个强大的市场，但由于IBM的捆绑销售政策，独立软件公司很难利用这个机会。

捆绑销售政策也使其他计算机制造商更难参与竞争；他们无法提供类似的软件，也缺乏IBM所拥有的定制工程资源。1967年，在控制数据公司（Control Data Corporation）的带领下，这些公司开始向美国司法部施压，以上述理由对IBM提起反垄断诉讼。与此同时，IBM数据处理部门的高管们开始探索分拆是否能成为公司的赢利战略。他们进行了两项研究，但结果模棱两可，他们无法说服其部门或IBM高层管理人员去相信这种努力是值得的。

一年后，分拆重新摆上了台面，曾在美国司法部负责反垄断诉讼的IBM法律顾问伯克·马歇尔（Burke Marshall），告诉时任IBM首席执行官的小托马斯·沃森（Thomas Watson Jr.），捆绑销售是典型的搭售行为，显然违反了反垄断法。为了避免政府提起反垄断诉讼，IBM在1968年12月决定分拆，并于次年6月正式解除了捆绑销售，但不是在1969年1月司法部提起反垄断诉讼之前。在分拆公告中，IBM为17个应用软件制定了固定的租赁价格，并开始对系统工程、定制编码和培训等服务进行收费。IBM还将硬件价格降低了3%，以减轻对以前免费的软件和服务进行收费给客户带来的经济负担。

但客户最初的反应是负面的。许多客户认为硬件降价力度不够，此举形成了"愤怒的客户群体"。虽然最初有一股进入打包软件市场的热潮，但1969年到1971年的经济衰退导致许多资本不足的公司倒闭。然而，打包软件行业开始增长，起初增长很缓慢，最终却远远超出了计算机行业大多数人的预期。这一增长得益于小型计算机的并行增长，10年后，又得益于个人计算机的增长。从1970年到1980年，美国国内软件行业的收入增长了近6倍；从1980年到1988年，又增长了10倍。

事实证明，分拆解决了一个基本的信息获取问题。当然，在计算机价格快速下跌的推动下，计算机行业的总体增长扩大了市场。但即使有了更便宜的计算机硬件，软件市场的发展也遭遇到了瓶颈。IBM的客户希望使用计算机来解决各种各样的问题，这其中的许多问题只与少数其他公司共享。这些都是与本地信息有关的问题，因此，一般的软件包通常无法有效地解决这些问题。IBM并没有解决这些问题；事实上，IBM在其分拆公告中只提供了17个软件包。

分拆从根本上改变了应用软件的经济属性。首先，这意味着IBM软件和工程服务会遭遇市场竞争。客户可以在IBM的定制编程或独立软件开发商的软件包之间进行选择。但由于独立软件开发商可以将销售成本分摊到许多客户身上，因此前者可以提供更低的价格，而那些买不起定制软件的客户也可以买得起打包软件，从而进一步扩大了市场。当然，IBM也确实推出了更多自己的软件包，但竞争迫使IBM降低了整个行业的软件包价格。

此外，随着越来越多的人关注一个特定的问题，新的创新解决方案更有可能被找到，其所提供的功能超出了定制编程所能预期的程度。尽管打包软件可能无法像定制编程那样满足客户的所有特定需求，但在许多情况下，提供商可以通过定制来增强软件包的功能。此外，随着时间的推移，软件包可能会添加越来越多的功能，以满足广泛的特定需求。就像第一章中描述的软件功能大战一样，它动态推动了软件包功能的增加，以满足越来越多个人客户的特定需求。虽然这并没有将定制编程挤出市场，但意味着打包软件可以满足更广泛的市场需求。

随着时间的推移，分拆也成了IBM的福音。它减少了公司在软件市场上的隐性份额，但通过降低成本和增加可用软件包的种类，极大地扩大了软件市场和计算机硬件市场。更多种类的软件应用催生了更多配套硬件的销售，IBM仍然保持其作为软件和工程服务的主导供应商的地位，尽管竞争大幅度增加。"蛋糕"份额的减少被"蛋糕"规模的增长所抵消。

专有软件不断巩固大公司的主导地位；它减缓了新技术的扩散，降低了生产率增长；它限制了劳动者获得与新技术相关的技能的机会，导致了经济不平等的加剧；它还扩大了大公司相对于消费者和政府监管机构的权力。从广义上讲，IBM从软件专有模式向分开销售硬件和软件的模式转变，促进了技术知识的扩散。一大批创新者不断改进软件并扩大市场，这就提出了一个问题，即当今的行业龙头能否效仿IBM，进行分拆，促进竞争和生产率增长。也许分拆有助于解决由专有软件系统引起的一些问题。

以往的分拆

政府政策在这里起到了关键的作用。IBM在1969年的分拆似乎在很大程度上是对反垄断诉讼，尤其是政府诉讼的回应，尽管这一观点存在争议。在美国反垄断案中，有偿担任IBM首席专家证人的经济学家富兰克林·费舍尔（Franklin Fisher）辩称，由于许多独立的软件公司都在进行定制编程，IBM会自行分拆："IBM早期的捆绑销售是对消费者需求的回应，以保证计算机能正常运行并解决用户遇到的问题。在计算机被认为是陌生、可怕的'巨兽'的时代，这一点非常可取。从1968年开始，当一个不需要捆绑销售的用户群体出现时，捆绑销售逐渐减少。"

这种说法有一定的道理，但也存在一个错误。我们从伯顿·格拉德（Burton Grad）和瓦特·汉弗莱（Watt Humphrey）等IBM高管的回忆中得知，1968年，IBM内部主张分拆的人并不能提出令人信服的商业案例。而IBM客户群体的愤怒反应也不足以推动这一举措的实施。此外，我们知道，大约在同一时间，IBM的高层管理人员得出结论，他们无法成功地在（要求其分拆的）反垄断诉讼中为自己辩护。如果没有反垄断诉讼这把利剑悬在IBM头上，我们很难断定IBM会进行分拆。

然而，费舍尔说得对，"当出现了一个不需要捆绑销售的用户群体时，捆绑销售就会减少"。IBM的捆绑销售策略推迟了这个群体的发展，尤其是在打包软件方面。从长远来看，一旦IBM更好地了解到通过扩大软件市场可以扩大公司增长的机会，就很有可能在没有政府的推动下取消捆绑销售策略。

这种情况并不罕见。事实上，有一种典型的模式：主要的新技术开始时都以专有技术的形式出现，一旦市场扩张的机会明确，企业就会进行分拆。早期的自动织造技术就是这样的情况。最初只有少数公司拥有这项技术；必要的技能只有通过在这几家公司中实际工作才能学到的，而且组件没有标准化，从而减缓了技术的扩散。因为这些知识是专业的，没有广泛普及，纺织厂制造了自己的机器。但是，随着市场的增长，技术和培训变得标准化，分拆提供了一个更大的市场的可能性，尽管最开始的几家公司所占有的市场份额会有所下降。当这种情况发生时，领先的纺织公司将进行分拆；他们将原来制造纺织机器的车间分拆为独立的纺织设备制造商。

尽管1968年分拆的商业案例模棱两可，但最终IBM可能意识到了这个机会，并在没有政府的推动下进行了分拆。然而，在1968年，很少有人意识到这种市场扩张的潜在规模。正如IBM高管伯顿·格拉德（Burton Grad）所说："当然，在1970年，计算机行业或金融界很少有人能预见到未来30年内打包软件或专业编程服务的业务会出现如此大规模的增长。"美国司法部起到的作用似乎是加速这一进程。正如经济历史学家史蒂文·乌塞尔曼（Steven Usselman）所总结的那样，这件事问题"在于速度，而不是方向"。然而，这种速度的变化是很重要的。很难想象，如果再晚10年才进行分拆，软件行业和美国在软件行业中的影响力会是什么样子。

分拆的艺术

如今，一些领先的公司已经开始分拆。他们正在开发新的组织类型，并以如下这样的方式进行竞争：获得大型软件系统带来的好处的同时，又不影响技术的获取和扩散。这些努力有力地证明了分拆业务这种前进道路是可行的。然而，究竟是否走这条路以及走得有多快将在很大程度上取决于政府政策，而不幸的是，目前的政策一直在朝着错误的方向发展，部分原因是行业龙头的不当政治影响。

我们先来看看一些先驱者。

亚马逊是最擅长分拆业务的公司之一。1995年，亚马逊开始在网上销售图书。它以迅雷不及掩耳之势增长，到2002年收入超过30亿美元，然后进入了一个收入持续增长期（每年增长25%~30%）。亚马逊创始人杰夫·贝索斯最初并不打算创建一种新的组织形式：亚马逊或多或少是偶然创建这种组织形式的。但该公司相继对一条又一条业务线进行分拆，完善了这一分拆过程。

每当一个潜在客户打开亚马逊网站，一系列复杂的互动就开始了。如果客户选择了一个特定的商品，浏览器就会向亚马逊的一个数据中心发送消息，在数据库中查找该产品的信息，并将其在浏览器上显示。如果客户购买了某件商品，网站就会发送消息来处理付款并启动发货流程。这一切在小范围内听起来很简单，但对于一个处理3.5亿件商品、每分钟销售额近30万美元的公司来说，这是一个重大挑战。

交易量可能会变化很大，在主要销售日达到峰值，数据系统需要有所调整。如果网站速度变慢，客户就会去其他的地方。如果系统不堪重负，交易可能会失败或被错误记录。此外，作为一个全球性的卖家，亚马逊需要分布在全球各地的数据中心在很短的时间内响应客户需求。这些数据中心需要进行协调，随着需求的变化，将处理负载从一端迅速转移到另一端。此外，为了防止组件出现故障时的系统中断，需要开发人员在系统中内置冗余处理机制。随着系统的规模每两年或三年翻一番，这些复杂的系统将有效地定期重建。

在亚马逊与塔吉特（Target）公司、美国电路城（Circuit City）公司、玩具反斗城（Toys "R" Us）公司和其他零售商签署协议，使用亚马逊电子商务引擎支持他们的线上商店运营后，这一挑战变得更加巨大。为此，亚马逊开发人员构建了一个平台和一个应用程序接口，以便这些商家的开发人员可以访问亚马逊的电子商务基础设施。应用程序接口在应用程序和基础设施之间提供了一个接口，提供存储和检索网页等功能。但高管们很快意识到，这种方法也有助于应对来自内部发展的挑战。

创新的阻力

不同团队中的开发人员都在加倍努力，为各自不同的项目构建数据库，增强系统的数据存储、计算和其他基本功能。当开发团队开始使用带有正式应用程序接口的标准化组件时，他们可以更快地构建和修改应用程序。同时，管理基础设施的团队能够简化和改进应用程序。综合起来，这意味着亚马逊可以高效轻松地扩展和调整其信息技术。

2003年，在杰夫·贝索斯家开会的高管们得出结论，这些能力是公司的关键竞争优势。竞争对手的电子商务公司无法与亚马逊的专有信息技术相匹敌。然而，在同一次会议上，他们开始思考，这些能力在公司之外也有重要的用途。他们设想，这种基础设施可以成为一种互联网操作系统，任何人都可以用它来构建应用程序。用主持这项工作的安迪·贾西（Andy Jassy）的话说，"我们意识到，我们可以为互联网操作系统贡献所有这些关键组件，因此我们开始追求更大的使命，那就是今天的亚马逊网络服务，它真正允许任何组织、公司或开发人员在我们的技术基础设施平台上运行他们的技术应用程序"。

2006年3月，亚马逊正式将亚马逊网络服务分拆为一项公用事业。这意味着亚马逊将放弃相对于电子商务竞争对手的专有优势，但从另一方面来看，也意味着亚马逊能够向一个巨大的新市场提供新的服务。像网飞和多宝箱（Dropbox）这样的大客户以及其他许多大大小小的客户，在2019年创造了350亿美元的营业额。据亚马逊报道，有数十万家中小型企业使用亚马逊网络服务。

正如IBM在分拆其业务时创建了一个新的打包软件行业一样，亚马逊的分拆也促进了一个全新的云计算行业的诞生。微软、谷歌和其他提供云计算服务的公司也加入了这一行业，这些服务甚至允许小型初创公司访问一流的计算机处理、数据存储、机器学习和其他信息技术基础设施。构建前沿大数据应用软件所需的基础设施技术现在已经广泛扩散，并且用户可以轻松且廉价地访问。

这种分拆的做法有助于扭转专有软件系统产生的一些负面影响。使用云计算的初创公司更有可能存活下来，他们成长得更快，而且生产率更高。经济学家王进和克里斯蒂娜·麦克赫兰利用详细的美国人口普查数据证明，云计算为年轻的制造公司提供了巨大的优势。

尽管信息技术基础设施是亚马逊的核心竞争力，但它并不是亚马逊的核心业务，线上零售才是。而且亚马逊还对其关键的电子商务技术系统进行了分拆。在思考这一决定的意义时，回顾一下沃尔玛竞争优势的例子是很有帮助的。沃尔玛围绕它独特的物流和库存管理技术建立了一个组织。有了这个技术，沃尔玛商店可以处理更多种类的产品，他们可以保持热销商品的库存；并且由于将商品送到商店的成本较低，他们可以降低售价。事实证明，这是一个强大的专有优势。西尔斯百货公司和凯马特等大型竞争对手无法与之竞争；许多小型零售商也不能。沃尔玛挤垮了全美各地城镇的一大片小商店。

同样，亚马逊也开发了一流的物流能力，尽管亚马逊的目标是直接向消费者而不是向商店交付商品。但与沃尔玛不同的是，亚马逊已经将其系统的组成部分进行了分拆。这样一来，即使是小型卖家和生产商也可以获得其先进的物流服务。与之竞争的物流公司也可以接触到亚马逊的卖家。

亚马逊最初并不打算以这种方式开放系统。它或多或少是在一系列的步骤中误打误撞实现了这种业态部署。该公司开始销售书籍，但很快将业务领域扩展到电子产品、软件、电子游戏、服装、家具、食品、玩具和珠宝。最初，它依靠第三方完成（仓储、拣选、包装和运输）在其网站上收到的订单。1997年，当亚马逊开始用两个仓库（一个在西雅图，一个在特拉华州的纽卡斯尔）处理自己的配送业务时，它并不具备先进的物流能力（一直在为获得这些能力而努力）。虽然物流的一般原则是众所周知的，但很少有公司拥有像沃尔玛这样深厚的技术知识来构建一个系统。事实上，亚马逊雇用了一个由沃尔玛信息技术员工和顾问组成的团队，其中包括沃尔玛信息系统副总裁理查德·达泽尔（Richard Dalzell）。沃尔玛起诉亚马逊盗用商业秘密，以阻止后者雇用其前员工，但该诉讼在1999年得到和解。[2]

随着时间的推移，这个团队大大减少了亚马逊订单的交付时间。这对亚马逊的发展至关重要。我采访了一位软件工程师（同时也是运筹学专家），他早期在亚马逊从事交付系统方面的工作。他告诉我，"每当我们把运输速度从五天降到三天再降到两天，消费者就会买得更多"。更短的送货时间意味着更多的顾客更喜欢在网上购物，而不是在实体零售店购物。

提高交货速度的关键是能够预测每种可销售商品的需求。如果有人在匹兹堡订购了一个芭比约恩（Babybjörn）婴儿车，如果匹兹堡仓库有库存，就可以迅速送达。然而，在仓库中存放大量商品的成本很高，所以零售商按照预期需求的比例向仓库配送商品。平均交付速度取决于零售商对需求的估计程度，而这又取决于他们所拥有的预测性分析软件的质量，而预测分析软件的质量又取决于软件工程师的知识和他们所拥有的数据量。简而言之，当高质量的软件工程师能够获得大量的数据时，他们可以缩短交付时间。

亚马逊发现，通过向独立卖家开放网站，它可以获得更多数据。这一发现或多或少是偶然的。20世纪90年代末，易贝（eBay）主导了电子商务。在易贝网站上，独立卖家提供商品，既可以在拍

创新的阻力

卖会上出售，也可以按照固定价格出售。杰夫·贝索斯认为在这个领域展开竞争很重要。亚马逊从经营拍卖网站起家，但两次失败后，亚马逊最终推出了亚马逊市场（Amazon Marketplace）。该市场分拆了亚马逊的销售网站，使小卖家更容易从事电子商务。

以下是杰夫·贝索斯2014年致股东信中的叙述："亚马逊市场在早期创立阶段能站住脚很不容易。我们先是推出了亚马逊拍卖（Amazon Auctions）网站。如果算上我的父母和兄弟姐妹，我想最早只有七个人登录这个网站。亚马逊拍卖转变为zShops[①]，这基本上是一个亚马逊拍卖的翻版，但是以固定价格拍卖商品。同样，没有客户。但后来我们把zShops变成了亚马逊市场……我们的想法是利用我们最有价值的产品（产品详细信息页面），让第三方卖家与我们自己的零售经理竞争。这对客户来说更方便，一年之内，亚马逊市场就占到了5%的市场份额。"

最初，亚马逊市场上的卖家自己完成交易；他们没有从亚马逊改善的物流能力中获益。这种情况在2006年9月发生了变化，亚马逊对其物流配送业务进行了分拆。参加亚马逊物流配送计划（Fulfillment by Amazon）的独立卖家将他们的商品储存在亚马逊的仓库里，由亚马逊进行挑选、包装和运输，并收取一定费用。如

---

① zShops是一个独立网络商城系统，也是亚马逊的品牌。——编者注

果他们符合库存要求，他们的货物可以在一到两天内运送给亚马逊的Prime会员[1]。Prime会员是亚马逊的热门项目，为支付年费的客户提供免费送货服务（一到两天送到）。现在，小型独立卖家可以拥有与沃尔玛相媲美甚至能超越沃尔玛的物流能力。该计划也向不在亚马逊网站上销售产品的公司开放。超过45万家中小型公司使用亚马逊提供的服务。

这项技术得到广泛扩散，极大范围提升了生产力效益。如今，市场上有数以百万计的卖家。2018年，亚马逊超过58%的电商销售额来自第三方卖家，而非亚马逊本身。亚马逊从这项业务中赚取费用，并收集数据，来改进亚马逊的预测分析能力。

然而，亚马逊物流配送计划并没有扩散构建或改进先进物流系统所需的技术知识。虽然独立商家或独立的物流公司可以雇用物流方面的软件工程师和运筹学专家，但他们通常无法获得大型电子商务网站的海量数据。更糟糕的是，亚马逊上那些没有选择订阅亚马逊物流配送计划的卖家，与那些可以为Prime会员免费送货的卖家相比，处于不利地位。这种劣势在2015年消失了，当时亚马逊推出了亚马逊认证优质卖家计划（Seller Fulfilled Prime）。现在，亚马

---

[1]　Prime会员是亚马逊推出的一种订阅服务，让亚马逊的会员用户可以享受亚马逊平台的各种优惠。——编者注

逊市场上的独立卖家如果物流能力达到一定的标准，就有资格将产品配送给Prime会员。数十家独立公司已经具备了能够满足亚马逊要求的高标准物流能力，它们正在努力实现当天交货的目标。

但是，当亚马逊拥有海量数据时，这些公司如何能与亚马逊的物流竞争呢？我问过一位前亚马逊员工，他目前在一家独立的物流公司工作。他解释说，他们有不同的数据。虽然亚马逊拥有所有不同制造商在亚马逊市场上销售的所有婴儿车的数据，但这些制造商中的大多数也在其他网站上销售，包括塔吉特公司、沃尔玛、易贝、Shopify和它们自己的网站。然而，自己的物流部门可以看到所有这些网站上的数据，尤其是关于芭比约恩产品的数据。换句话说，在预测当地消费者对这些特定产品的需求方面，芭比约恩的物流部门可能拥有比亚马逊更全面的数据，能够进行更好的预测，可以更快地交货。

亚马逊认证优质卖家计划将亚马逊市场与亚马逊的配送业务相分离，允许独立的配送公司开发和改进亚马逊平台的物流能力。这项技术本身正在扩散。因此，亚马逊已经为其双边市场的双方松绑。它开放了自己的销售网站，使独立卖家可以作为平等的参与者参与其中，无论他们是否使用了亚马逊的物流服务。它还通过亚马逊认证优质卖家计划，让任何卖家都可以使用亚马逊的高级服务。其结果是一个庞大的、充满活力的卖家社区得以成长，以及新一代物流和商品交付服务供应商不断涌现。

　　亚马逊网络服务的分拆和其他不同的电子商务业务的分拆有一些重要的区别。亚马逊网络服务最初是一个单边平台，而亚马逊市场创造了一个双边平台。[3]然而，这两个平台都要进行类似的权衡。亚马逊最初使用的是一个专有的内部平台，它具有强大的能力，提供了竞争优势。它拥有卓越的信息技术基础设施，并且有一个卓越的网站（由其基础设施提供动力），使它能够成为一家高效的电子商务公司。亚马逊通过亚马逊网络服务开放其信息技术基础设施，通过亚马逊市场开放其销售网站，允许一些竞争对手利用其专有优势，这削弱了亚马逊的竞争优势。但在这种情况下，分拆也扩大了市场，增加了亚马逊的补充服务的增长，以抵消这些损失。

　　有了双边的平台，市场扩张的规模将特别大，因为此时出现了经济学家所说的网络效应和杰夫·贝索斯所说的亚马逊飞轮："这种混合（市场）模式的成功加速了亚马逊飞轮的发展。顾客最初是被我们品类快速增长的优质产品所吸引，这些产品售价优惠，客户体验好。通过允许第三方同时提供产品，我们对客户变得更有吸引力，更多的卖家纷至沓来。这也增加了我们的规模经济，我们通过降价和免除符合（某些）条件的订单的运费来传递这种经济。"

　　拓展市场非常重要，这也是亚马逊愿意在平等的基础上向独立物流公司开放其巨大的市场，帮他们改进其市场预测算法的原因。据一位亚马逊前技术人员说："亚马逊从亚马逊认证优质卖家计划中得到的好处是，更多的商家可以更快地发货，并且更多的货物能准时送达。因此，我们是他们很好的合作伙伴，因为我们让成千上万的小商户能够在亚马逊上为Prime会员提供服务。他们也有物流业务，有人可能认为这就像我们在与他们竞争一样。但我们不这么认为，因为我们都相信竞争都发生在线下。"

虽然分拆意味着独立的物流公司可以从亚马逊的业务中分一杯羹，但更重要的是，它意味着更多的商家可以更快地交货，带来更多的客户。

市场空缺

亚马逊的电子商务社区和云客户群的扩张一直是可以带来巨大利润的。它还使亚马逊在电子商务和云计算市场占据主导地位。但这种主导地位并没有带来像大型专有软件系统那样可能会引发的一些不利影响。对于市场卖家、独立物流公司和使用亚马逊网络服务的初创公司来说，竞争和初创公司的增长都在增加。这并不意味着亚马逊的市场主导地位不再是一个问题。该公司仍然可以利用其市场力量来压制竞争对手；反垄断机构仍需保持警惕。但亚马逊强大的平台本身并不具有反竞争性。相反，由于这些平台已经开放，它们为增加行业活力提供了强有力的手段。

　　IBM和亚马逊并不是唯一分拆其业务的公司。微软也通过开发Azure[1]这一开放的云平台有效地分拆了其服务器业务，这可能会蚕食其现有的服务器业务。苹果对苹果手机的相关业务进行了分拆，以便独立开发者可以编写应用程序，从而极大地推动了智能手机市场的发展。财捷集团（Intuit）也向第三方开发者开放了QuickBooks[2]会计平台。Travelocity[3]是美国航空公司用于机票预订的萨布尔（Sabre）系统的衍生品，该系统已被分拆。

　　商业顾问和商学院教授看到公司越来越多地将其产品和服务转换为开放平台，他们认为这是许多公司可以采取的一个关键战略举措。管理学教授安德烈·哈吉乌（Andrei Hagiu）和伊丽莎白·奥特曼（Elizabeth Altman）写道："将产品转化为平台可能会增强公司的竞争优势，并通过网络效应和更高的转换成本提高行业进入壁垒。我们并不是建议每家公司都应该效仿爱彼迎[4]（Airbnb）、脸书或优步。但是，许多公司会因在他们的产品中增加平台业务的元素而受益。"你可以想象一下其他类型的分拆：沃尔玛可以考虑向

---

[1]　Azure中文译名为"蔚蓝"。　　编者注
[2]　QuickBooks中文译名为"快捷账簿"。——编者注
[3]　Travelocity中文译名为"空中城市"。——编者注
[4]　爱彼迎是一个美国短租平台。——编者注

创新的阻力

小型商店提供物流和库存管理的服务；大型银行可以开放其信用卡业务，为其他银行提供服务。

并非所有的行业和公司都能接受这种分拆。例如，尽管汽车和飞机制造商使用大型的内部平台来设计它们的产品，但如今这些公司似乎不可能通过向独立的装配商提供设计服务等方式来进行分拆。这种方法似乎很实行，因为这些产品的制造，涉及与在开发新模式中发挥核心作用的零部件供应商的密切协调。一个平台并不能提供相同的协作关系。然而，也许分拆对其他制成品也有用，尤其是在3D打印开辟了新的可能性的情况下。此外，即使在汽车行业，电动汽车也可能为开放平台提供一些机会，因为它们是更简单的产品。

开放平台可能会改变经济。在专有软件系统减缓了新技术扩散的情况下，分拆业务可能会加速扩散，带来新的行业活力和创新，扭转专有软件系统对生产率增长、收入平等和区域平等产生的负面影响。开放平台的发展为扭转过去20年来经济中的负面趋势带来了希望。

然而，同样清楚的是，即使在需要开放平台的行业，拥有大型专有系统的行业龙头也并不总是对分拆业务有兴趣，而政府监管机构也几乎没有采取任何措施来鼓励它们进行分拆。银行业就是这样一个行业。拥有详细客户交易数据的银行可以针对不同的潜在客户开发定制化产品，他们可以有效地针对客户进行营销。事实证明，客户数据是少数几家大型银行在信用卡和其他市场中的关键优势。该行业的一种分拆形式是开放银行业务，允许客户或其指定的代理人通过标准化的应用程序接口访问自己的数据。开放银行业不仅有望增加竞争，推广预测性分析技术在信贷方面的应用，还能促成全新的金融服务。所谓的金融科技初创公司为信贷、财务管理、咨询和其他金融服务的创新提供了前景。例如，金融技术公司Mint[①]（现在的财捷Mint）提供给消费者一个地方所有金融资产和负债的概况，并根据该概况提供建议。这些都是单个金融机构自己无法提供的服务。

但提供这些产品的前提是金融科技公司能够访问不同金融机构持有的消费者数据。由于金融机构一直拒绝让客户获得自己交易的数据，金融科技公司不得不找到一种方法来解决缺乏数据的问题。他们从网络抓取开始。在客户同意的情况下，他们会进入客户的每个账户，并从浏览器上显示的内容中收集数据。各大银行在2015年首次尝试阻止网络抓取的行为，但民众的强烈反对促使它们退缩，转而为特定的金融科技公司提供应用程序接口，为其提供有限的客

[①] Mint是一家致力于为人们提供更好的在线理财服务的创业公司。2009年，该公司被从事财务软件业务的财捷集团收购，更名为财捷Mint。——编者注

创新的阻力

户数据。

然而，其结果并不理想。第一，这些举措不一定能让金融科技公司接触到客户的所有数据。第二，其中一些应用程序接口只授予某些金融科技公司。第三，没有标准的开放式应用程序接口，尽管一些行业团体正在尝试开发。这意味着金融科技公司必须进行各种各样的、昂贵的投资，才能与不同的金融机构对接。

美国政府拒绝强制金融机构向第三方提供客户数据的访问权限，尽管监管机构有权这样做。2010年通过的《多德-弗兰克华尔街改革和消费者保护法》（*Dodd-Frank Wall Street Reform and Consumer Protection Act*）催生了美国消费者金融保护局，并赋予其权力，迫使金融机构向消费者或其代表提供数据，发布标准化的数据格式。然而，美国消费者金融保护局却选择了向金融机构推广自愿性准则。直到2020年7月，也就是《多德-弗兰克法案》通过的10年后，美国消费者金融保护局才最终宣布计划发布关于消费者授权第三方获取财务记录的拟议规则，这是实际实施该法律的一个早期步骤。[4]在一些欧洲和亚洲国家，监管机构发挥了更积极的作用。值得注意的是，2018年1月，欧盟实施了一项指令，要求金融机构依据非歧视原则提供应用程序接口。

鼓励开放平台

与欧洲的比较表明，当涉及业务分拆时，监管机构可以发挥关键作用。1969年IBM进行分拆时即是如此。今天，占主导地位的公司在大型专有软件系统方面投入的增长，给经济和社会带来了（负面）影响。然而，如果正确的政策得以实施，这种状况不一定是永久性的。

不幸的是，监管机构在这项工作上常常失败。在金融业领域，特定行业的监管会影响大公司的主导地位及其对开放平台的抵制程度。但在许多行业中也存在更广泛的政策偏见，尤其是在知识产权（IP）监管的适当作用方面。知识产权至上主义者认为，知识产权所有者应该被赋予对其技术使用的各个方面的控制权。这被认为是确保社会能在最大限度上激励创新的方式。然而，IBM和亚马逊的例子表明，精心设计的分拆可以让技术创造者获得充足的利润激励，同时让其他用户受益并进一步改进技术。创新还面临着信息分散的挑战：知识产权所有者并不知道技术的所有有益用途。事实上，IBM的例子表明，私营公司可能很难预测分拆带来的利润。力求规避风险的公司会选择从持续的所有权控制中获得更稳定的利润，而不是从分拆中寻求存在不确定因素但可能更大的利润。在传统市场上，这一挑战可以通过技术许可来克服。但在"巨星级"经济市场，技术被用来区分公司产品之间的优劣，知识产权所有者没

创新的阻力

有足够的动力来许可知识产权的使用或以其他方式进行分拆。这就是为什么需要政策来推动分拆。

一些政策可能会加速分拆，就像50年前反垄断机构加速IBM分拆的决定一样。然而，近年来，政策的变化方向是错误的，转而鼓励公司保留其软件的专有权。下面是一些可以扭转这一趋势的几种政策手段。

强制开放。长期以来，反垄断机构和法院一直将技术专利的强制许可或转让作为反竞争行为的补救措施；可以将技术专利的强制许可或转让作为并购或收购的条件；或在公众迫切需要的情况下，例如在所需疫苗供应不足的情况下，强制一些制药公司开放其专利使用权。其目的是通过允许这些技术的扩散来对抗行业龙头的市场力量。虽然这些措施在20世纪五六十年代经常被使用，但近年来使用频率已经降低。然而，同样的方法也可以应用于专有软件系统，让公司对其代码和相关知识产权的使用权进行授权（可能需要获得开源许可）。此外，行政命令和专利授权同意法令可以将关键数据置于公共领域。在其他情况下，法院或反垄断监管机构可以通过法令分拆和创建一个开放的应用程序接口。

开源标准。政策制定者需要通过制定规则来维护行业团体或个别公司制定的开源标准。在最近的一系列法律案件中，私有公司已经能够大幅度提高使用开源标准的成本，而这些开源标准的创建，原本是为了降低专利授权费与获取专利使用权的门槛。法律规则需要确保开源标准的公开性，使想要获取专利授权的公司免于遭受拖延授权和被榨取高昂授权费等不公平待遇。

劳动者的流动性。就劳动者在工作中学习与新技术相关的新知识和技能而言，当他们换一个新雇主时，技术就会扩散。但近几十年来，劳动者的流动性——劳动者换工作、改变职业或搬到另一个地方的频率——大幅下降。在某种程度上，这种下降可归因于新的法律的颁布和非竞争协议的使用，即劳务合同中有关阻止劳动者在竞争对手公司工作的规定。政府需要制定政策来提高劳动者的流动性。

要想了解政策如何阻碍这些领域的开放平台的发展，以及为什么会发生这种情况，我们不妨回顾一下关于美国知识产权保护的历史。

拥有想法

美国宪法规定了知识产权的作用："通过确保作者和发明者在有限时间内对其各自的著作和发现享有专有权，促进科学和实用技术的进步。"这需要在为作者和发明人提供激励和限制权利期限之间进行权衡，以便最大限度地传播新技术和改进新技术。知识产权政策涉及个人激励和技术扩散之间的权衡。

创新的阻力

然而，在历史的长河中，知识产权政策越来越倾向于提供个人激励，并将越来越多的知识产权的所有权从个人发明者那里转移到了公司。现在，当大公司正在减缓技术的扩散时，个人激励和技术扩散之间此消彼长的关系似乎明显地失去了平衡。使二者的关系恢复平衡是鼓励这些公司开放其平台的关键。

我们可以在专利法、版权法和商业秘密法中看到这种转变。在19世纪初的美国，个人拥有自己发明的专利权，甚至是他们在工作中的发明。雇主必须通过谈判才能使用这些发明，以获得所谓的商业权利。随着时间的推移，法院改变了法律，使雇主有权在默认情况下使用这些发明。到了20世纪初，法院不仅赋予雇主发明的使用权，还赋予雇主所有权。

正如我们在第三章中所看到的，这种变化对企业研发实验室的创建非常重要。如今，法院甚至走得更远，允许劳务合同中存在下列条款：雇主对雇员在属于自己的时间，在与工作无关的领域所做出的发明拥有使用权或所有权。请看埃文·布朗（Evan Brown）的案例，他是阿尔卡特（Alcatel）公司的一名软件开发人员。他在度假时提出了一个与工作无关的创意。当布朗拒绝与他的雇主分享他的创意时，雇主解雇了他并将他告上法庭。在法庭上败诉后，他被要求在三个月内无偿和他的前雇主分享这个创意。虽然这是一个极端的、非典型的案例，但它表明了在过去的两个世纪里，法律政策在很大程度上有利于雇主。然而，当雇员的权利受到限制时，他们在转换工作岗位或创造衍生产品时，就不太可能在扩散新技术方面发挥作用。

专利法的范围也在以限制软件传播的方式发展。1972年，在IBM分拆360系列计算机后不久，美国联邦最高法院对软件的专利申请进行了严格限制。在接下来的20年里，软件的发展受到了连续创新的推动，新软件在早期软件的基础上有所改进，从而扩大了软件的质量和市场的规模。然后，从1995年开始，美国联邦巡回上诉法院发布了为鼓励软件创新（包括相当抽象的概念）以及为商业方法申请专利的裁决。

不幸的是，为有形的发明申请专利与为抽象概念申请专利有一个根本性的区别：通常很难确定软件专利的产权界限。当财产界限界定不当时，各方更有可能提起诉讼。软件能够申请专利后，专利诉讼的激增，其中大部分来自"专利流氓"，他们购买或开发专利，并不是为了引进新技术，而是通过诉讼威胁来勒索费用。人们发现，这种诉讼减少了新技术的扩散，也减少了小公司投资研发的动力。更为普遍的是，软件和相关领域的专利已被发现会减少连续创新。专利经济学家阿尔贝托·加拉索（Alberto Galasso）和马克·沙克曼（Mark Schankerman）通过一项巧妙的研究设计，研究了当法院宣布专利无效时的情况，他们发现在软件相关领域，专利减少了后续的技术引用，尤其是在小公司内。较低的引用率意味着在最初的发明基础上对技术进行发展的公司越来越少。

版权的范围也在扩大，版权的期限也大大延长。1790年最初的《美国版权法》（*U.S.Copyright Act*）只涉及地图、图表和书籍，这与宪法规定的促进科学和"实用艺术"发展的目标相一致。当时的版权保护期为14年，可延长一次。此后的立法陆续扩大了这一期限，直到今天，大多数作品的版权保护期为作者的一生加上70年。版权涵盖的范围更多，包括音乐、艺术品、现场表演、DVD、广播和电视节目；从1976年开始，又增加了软件。法律学者杰西卡·利特曼（Jessica Litman）描述了这一过程："大约100年前，美国国会养成了修订版权法的习惯，鼓励受版权影响的行业代表相互讨论需要做出哪些改变，然后向国会提交适当的立法文本。" 重要的是，由于行业代表未能代表普通公众的利益，法律往往会导致一些荒谬的问题出现。这就是我们现在所处的一个状态：如果你想访问自己汽车中的软件代码，以检测制造商是否在排放或汽油里程测试中作弊，那么你的行为是非法的。

商业秘密的范围也在扩大，这更有利于公司而对员工不利。最初，商业秘密法保护的是界定明确的秘密，这些秘密已被确认并标记为机密。只有实际盗用秘密信息的做法才能被称为侵权行为；仅仅是持有信息不足以构成侵权行为。这一点很重要，因为商业秘密法的制定者并不希望阻止其他各方独立获取秘密中包含的知识。但是，美国的商业秘密法已经通过被大多数州采用的《统一商业秘密法》（*Uniform Trade Secrets Act*），以及2016年通过的联邦级《保护商业秘密法》（*Defend Trade Secrets Act*）进行了扩展，以此来抑制员工流动性。机密的范围扩大到专有技术，而不仅仅是有商业秘密标记的文件。此外，许多州的法院将该法律解释为，只要接触过商业秘密的员工去其他雇主那里工作，就能被认定为侵犯商业秘密（哪怕他们从未盗用商业秘密）。这些州的法院假定该员工会不可避免地泄露商业秘密。这样一来，员工就无法在竞争对手的公司工作，有时甚至无法在关系较远的行业里工作。实证研究发现，这些法律不仅削弱了员工流动性，还削弱了创新。

越来越多的雇主要求雇员签署协议，来控制他们离开公司后的工作行为，禁止他们在同一行业工作，禁止他们带走客户或同事。最近，有一篇关于行业增长的实证文献评估了这些政策的影响。最近一位评论家得出结论，"关于员工离职后行为的限制性协议可能导致经济活力下降"。一位研究人员研究了夏威夷在2015年禁止签订竞业禁止协议后发生的情况，研究发现员工的流动性增加了11%，新员工的工资增加了4%。另一项关于佛罗里达州一项政策改革的研究发现，这项政策改革使执行竞业禁止协议变得更加容易，其效果是减少了新公司进入市场的机会。

创新的阻力

由于当代社会所谓的技术逐渐转变为对软件和其他无形资产的使用，公司越来越寻求对员工掌握的知识和创意行使所有权。虽然新技术提供了发展的动力，但游说和竞选捐款似乎也为改变法律做出了贡献。劳伦斯·莱西格（Lawrence Lessig）在2011年撰文指出，自1995年以来，（美国）国会已经颁布了32项单立的法规，以完善和加强版权保护。与此同时，扩大版权范围的倡导者在游说和竞选捐款上花费了13亿美元，而反对者只花费了100万美元。不管金钱是否影响了人们的观点，法院、监管机构和立法者在这些问题上似乎都倾向于采纳大公司的观点。也就是说，政策制定者对大公司似乎存在着文化或意识上的认同，倾向于关注最受影响的公司的利益前景和隐忧。

政策制定者和法院倾向于将知识产权所有者的权利置于更广泛的社会需求之上。二者原本可能通过相关政策使公司为了社会利益而开放其平台，但上述倾向已让知识产权所有者过度受益。当仅有行业代表被邀请参加版权立法谈判时，社会更广泛的需求就被忽视了。当主要专利法院的法官整天与专利权人沟通时，他们似乎忽视了后续创新者的需求。因此，政策倾向于保护知识产权所有者的权利，而不是满足技术扩散的社会需求。

在过去20年中，技术扩散的速度已经放缓，这导致生产率增长放缓、不平等问题加剧以及一系列相关问题。虽然这种变化并不完全是政策转变导致的结果，但现在的关键是制定相关政策以促进更广泛的技术扩散，使公司开展业务分拆。然而，法院和监管机构支持权利所有者的心态，似乎进一步削弱了每项可能鼓励开放平台发展的政策的执行力。

　　首先，近年来，法院下令对专利进行强制许可的频率大大降低。法院似乎已经接受了削弱专利权人的权利将会减少创新的论点。例如，美国制药公司认为，巴西、印度和泰国对艾滋病药物的强制许可降低了制药商开发新药的动力。但有证据表明，在一些重大案例中，强制许可实际上通过增加技术扩散起到了促进创新的作用。美国政府对贝尔电话公司提起的反垄断诉讼最终促成了一项专利授权同意令的颁布，该法令要求贝尔电话公司在不收取专利费的情况下许可其所有专利，包括贝尔公司在晶体管方面的专利。这一行动加速了半导体工业的发展。一项经济研究发现，这种强制许可促进了电信以外领域的创新。经济历史学家佩特拉·莫斯（Petra Moser）与合著者一起探讨了第一次世界大战期间美国允许其国民免费使用敌方拥有的专利的情况。他们发现，这一行动不仅促进了美国的创新，而且在战后，它促进了其专利被许可使用的德国公司的创新。显然，这些技术的扩散推动了长期的创新。我们没有理由认为那些用来鼓励公司开放其专有平台的政策会对创新有负面影响，但这种观点似乎受到了抵制。

创新的阻力

其次，当大型的独立社区使用一个共同的标准来获取和改进技术时，开放平台可以很好地运作。使用开源标准的平台通常能取得成功，因为它们以低成本接口的承诺来吸引独立用户。然而，科技公司有时会违背其提供低成本接口的承诺（无论是明示还是暗示的承诺）。这个问题出现在制定开源标准的组织中，这些组织由来自不同公司的工程师组成，他们共同制定用于协调有关互联网、Wi-Fi（无线网）和手机等许多通信设施的活动的通用标准。有时，参与的公司拥有涵盖新兴技术标准的专利。为了加入开源标准制定机构，这些公司保证不会收取太多的专利许可费，也就是说，他们将提供公平、价格合理和非歧视性的技术授权。然而，一旦有大量的用户投资采用新兴技术标准，所有的公司往往都会行使它们的专利权，并试图从这些用户那里获取资金。经济学家塞萨尔·里吉（Cesare Righi）和蒂莫西·西姆科（Timothy Simcoe）发现，公司倾向于在开源标准制定机构发布新标准的要素后申请专利，而这些公司在开源标准发布后对使用这些标准的用户提起诉讼的可能性会很大。不幸的是，在最近的几项判决中，在最近美国联贸易委员会（FTC）诉美国高通公司（Qualcomm）案和甲骨文诉谷歌案的两项判决中，法院站在了知识产权所有者一边，而不是广大用户的一边，法院主张创新激励优先于技术扩散的需要。幸运的是，美国联邦最高法院最近推翻了甲骨文诉谷歌案中下级法院的判决。

最后，公司对离职员工采取的法律行动往往包括有关商业机密的诉讼和有关离职协议的诉讼。自2000年以来，美国涉及商业秘密或竞业禁止协议的诉讼几乎翻了两番，相关的年度判决从1162起增加到4187起。越来越多的公司采取行动来限制员工的流动，法院也经常支持这些做法，包括制定新的条例，法院对雇主投资利益的关注高于对技术扩散和员工基本自由的关注。

"巨星级"经济的有害影响不会无限期地持续下去，但要想恢复创新激励和技术扩散之间的平衡，只能尽快推出补救措施。普遍说来，反垄断、知识产权和就业政策的改进，可以在很大程度上推动公司的业务分拆，促进技术扩散。

结语

新信息经济

创新的阻力

自从弗里茨·马赫卢普（Fritz Machlup）撰写有关知识经济的文章以来，已经过去了近60年。在他的著作以及后来学者的著作中，如彼得·德鲁克（Peter Drucker）和丹尼尔·贝尔（Daniel Bell）的著作，谈论向信息社会或后工业社会过渡的内容变得司空见惯。马赫卢普关注的是知识和信息的生产与传播在经济中日益重要的作用。其他人则更广泛地将这些新发展与服务业和专业部门的相对崛起联系在一起。然而，尽管这些学者一直在关注信息工作者，但他们无法预测到信息技术将给社会带来的令人不安的影响。

信息社会的最初愿景基于一个乐观的设想，它与专业人士、管理人员和其他受教育阶层起到的作用日益增长相关联。在信息社会中，决策将由开明的个人在数据分析和专业知识的支持下做出，而不是由煽动民众的政客或"强盗大亨"做出。这也是一个高度精英化的社会，出身卑微的个人可以努力工作、接受教育，并成为有影响力的决策者。20世纪90年代出现的以廉价计算机和软件为基础的新经济理念，助长了这种乐观情绪。现在，凭借这项技术，有才华、勤奋的个人可以组建自己的企业，并成长为挑战和颠覆现有行业的人。

对信息经济的乐观看法主要基于一个自由政策框架，该框架高度认可个人持有的信息价值。哈耶克认为，构建理性经济秩序的挑战在于经济活动所需知识的分散。此后，经济学家开始将信息视为经济运行方式的核心。个体知道自己的价值和可用资源；他们知道自己行动的质量和可供选择的行动。中央计划经济无法实现有效的经济管理，因为中央计划者缺乏这种分散的信息。但私营企业可以对个体需求做出反应，并通过市场价格传达经济估值。这种观点背后的内在假设是，私营企业将利用私有信息来实现利润最大化，通过这样做，他们会实现产出最大化，从而促进社会目标的实现。人们认为，私人利益或多或少与公共利益相契合。如果企业利润增长造成了社会不平等，可以用税收或补贴来重新分配财富。

这种关于私有信息的逻辑也延伸到知识本身的创造和传播。人们认为私人拥有创造发明或创作艺术品所需的知识。产权为发明者提供了最有力的激励，让他们创造出有利于社会的新技术。随着新技术的知识在经济上变得越来越重要，它被产权化，所有权从个体创造者的手中转移到企业手上。专利的范围扩展到软件、抽象概念和基因信息；版权的范围被扩展到各种新媒体上；而且，各种各样的专利延期允许专利所有者在更长的期限内和更多的情况下维护这些权利。与此同时，通常授予员工发明者的权利被转让给了雇主，这带来了就业变化，贸易保密法允许公司限制获得了宝贵技术技能或专有技术的员工的流动性。

创新的阻力

毫无疑问，这一政策体系是成功的。然而，它之所以成功，只是因为新知识在社会上广泛而迅速地传播。创新、任人唯贤的奖励机制和专家判断的应用都取决于信息的获取，当信息的获取受到限制时，正如我在这里所说的那样，我们会看到生产率增长放缓、不平等加剧和监管不力。新一代的大型软件系统催生了"巨星级"经济，这暴露了信息社会中的两个重要矛盾：①大型企业也面临着处理分散信息的挑战；②大企业的目标不一定与社会目标一致，尤其是当企业专注于将自己与竞争对手区分开来时。这两点都对技术扩散速度的急剧下降产生了影响。

当然，不仅仅是中央计划者，大企业也运用中央式的计划。特别是随着19世纪后半叶表现出强大规模经济效应的技术被引入，大型商业企业应运而生，它们在不同程度上执行着中央式计划。在许多情况下，这些企业将产品和服务标准化，以减少信息负担，降低发现消费者需求的成本或向消费者传达产品质量信息的成本，并降低满足这些不同需求的成本。像A&P这样的零售商，它对其商店销售的商品标准化；从纺织品到钢铁的大型制造商，都对商品进行了标准化。虽然大规模生产并不一定意味着消费者只有唯一的选择，但它确实意味着商品种类会高度受限。标准化降低了信息成本，提高了生产效率，但这也意味着本地的、分散的信息往往被忽视。

如今，新的技术和组织形式使领先的企业能够更好地满足不同的消费者需求，从而使它们在市场上占据更主导的地位。但这些运营系统并不能解决分散的知识所带来的所有问题。重要的是，它们无法解决分散的知识给创新带来的挑战。对于创新来说，对技术的集中控制尤其是一个问题，因为没有一家大公司能垄断所有创意。当不同的个人或公司能够开发出不同的专利并将其授权，或基于这些专利建立具有颠覆性的公司时，创新的效果最好。但这一过程在很大程度上取决于技术知识的积极扩散。然而，当大企业变得更具主导地位时，它们可能会选择限制技术的扩散，减缓创新和生产率增长。

其原因是，当企业通过使用专有技术将其产品与竞争对手的产品区分开来而获利时，它们的利益不一定与社会利益相一致。它们可以利用自己的技术来增加自己在经济"蛋糕"中的份额，而不必增加"蛋糕"的总体规模。它们有强烈的动机不授权它们的技术，并且用其他方式阻止技术的扩散。因此，有证据表明，伴随着"巨星级"企业的崛起，技术扩散速度正在放缓，这不足为奇。

正是这种放缓造成了各行业中行业龙头的主导地位不断增强，也造成了其他令人不安的趋势。较低的技术扩散速度是造成生产性小企业增长较为迟缓的主要原因，从而降低了总生产率增长。当只有部分企业拥有最先进的系统时，仅有部分劳动者可以接触到先进技术，学习相关的技能。不同的劳动者群体之间、不同企业的员工

283

之间、不同职业之间、生活在特定大城市的人与其他人之间出现了薪酬差距。收入不平等加剧，收入水平越来越与劳动者的努力和受教育程度无关。这动摇了精英主义能者多得的神话——将收入不平等合理化，并助长了人们对精英阶层的怨恨。随着任人唯贤的理想被破坏，社会分裂加剧。而新一代"巨星级"企业的力量也没有被政府有效反制。从大众汽车公司的排放量作假丑闻到次贷危机，监管机构未能针对这些事件对社会造成的危害采取对等的惩罚措施。事实上，技术的复杂性有助于企业利用监管者、迷惑他们，或直接欺骗他们。公共利益由此受到损害。

然而，大企业之所以拥有广泛的经济实力，是因为它们充分利用技术来满足消费者的需求。这种力量可以被驯服，但并不容易。政策上的挑战在于保持消费者需求得到满足的同时重振市场竞争，增加技术的扩散，并恢复监管起到的平衡各方利益的作用。

公众和政界人士对大企业在社会中起到的作用表达了越来越多的担忧，但这些担忧的性质却是多种多样的。一些人担心大科技企业所谓的自由主义偏见；另一些人担心大科技企业的数字平台带来的特殊问题。有些人呼吁解散大型科技企业。但这些观点都没有触及现在发生的变化的本质。如果没有更好地理解现实情况，他们就会面临做出不充分、方向错误或有害的政策回应的风险。

本书中记录的问题并不只出现于少数几家大型科技企业中；在经济的每个主要领域都可以看到它们。而且，这些问题并不是平台技术本身所固有的。它们不是由技术本身产生的，而是由占主导地位的企业如何使用该技术，特别是它们对新知识的专有控制程度决定的。

整个经济体都在使用平台技术，但平台技术大部分都在企业内部使用。沃尔玛有一个非常强大的物流和库存平台，但它是一个封闭的内部平台，与亚马逊的开放平台不同。这两种平台都非常强大，因为它们带来了巨大的经济效益。它们满足了个人消费者的需求，创造了就业机会，就业机会中许多是高薪工作，并且提高了生产力。但是，在限制外界对其技术和知识的获取这个层面上，平台企业使技术扩散速度放缓。

从这个意义上讲，开放平台比封闭平台更可取。开放平台至少允许人们获得部分技术，并通过这样做来帮助行业恢复活力。开放平台给反垄断执法带来了问题，因此需要接受更严格的反垄断审查，但也有强有力的证据证明其带来的潜在好处。例如，开放的云平台极大地推动了创新型创业企业和其他企业的发展。因此，开放大企业的技术比直接拆分企业要好得多。拆分企业可能会破坏大型平台为社会带来的好处。这些技术具有强大的规模经济，因此（企业）规模大是一个前提条件，目前尚不清楚拆分企业能达到什么效果。由于大型系统的好处依然存在，其他公司很快就会补上这个缺口，成为新的市场主导者。这并不是什么新鲜事。美国电话电报公司的拆分创造了小贝尔公司（Baby Bells），由此形成了一个由大企业主导的手机行业，但该企业的活力并没有以前的强。

相比之下，鼓励或在某些情况下迫使企业将其平台、数据或软件代码的一部分提供给其他实体使用的政策，有助于保持技术所能带来的好处，同时降低技术缓慢扩散所造成的社会成本。在过去，分拆业务被证明是经济活力的一个有力来源，这种情况一直持续到今天。当贝尔实验室授权其专利时，半导体行业应运而生；当IBM将其硬件和软件分拆开来时，现代打包软件产业发展起来；云计算行业是在亚马逊分拆其信息技术基础设施时创建的；亚马逊开放其亚马逊市场后，数十万卖家应运而生。如果这种做法和其他开放专有知识、技术平台的做法能在各行业推广，就能扭转"巨星级"经济的许多不利的社会影响。

当然，分拆业务可能会降低新技术所带来的经济回报，从而降低企业投资开发技术的动机。这是一个重要的问题，但它并不太令人担忧，原因有二。首先，分拆业务可以为企业带来巨大的利润。尽管IBM的高管们并没有预料到将其软件和硬件业务进行分拆将带来的收益，但事实证明，美国政府的反垄断诉讼威胁对IBM自身业务的优化组合非常有利。其次，在过去几十年中，相关政策是以牺牲技术扩散为代价来激励个体创新的。创新政策需要在鼓励企业投资开发新产品和鼓励这些创新及相关知识的传播之间取得平衡。技术扩散放缓的证据表明，当前的政策框架失去了平衡。将鼓励技术扩散的政策，巧妙地用于激励创新的方面，有助于恢复这种平衡。

随着"巨星级"经济挑战了旧有信息经济的一些基础，我们似乎正在探索一种新型信息经济。可持续的信息经济不仅能惠及大量从事信息工作的人；它也能鼓励人们积极开发和广泛分享新知识。它能促进大规模生产和大规模数据的分享，满足了个人需求，还使人们能广泛地获得最先进的技术，以鼓励竞争和创新，创造更大的经济机会和更公平的社会，以及一个由大企业、小企业、大型平台企业和创新型小企业共同创建的新型经济秩序。为了实现这一目标，我们需要能够提升技术获取开放度的政策，即使这有时是以牺牲一些专有控制权为代价的。

▶ 注释

导论

1. 凯马特也是扫描仪的早期使用者，但它在相关的计算机技术以及将不同组件和供应商整合成一个有效的系统方面落后了。

2. 如果制造商能提供一份关于产品质量的详细且全面的保证，这可能不是一个问题。然而这通常是不可能的，签订保修合同时往往在产品质量信息方面存在着严重的问题，而且大多数有保修的产品只有有限的保修期，留下了质量隐患，令人担忧。

第一章

1. 边际成本并不是零。例如，维护成本将随着客户数量的增加而增加。

2. 经济学家还强调了"网络效应"在巩固微软市场主导地位方面所起到的作用。消费者在购买拥有最大客户群的产品时是会受益的，因为用户可能想与其他用户交换文档，或者是会有更多的学习资源。然而，其他软件可以读取微软的Excel文件，Lotus的主导地位并不是其被微软取代的最终障碍。

3. 因此，软件的作用远不止产生范围经济，即生产多种产品的效率。

4. 平均而言，在加价较高的行业中，行业龙头的颠覆率更大。这可能是因为加价反映了公司技术优势的回报率。

第二章

1. 随着旧钢的回收利用,第一阶段就被淘汰了。

2. 大容器比小容器更有效,因为它们的表面积相对于体积更小。例如,对于一个球形容器,其体积的增加与直径的立方成正比,但表面积的增加只与直径的平方成正比。由于热量从表面消散,而消散的速率与表面积成正比,因此平均下来加热容器内容物的成本随着体积的增加而下降。

3. 在20世纪70年代,当具有最低效率规模的钢厂的产能估计为600万吨时,全美产量约为1.2亿吨。而小型钢厂的出现(它们使用了一种利用再生钢的新型技术),进一步缩小了相对于市场规模的工厂规模。

4. 这是指美国的钢铁产量与净进口量之和。

5. 这并非公司对其专有信息技术系统展开投资的唯一目的,也不是他们获得的唯一好处,但它是许多此类投资的一个关键的考量因素。

第三章

1. 使用五年一次的美国经济普查的综合数据,将美国国内排名前四的企业与其他企业进行比较,可以看到类似的差距。

2. 1885年，美国每100万居民中有411项专利被授权，其中384项授予了国内发明人。

3. 为使专利的出售具有法律约束力，必须同华盛顿的专利局交存一份合同副本，用以记录专利权的转让。大量专利在发布后即被转让。许多专利被多次转让，许多权利被转移到有授权限制的地理区域。鉴于这些复杂的情况，研究人员将转让份额作为专利权交易的基本计算标准，尽管它仅代表曾经交易过的专利份额的下限。

4. 并非所有这些专利都被使用了：该企业获得某些专利是为了封锁技术，即涵盖竞争对手可能试图使用的替代设计。

5. 尽管专利交易往往不同于实际的技术转让，但专利市场也很活跃。专利可以使其他人无法在实践中使用一些专有技术，但不一定有助于实用知识的实际传播。许多专利被企业用作阻止竞争对手创新的战略工具，或者被专利贩子用来向使用某些技术的企业勒索钱财。

6. 产品差异化理论模型的一个标准结果是，这种竞争可以产生比社会最优产品更多的产品种类。

第四章

1. 根据美国人口普查数据，全职收银员数量占全美劳动力的比例从1980年的1.4%增加到2000年的1.6%和2016年的1.7%；绝对数量也有所增加。

2. 银行每个分支机构的出纳员数量减少了，银行分支机构的数量却在增加，足以抵消原有工作岗位减少所带来的损失。

3. 住宿和餐饮业是一个例外，自动化对其劳动者收入的影响不显著。

4. 在某种程度上，这是法律规定的：荷兰的失业救济金在失业后的头两个月的补偿率为75%，然后下降到70%。此外，还有一个最高限额，即对于之前工资较高的失业者的补偿率低于70%或75%的最高限额。

5. 许多自动化投资实质上是对信息技术的投资，也就是说，信息技术被用来实现自动化，主要的自动化投资与针对计算机的主要投资同时发生。为了单独研究针对计算机的投资所产生的影响，我们只研究了针对计算机的主要投资而没有研究关于自动化支出增加的事件。

6. 此外，许多新产品增加了我们的休闲时间，如自动洗衣机和洗碗机。

第五章

1. 其董事会成员比尔·詹威（Bill Janeway）的话是"可以买就买，必须建就建"。

2. 即微妙通讯声龙听写2.0应用软件（Dragon Dictation App 2.0）。

3. 或者是每个工作小时的产量。多因素生产率是产出与包括劳动力在内的某些投入组合的比率。

4. 创业公司的绝对数量也大幅上升；然而，由于紧缩数据库提供的关于新公司的数据有所滞后，我使用了该领域初创公司的市场份额来计算所有软件初创公司的数量。

5. 大型供应商的优势在于他们拥有完善的销售渠道和客户关系。然而，优路公司拥有提供这些关系的大型合作伙伴。

6. 虽然我们可以对创新进行量化计算，但很难比较不同创新的质量。一些研究人员用专利的拥量来衡量公司创新水平，但这种方法存在众所周知的问题。例如，一些行业和公司比其他行业和公司更容易为其创新申请到专利。

7. 该图是一个分格散点图，显示了在控制了行业和年份等变量后，公司固定收入（按美元计算）的平均年增长率。

8. 一家初创公司被迫退出市场后，如果它进行的创新型研究未获得专利，其他公司和其他研究人员仍然可以继续进行相同的创新型研究。例如，在与软件相关的领域，情况往往如此。对于界定领域非常明确的专利的收购可能会阻碍进一步的研究。

9. 沥青数据库的数据显示，早期投资的数量自2006年以来几乎翻了两番；CB 洞察数据库的数据显示，早期交易数量自1995年以来几乎翻了两番。平均交易规模有所增加。

第六章

1. 此处重点是广泛的收入不平等。我并不特别关注收入最高的1%

的人群与其他人群之间的不平等，也不关注财富不平等。

2. 2019年的调查涵盖了44个国家6个行业的24 419名雇主。

3. Burning Glass Technologies对在线招聘广告的海量数据进行筛选、去重和清理。为了分析企业对应聘者的技能要求，我使用从Burning Glass Technologies数据库（2010—2019年）中抽取的样本，该样本由200多万条招聘广告组成，并排除了信息技术岗位、公共部门岗位、实习和兼职岗位，以及发布职位少于100个的企业和没有发布工资待遇、经验或教育要求的企业。

4. 最常被要求掌握的前三项技能是沟通、客户服务和协作（团队合作）；最常被要求掌握的信息技术技能是SQL、Java和软件开发；最常被要求掌握的人工智能技能是机器学习和图像处理；最常被要求掌握的软技能是沟通、团队合作和问题解决。

5. 我以软件开发人员的工作岗位在企业招聘广告中的所占份额来衡量企业的信息技术密集度。为了进行逐项比较，我在回归分析中对所需技能的这些差异进行了估计，并对职业、行业、州、年份以及劳动力市场紧缺程度等变量加以控制。衡量劳动力市场紧缺程度的指标是美国"劳动力流动调查"（JOLTS）给出的全州非农部门职位空缺与州失业率之间的比率。对劳动力市场紧缺程度这一变量进行控制很重要，因为招聘广告发布的技能要求会随着商业周期的变化而变化。

6. 我在此用"分类"一词来表示宋杰等人所谓的分类效果和隔离

效果。

7. 此表不包括信息技术类工作和外包类工作。我将外包类工作定义为行政和支持服务行业的工作、一般货运行业的运输工作，以及餐饮服务行业的工作。

8. 戴维·韦尔（David Weil）在《裂变的工作场所》（*Fissured Workplace*）一书中，以卡车运输工作为例，说明计算机促进了工作的外包。继乔治·贝克（George Baker）和托马斯·哈伯德（Thomas Hubbard）之后，他认为车载计算机对卡车司机有两种截然不同的影响。由于这些计算机实时报告卡车的位置，因此减少了监控司机的成本。监控很重要，因为雇主很难观察到司机是否在努力工作、偷懒，甚至出现更糟的情况。更高的工资可以鼓励司机更加勤奋地工作（称为效率工资），但车载计算机可能会减少其工资。而且，当客户有分批装载货物的需求时，车载计算机使第三方卡车运输公司能够更有效地协调取货和交货。这使得外包更具吸引力，对于雇用高薪司机的企业来说更是如此。将这两种效应的结合在一起，我们就可以解释为什么信息技术密集型企业可能更多地外包卡车运输，同时也会给自己的司机支付更少的工资。

9. 对于软件开发人员，对应的估计值为13%。我从领英 2012至2013年的新雇员简历数据中收集了180万名工作变动者的样本。在进行回归分析时，我控制了经验、工作任期、相关推荐、人脉关系、教育背景、职业和种族等变量。

10. 我对年份、行业、工作任期、具体公司和研发强度等变量进行控制。

11. 十大都市区为纽约、洛杉矶、芝加哥、达拉斯、休斯敦、华盛顿特区、迈阿密、费城、亚特兰大和菲尼克斯。

12. 排名前十的城市为纽约、华盛顿特区、旧金山、芝加哥、洛杉矶、达拉斯-沃斯堡、西雅图-塔科马、波士顿-剑桥、亚特兰大和圣何塞。

第七章

1. 《诚信贷款法》可以追溯到20世纪初，但最初并未被视为高利贷法的替代法。

2. 例如，曼库尔·奥尔森（Mancur Olson）认为，游说往往会制造例外情况和制度漏洞，从而增加监管的复杂性。

3. 上升的部分原因可能与《多德-弗兰克法案》相关的新法规的实施有关。

4. 由于这种相对优势，大公司虽然经常抱怨监管成本高，但有时也乐于接受加强监管所带来的好处。例如，菲利普·莫里斯公司（Philip Morris Company）乐于接受美国食品和药物管理局对烟草的监管，部分原因就在于此。

第八章

1. 2016年，迈兰制药公司的首席执行官被传唤到众议院监督和政府改革委员会的听证会上。

2. 每工时的钢产量从1900年的0.0205短吨上升到1930年的0.0482短吨，增长了135%。平减后的价格下降了23%，从1987年的每长吨（合1016.04千克）338美元降至262美元。

3. 1988年至2019年美国最新的人口调查数据显示，在雇员超过1000人的公司中，平均有48.8%的女性和11.9%的黑人；而在小公司中平均有47.4%的女性和8.8%的黑人。

4. 布兰代斯并不认为大公司的形成一定是非法的，只是认为他那个时代的大公司不是通过自然增长实现其规模的。他有如下观点。

   "工业世界没有自然垄断。石油信托公司和钢铁信托公司有时被称为'自然垄断'，但它们都是最不自然的垄断公司。石油信托公司通过残酷的行为获得了对市场的控制权，这种行为不仅是对社会有害，而且在很大程度上涉及公然的违法行为。如果没有非法回扣的帮助，标准石油公司就不会获得巨大的财富和权力，从而能够通过降价和类似的行为挤垮较小的竞争对手。烟草信托公司的发展过程也有类似的特点。钢铁信托公司虽然表面上没有压制竞争的粗暴行为，但它不是通过更高的效率，而是通过以惊人的价格收购现有工厂，特别是矿石厂，并控制战略运输系统来获得对市场的控制。"就像我在第二章所说，他认为钢铁行业现在的规模远远超过了最低的有效工厂规模，因此美国钢铁公司的规模并非完全由效率决定。

5. 这是一种间接的网络效应，因为重要的是双边平台另一端的网络规模。

6. 在台式计算机方面，微软占美国市场的67%，苹果占27%；在所有计算平台上，苹果占43%，微软占33%，谷歌占20%。

7. 奎迪斯在其他方面可能会构成竞争威胁，或许作为一个电商平台，它可以扩展其他产品线。但如果可以单独考虑其影响，亚马逊既没有垄断纸尿裤市场，也没有垄断线上纸尿裤销售市场。

8. 地方自力更生研究所在报告中指出，"亚马逊利用其已有的卖家基础建立了一个占市场主导地位的物流业务。现在，它利用自己的物流系统交付了在其网站上订购的一半商品，且在其他网站上的商品物流交付市场中占有越来越大的份额。亚马逊在大型电子商务包裹市场上已经超过了美国邮政，预计到2022年它将超过美国联邦包裹服务公司和联邦快递"。但这一预测所引用的消息来源实际上仅预测亚马逊在亚马逊包裹的运输中将超过美国联合包裹服务公司和联邦快递。事实上，美国联合包裹服务公司和联邦快递的大部分业务来自其他托运商；来自亚马逊的业务所带来的收入只占美国联合包裹服务公司总收入的5%~8%，占联邦快递总收入的1.3%。

9. 美国联合包裹服务公司拥有57%的市场份额，联邦快递拥有25%

的市场份额。

10. 亚历克·斯塔普（Alec Stapp）报告称，亚马逊只有约1%的收入来自其自有品牌商品，但主要实体零售商15%~46%的收入来自其自有品牌商品。欧盟委员会开始对亚马逊采取反垄断行动，认为，"作为市场服务提供商，亚马逊可以访问第三方卖家的非公开商业数据，如产品订购量和发货量、卖家在市场上的收入、卖家报价的访问量、与运输相关的数据、卖家过去的业绩以及消费者对产品的其他要求，包括已激活的担保凭证。"

这些数据中的大部分也可以供实体零售商使用。此外，尼尔森（Nielsen）等公司还提供各类零售商的扫描数据，这是线上卖家无法获得的。很难看出亚马逊掌握的数据在这里能起到什么根本性的作用。

11. 美国最大的两个电池销售商是金霸王（Duracell）和劲量（Energizer），前者占46.4%的市场份额，后者占28.5%的市场份额。

12. 56%的卖家在易贝销售产品，47%的卖家在个人网站销售产品，35%的卖家在沃尔玛网站销售产品，23%的卖家在实体店销售产品，19%的卖家在Shopify销售产品。

第九章

1. 目标代码是可以加载到计算机上并直接运行的机器语言代码。这就是人们购买软件包时交付的内容。源代码由开发人员用来创建软件的高级编程指令组成，具有很强的可修改性，可以很容易地复制。出于这个原因，除了开放源码软件外，目标代码通常不提供给客户。

2. 该和解方案规定将一名亚马逊员工调配到新的岗位，并对其他人可以从事的项目进行限制，以保证他们在沃尔玛工作时获得的知识不会在亚马逊使用。

3. 2012年，亚马逊创建了亚马逊网络服务市场，第三方开发者可以在该市场上销售基于亚马逊网络服务平台构建的应用软件，使其成为一个双边市场。

4. 法律学者罗里·范洛（Rory van Loo）认为，这种不良反应是监管不完善的结果。应由多个机构分别监管该行业的不同方面。美国消费者金融保护局的使命是使金融稳定，而竞争政策——与数据共享最密切相关的政策领域——则由司法部负责。

▶ 参考文献

Abbring, Jaap, Gerard van den Berg, Pieter Gautier, A. G. C. van Lomwel, Jan van Ours, and Christopher Ruhm. "Displaced Workers in the United States and the Netherlands." In *Losing Work, Moving On: International Perspectives on Worker Displacement,* ed. Peter Joseph Kuhn, 105–94. Kalamazoo, Mich.: W. E. Upjohn Institute, 2002.

Abowd, John M., Francis Kramarz, and David N. Margolis. "High Wage Workers and High Wage Firms." *Econometrica* 67, no. 2 (1999): 251–333.

Acemoglu, Daron. "Technical Change, Inequality, and the Labor Market." *Journal of Economic Literature* 40, no. 1 (2002): 7–72.

Acemoglu, Daron, Claire Lelarge, and Pascual Restrepo. "Competing with Robots: Firm-Level Evidence from France." *AEA Papers and Proceedings* 110 (2020): 383–88.

Acemoglu, Daron, and Pascual Restrepo. "Robots and Jobs: Evidence from US Labor Markets." *Journal of Political Economy* 128, no. 6 (2020): 2188–244.

Aghion, Philippe, Céline Antonin, Simon Bunel, and Xavier Jaravel. "What Are the Labor and Product Market Effects of Automation? New Evidence from France." Cato Institute, Research Briefs in Economic Policy 225, 2020.

Aghion, Philippe, Nick Bloom, Richard Blundell, Rachel Griffith, and

Peter Howitt. "Competition and Innovation: An Inverted-U Relationship." *Quarterly Journal of Economics* 120, no. 2 (2005): 701–28.

Agrawal, Ajay, Iain Cockburn, and Laurina Zhang. "Deals Not Done: Sources of Failure in the Market for Ideas." *Strategic Management Journal* 36, no. 7 (2015): 976–86.

Agrawal, Ajay, Joshua Gans, and Avi Goldfarb. *The Economics of Artificial Intelligence: An Agenda.* Chicago: University of Chicago Press, 2019.

Aiyar, Shekhar, and Christian Ebeke. "Inequality of Opportunity, Inequality of Income and Economic Growth." *World Development* 136 (2020): 105115.

Agrawal, Ajay, Joshua Gans, and Avi Goldfarb. *The Economics of Artififi cial Intelligence: An Agenda.* Chicago: University of Chicago Press, 2019.

Aiyar, Shekhar, and Christian Ebeke. "Inequality of Opportunity, Inequality of Income and Economic Growth." *World Development* 136 (2020): 105115.

Akcigit, Ufuk, and Sina T. Ates. "What Happened to U.S. Business Dynamism?" National Bureau of Economic Research, Working Paper 25756, 2019.

Akerman, Anders, Ingvil Gaarder, and Magne Mogstad. "The Skill Complementarity of Broadband Internet." *Quarterly Journal of Economics* 130, no. 4 (2015): 1781–824.

Alm, James, Joyce Beebe, Michael S. Kirsch, Omri Marian, and Jay A.

Soled. "New Technologies and the Evolution of Tax Compliance." *Virginia Tax Review* 39, no. 3 (2019): 287.

Al-Ubaydli, Omar, and Patrick A. McLaughlin. "RegData: A Numerical Database on Industry-Specific Regulations for All United States Industries and Federal Regulations, 1997–2012." *Regulation and Governance* 11, no. 1 (2017): 109–23.

Amadeo, Ron. "New Android OEM Licensing Terms Leak; 'Open' Comes with a Lot of Restrictions." *Ars Technica,* February 13, 2014.

Andrews, Dan, Chiara Criscuolo, and Peter N. Gal. "The Best versus the Rest: The Global Productivity Slowdown, Divergence across Firms and the Role of Public Policy." OECD Productivity Working Papers 5, 2016.

Arntz, Melanie, Terry Gregory, and Ulrich Zierahn. "Revisiting the Risk of Automation." *Economics Letters* 159 (2017): 157–60.

Arora, Ashish. "Contracting for Tacit Knowledge: The Provision of Technical Services in Technology Licensing Contracts." *Journal of Development Economics* 50, no. 2 (1996): 233–56.

Arora, Ashish, Sharon Belenzon, Andrea Patacconi, and Jungkyu Suh. "The Changing Structure of American Innovation: Some Cautionary Remarks for Economic Growth." *Innovation Policy and the Economy* 20, no. 1 (2020): 39–93.

Arora, Ashish, Andrea Fosfuri, and Alfonso Gambardella. *Markets for Technology: The Economics of Innovation and Corporate Strategy.* Cambridge, Mass.: MIT Press, 2004.

Arora, Ashish, and Alfonso Gambardella. "The Changing Technology of

Technological Change: General and Abstract Knowledge and the Division of Innovative Labour." *Research Policy* 23, no. 5 (1994): 523–32.

———. "Ideas for Rent: An Overview of Markets for Technology." *Industrial and Corporate Change* 19, no. 3 (2010): 775–803.

———. "The Market for Technology." In *Handbook of the Economics of Innovation,* ed. Bronwyn H. Hall and Nathan Rosenberg, 1:641–78. Amsterdam: Elsevier, 2010.

Atkinson, Robert D., and Michael Lind. *Big Is Beautiful: Debunking the Myth of Small Business.* Cambridge, Mass.: MIT Press, 2018.

Autor, David, David Dorn, Lawrence F. Katz, Christina Patterson, and John Van Reenen. "The Fall of the Labor Share and the Rise of Superstar Firms." *Quarterly Journal of Economics* 135, no. 2 (2020): 645–709.

Autor, David, and Anna Salomons. "Is Automation Labor-Displacing? Productivity Growth, Employment, and the Labor Share." Brookings Papers on Economic Activity, Spring 2018.

Azar, José, Ioana Marinescu, and Marshall Steinbaum. "Labor Market Concentration." *Journal of Human Resources* (2020): 1218–9914R1.

Azar, José, Ioana Marinescu, Marshall Steinbaum, and Bledi Taska. "Concentration in US Labor Markets: Evidence from Online Vacancy Data." *Labour Economics* 66, no. 1 (2020): 101886.

Bain, Joe Staten. *Barriers to New Competition: The Character and Consequences in Manufacturing Industries.* Cambridge, Mass.: Harvard University Press, 1956.

Bajgar, Matej, Giuseppe Berlingieri, Sara Calligaris, Chiara Criscuolo, and Jonathan Timmis. "Industry Concentration in Europe and North America." OECD Productivity Working Papers 18, 2019.

Baker, George P., and Thomas N. Hubbard. "Make versus Buy in Trucking: Asset Ownership, Job Design, and Information." *American Economic Review* 93, no. 3 (2003): 551–72.

Balasubramanian, Natarajan, Jin Woo Chang, Mariko Sakakibara, Jagadeesh Sivadasan, and Evan Starr. "Locked in? The Enforceability of Covenants Not to Compete and the Careers of High-Tech Workers." *Journal of Human Resources* (2020): 1218–9931R1.

Baldwin, Carliss Young, and Kim B. Clark. *Design Rules: The Power of Modularity.* Vol. 1. Cambridge, Mass.: MIT Press, 2000.

Barkai, Simcha. "Declining Labor and Capital Shares." *Journal of Finance* 75, no. 5 (2020): 2421–63.

Barker, Jacob. "Energizer Buying Rayovac Batteries for $2 Billion." *STLtoday.com,* January 16, 2018.

Bartel, Ann, Casey Ichniowski, and Kathryn Shaw. "How Does Information Technology Affect Productivity? Plant-Level Comparisons of Product Innovation, Process Improvement, and Worker Skills." *Quarterly Journal of Economics* 122, no. 4 (2007): 1721–58.

Barton, Genie, Nicol Turner-Lee, and Paul Resnick. "Algorithmic Bias Detection and Mitigation: Best Practices and Policies to Reduce Consumer Harms." *Brookings* (blog), May 22, 2019.

Baselinemag. "How Kmart Fell Behind." *Baseline,* December 10, 2001.

Basker, Emek. "The Causes and Consequences of Wal-Mart's Growth." *Journal of Economic Perspectives* 21, no. 3 (2007): 177–98.

———. "Change at the Checkout: Tracing the Impact of a Process Innovation." *Journal of Industrial Economics* 63, no. 2 (2015): 339–70.

———. "Job Creation or Destruction? Labor Market Effects of Wal-Mart Expansion." *Review of Economics and Statistics* 87, no. 1 (2005): 174–83.

Basker, Emek, Shawn Klimek, and Pham Hoang Van. "Supersize It: The Growth of Retail Chains and the Rise of the 'Big-Box' Store." *Journal of Economics and Management Strategy* 21, no. 3 (2012): 541–82.

Basker, Emek, and Michael Noel. "The Evolving Food Chain: Competitive Effects of Wal-Mart's Entry into the Supermarket Industry." *Journal of Economics and Management Strategy* 18, no. 4 (2009): 977–1009.

Basu, Susanto. "Are Price-Cost Markups Rising in the United States? A Discussion of the Evidence." *Journal of Economic Perspectives* 33, no. 3 (2019): 3–22.

Baten, Joerg, Nicola Bianchi, and Petra Moser. "Compulsory Licensing and Innovation—Historical Evidence from German Patents after WWI." *Journal of Development Economics* 126 (2017): 231–42.

Baumol, William, John Panzar, and Robert Willig. *Contestable Markets and the Theory of Industry Structure.* New York: Harcourt Brace Jovanovich, 1982.

Beck, Russell. "New Trade Secret and Noncompete Case Growth Graph (Updated June 7, 2020)." *Fair Competition Law* (blog), June 7, 2020.

Beniger, James R. *The Control Revolution: Technological and Economic Origins of the Information Society.* Cambridge, Mass.: Harvard University Press, 1986.

Benmelech, Efraim, Nittai Bergman, and Hyunseob Kim. "Strong Employers and Weak Employees: How Does Employer Concentration Affect Wages?" National Bureau of Economic Research, Working Paper 24307, 2018.

Bennett, Victor Manuel. "Changes in Persistence of Performance over Time (February 12, 2020)." *Strategic Management Journal* (forthcoming). Available

Ben-Shahar, Omri, and Carl E. Schneider. *More Than You Wanted to Know: The Failure of Mandated Disclosure.* Princeton, N.J.: Princeton University Press, 2014.

Berry, Steven, Martin Gaynor, and Fiona Scott Morton. "Do Increasing Markups Matter? Lessons from Empirical Industrial Organization." *Journal of Economic Perspectives* 33, no. 3 (2019): 44–68.

Berry, Steven, and Joel Waldfogel. "Product Quality and Market Size." *Journal of Industrial Economics* 58, no. 1 (2010): 1–31.

Bessen, James. "AI and Jobs: The Role of Demand." In *The Economics of Artificial Intelligence: An Agenda,* ed. Ajay Agarwal, Joshua Gans, and Avi Goldfarb, 291– 307. Chicago: University of Chicago Press, 2019.

———. "Automation and Jobs: When Technology Boosts Employment." *Economic Policy* 34, no. 100 (2019): 589–626.

———. "Employers Aren't Just Whining—the 'Skills Gap' Is Real." *Harvard Business Review,* June 2014.

———. "Information Technology and Industry Concentration." *Journal of Law and Economics* 63, no. 3 (2020): 531–55.

———. *Learning by Doing: The Real Connection between Innovation, Wages, and Wealth.* New Haven: Yale University Press, 2015.

Bessen, James, and Erich Denk. "From Productivity to Firm Growth." Working paper, 2021.

Bessen, James, Erich Denk, Joowon Kim, and Cesare Righi. "Declining Industrial Disruption." Boston University School of Law, Law and Economics Research Paper 20–28, 2020.

Bessen, James, Erich Denk, and Chen Meng. "Firm Differences: Skill Sorting and Software." Working paper, 2021.

Bessen, James, Jennifer Ford, and Michael J. Meurer. "The Private and Social Costs of Patent Trolls." *Regulation* 34 (Winter 2011–12): 26–35.

Bessen, James E., Maarten Goos, Anna Salomons, and Wiljan Van den Berge. "Automatic Reaction: What Happens to Workers at Firms That Automate?"

Boston University School of Law, Law and Economics Research Paper, 2019.

———. *Automation: A Guide for Policymakers.* Washington, D.C.: Brookings Institution Press, 2020.

———. "Firm-Level Automation: Evidence from the Netherlands." *AEA*

Papers and Proceedings 110 (2020): 389–93.

Bessen, James E., Stephen Michael Impink, Lydia Reichensperger, and Robert Seamans. "The Business of AI Startups." Boston University School of Law, Law and Economics Research Paper 18–28, 2018.

———. "GDPR and the Importance of Data to AI Startups." Working paper, 2020.

Bessen, James, and Eric Maskin. "Sequential Innovation, Patents, and Imitation." *RAND Journal of Economics* 40, no. 4 (2009): 611–35.

Bessen, James, Chen Meng, and Erich Denk. "Perpetuating Inequality: What Salary History Bans Reveal about Wages." Working paper, 2020.

Bessen, James, and Michael J. Meurer. "The Direct Costs from NPE Disputes." *Cornell Law Review* 99 (2013): 387.

———. "The Patent Litigation Explosion." *Loyola University of Chicago Law Journal* 45, no. 2 (2013): 401–40.

———. *Patent Failure: How Judges, Bureaucrats, and Lawyers Put Innovators at Risk.* Princeton, N.J.: Princeton University Press, 2008.

Bessen, James, and Alessandro Nuvolari. "Diffusing New Technology without Dissipating Rents: Some Historical Case Studies of Knowledge Sharing." *Industrial and Corporate Change* 28, no. 2 (2019): 365–88.

———. "Knowledge Sharing among Inventors: Some Historical Perspectives." *Revolutionizing Innovation: Users, Communities and Open Innovation.* Cambridge, Mass.: MIT Press, 2016.

Bessen, James E., and Cesare Righi. "Information Technology and Firm

Employment." Boston Univ. School of Law, Law and Economics Research Paper 19–6 (2019).

Bezos, Jeffrey. "Amazon 2014 Letter to Shareholders." Amazon.com, 2014.

Bigelow, Pete. "West Virginia Researcher Describes How Volkswagen Got Caught." *Autoblog,* September 15, 2015.

Bils, Mark, and Peter J. Klenow. "The Acceleration of Variety Growth." *American Economic Review* 91, no. 2 (2001): 274–80.

Bloom, Nicholas, Luis Garicano, Raffaella Sadun, and John Van Reenen. "The Distinct Effects of Information Technology and Communication Technology on Firm Organization." *Management Science* 60, no. 12 (2014): 2859–85.

Bloom, Nicholas, Raffaella Sadun, and John Van Reenen. "Americans Do IT Better: US Multinationals and the Productivity Miracle." *American Economic Review* 102, no. 1 (2012): 167–201.

Boudette, Neal E. "Tesla Faults Brakes, but Not Autopilot, in Fatal Crash." *New York Times,* July 29, 2016.

Boushey, Heather. *Unbound: How Inequality Constricts Our Economy and What We Can Do about It.* Cambridge, Mass.: Harvard University Press, 2019.

Bove, Tony, and Cheryl Rhodes. "Editorial." *Desktop Publishing,* October 1985.

Boyle, Matthew. "Wal-Mart to Discount 1 Million Online Items Picked

Up in Stores." Bloomberg, April 12, 2017.

Brand, James. "Differences in Differentiation: Rising Variety and Mark-ups in Retail Food Stores." Working paper, 2021.

Brandeis, Louis D. *The Curse of Bigness: Miscellaneous Papers of Louis D. Brandeis.* New York: Viking Press, 1934.

———. "What Publicity Can Do." *Harper's Weekly,* December 20, 1913, 92.

Bresnahan, Timothy F. "Empirical Studies of Industries with Market Power." In *Handbook of Industrial Organization,* ed. R. Schmalensee and R. D. Willig, 2:1011–57. Amsterdam: Elsevier, 1989.

Bresnahan, Timothy F., Erik Brynjolfsson, and Lorin M. Hitt. "Information Technology, Workplace Organization, and the Demand for Skilled Labor: Firm-Level Evidence." *Quarterly Journal of Economics* 117, no. 1 (2002): 339–76.

Bresnahan, Timothy F., and Manuel Trajtenberg. "General Purpose Technologies 'Engines of Growth'?" *Journal of Econometrics* 65, no. 1 (1995): 83–108.

Brown, Charles, and James Medoff. "The Employer Size-Wage Effect." *Journal of Political Economy* 97, no. 5 (1989): 1027–59.

Brown, Stephen Allen. *Revolution at the Checkout Counter.* Cambridge, Mass.: Harvard University Press, 1997.

Brynjolfsson, Erik, Andrew McAfee, Michael Sorell, and Feng Zhu. "Scale without Mass: Business Process Replication and Industry Dynamics." Harvard Business School Technology and Operations Management Unit Research Paper 07-016, 2008.

Burdett, Kenneth, and Dale T. Mortensen. "Wage Differentials, Employer Size, and Unemployment." *International Economic Review* 39, no. 2 (1998): 257–73.

Calligaris, Sara, Chiara Criscuolo, and Luca Marcolin. "Mark-Ups in the Digital Era." OECD Science, Technology and Industry Working Papers, 2018.

Cappelli, Peter. *Why Good People Can't Get Jobs: The Skills Gap and What Companies Can Do about It.* Philadelphia: Wharton Digital Press, 2012.

"The Car Company in Front." *Economist,* January 27, 2005.

Card, David, Ana Rute Cardoso, Joerg Heining, and Patrick Kline. "Firms and Labor Market Inequality: Evidence and Some Theory." *Journal of Labor Economics* 36, no. S1 (2018): S13–70.

Card, David, Jörg Heining, and Patrick Kline. "Workplace Heterogeneity and the Rise of West German Wage Inequality." *Quarterly Journal of Economics* 128, no. 3 (2013): 967–1015.

Carnevale, Anthony P., Tamara Jayasundera, and Dmitri Repnikov. *Understanding Online Job Ads Data.* Georgetown University, Center on Education and the Workforce, Technical Report (April), 2014.

Carpenter, Daniel, and David A. Moss. *Preventing Regulatory Capture: Special Interest Influence and How to Limit It.* Cambridge: Cambridge University Press, 2013.

Cavallo, Alberto. "More Amazon Effects: Online Competition and Pricing Behaviors." National Bureau of Economic Research, Working Paper 25138, 2018.

CB Insights Research. "Venture Capital Funding Report Q2 2020 with PwC MoneyTree." Accessed October 9, 2020.

Chandler, Alfred, Jr. *Scale and Scope: The Dynamics of Industrial Capitalism.* Cambridge, Mass: Belknap Press of Harvard University Press, 1990.

————. *The Visible Hand.* Cambridge, Mass.: Harvard University Press, 1993.

Charette, Robert N. "This Car Runs on Code." *IEEE Spectrum* 46, no. 3 (2009): 3.

Chen, Yixin. "Cold War Competition and Food Production in China, 1957–1962." *Agricultural History* 83, no. 1 (2009): 51–78.

Chetty, Raj, John N. Friedman, Nathaniel Hendren, Maggie R. Jones, and Sonya R. Porter. "The Opportunity Atlas: Mapping the Childhood Roots of Social Mobility." National Bureau of Economic Research, Working Paper 25147, 2018.

Chiou, Lesley. 2005. "Empirical Analysis of Retail Competition: Spatial Differentiation at Wal-Mart, Amazon.com, and Their Competitors." Working paper.

Christensen, Clayton. *The Innovator's Dilemma: When New Technologies Cause Great Firms to Fail.* Boston, Mass.: Harvard Business School Press, 1997.

Christensen, Laurits R., and William H. Greene. "Economies of Scale in U.S. Electric Power Generation." *Journal of Political Economy* 84, no. 4, part 1 (1976): 655–76.

Cicilline, David N. "Investigation of Competition in Digital Markets." Subcommittee on Antitrust Commercial and Administrative Law of the Committee on the Judiciary, October 2020.

Cirera, Xavier, and Leonard Sabetti. "The Effects of Innovation on Employment in Developing Countries: Evidence from Enterprise Surveys." *Industrial and Corporate Change* 28, no. 1 (2019): 161–76.

Clark, Jack. "How Amazon Exposed Its Guts: The History of AWS's EC2." *ZDNet,* June 7, 2012.

Clarke, Russell, David Dorwin, and Rob Nash. *Is Open Source Software More Secure?* Homeland Security/Cyber Security, 2009.

"Clayton Christensen's Insights Will Outlive Him." *Economist,* January 30, 2020.

Clearfield, Chris, and András Tilcsik. *Meltdown: Why Our Systems Fail and What We Can Do about It.* London: Penguin, 2018.

Coad, Alex, and Rekha Rao. "Innovation and Firm Growth in High-Tech Sectors: A Quantile Regression Approach." *Research Policy* 37, no. 4 (2008): 633–48.

Cohen, Arianne. "Surprise! The Big Tech Antitrust Hearing Was a PR Boost for Amazon, Facebook, Google, and Apple." *Fast Company,* August 5, 2020.

Cohen, Lauren, Umit G. Gurun, and Scott Duke Kominers. "Patent Trolls: Evidence from Targeted Firms." *Management Science* 65, no. 12 (2019): 5461–86.

Cohen, Wesley M. "Fifty Years of Empirical Studies of Innovative Activity and Performance." In *Handbook of the Economics of Innovation,* ed. Bronwyn H. Hall and Nathan Rosenberg, 1:129–213. Amsterdam: Elsevier, 2010.

Cohen, Wesley M., Richard Florida, Lucien Randazzese, and John Walsh. "Industry and the Academy: Uneasy Partners in the Cause of Technological Advance." *Challenges to Research Universities* 171, no. 200 (1998): 59.

Cohen, Wesley M., and Steven Klepper. "A Reprise of Size and R & D." *Economic Journal* 106, no. 437 (1996): 925–51.

Collins, Kimberly. "Google + Amazon: Data on Market Share, Trends, Searches from Jumpshot." Search Engine Watch, August 1, 2019.

Contigiani, Andrea, David H. Hsu, and Iwan Barankay. "Trade Secrets and Innovation: Evidence from the 'Inevitable Disclosure' Doctrine." *Strategic Management Journal* 39, no. 11 (2018): 2921–42.

Contreras, Jorge L. "A Brief History of FRAND: Analyzing Current Debates in Standard Setting and Antitrust through a Historical Lens." *Antitrust Law Journal* 80, no. 1 (2015): 39–120.

Cooper, Zack, Stuart V. Craig, Martin Gaynor, and John Van Reenen. "The Price Ain't Right? Hospital Prices and Health Spending on the Privately Insured." *Quarterly Journal of Economics* 134, no. 1 (2019):

51–107.

Corporate Europe Observatory. "Dieselgate Report Slams Commission and National Governments for Maladministration."

Corrado, Carol, Jonathan Haskel, Cecilia Jona-Lasinio, and Massimiliano Iommi. "Intangible Investment in the EU and US before and since the Great Recession and Its Contribution to Productivity Growth." EIB Working Papers, 2016.

Corrado, Carol, Charles Hulten, and Daniel Sichel. "Intangible Capital and U.S. Economic Growth." *Review of Income and Wealth* 55, no. 3 (2009): 661–85.

Corredoira, Rafael A., Brent D. Goldfarb, Seojin Kim, and Anne Marie Knott. "The Impact of Intellectual Property Rights on Commercialization of University Research." 2020.

Cosgrove, Emma. "Amazon Logistics Parcel Volume Will Surpass UPS and FedEx by 2022, Morgan Stanley Says." Supply Chain Dive, December 13, 2019.

Council of Economic Advisers. "2015 Economic Report of the President." The White House.

Court, A. T. "Hedonic Price Indexes with Automotive Examples." In *The Dynamics of Automobile Demand,* 99–118. New York: General Motors, 1939.

Cowen, Tyler. *Big Business: A Love Letter to an American Anti-Hero.* New York: St. Martin's Press, 2019.

Cox, W. Michael, and Richard Alm. "The Right Stuff: America's Move to Mass Customization." Economic Review, Federal Reserve Bank of Dallas, 1998.

Coyle, Diane. *GDP: A Brief but Affectionate History.*Rev. and expanded ed. Princeton, N.J.: Princeton University Press, 2015.

Crespi, Gustavo, Chiara Criscuolo, and Jonathan Haskel. "Information Technology, Organisational Change and Productivity." CEPR Discussion Paper DP6105, 2007.

Crevier, Daniel. *AI: The Tumultuous History of the Search for Artificial Intelligence.* New York: Basic Books, 1993.

Crouzet, Nicolas, and Janice Eberly. "Intangibles, Investment, and Efficiency." *AEA Papers and Proceedings* 108 (2018): 426–31.

Cunningham, Colleen, Florian Ederer, and Song Ma. "Killer Acquisitions." *Journal of Political Economy* 129, no. 3 (2021): 649–702.

Cusumano, Michael A., and Richard W. Selby. *Microsoft Secrets: How the World's Most Powerful Software Company Creates Technology, Shapes Markets, and Manages People.* New York: Simon and Schuster, 1998.

Dafny, Leemore, Mark Duggan, and Subramaniam Ramanarayanan. "Paying a Premium on Your Premium? Consolidation in the US Health Insurance Industry." *American Economic Review* 102, no. 2 (2012): 1161 85.

Dahl, Drew, J. Fuchs, A. P. Meyer, and M. C. Neely. *Compliance Costs, Economies of Scale and Compliance Performance: Evidence from a Sur-*

vey of Community Banks. Federal Reserve Bank of St. Louis, April 2018.

Dahl, Drew, Andrew Meyer, and Michelle Neely. "Bank Size, Compliance Costs and Compliance Performance in Community Banking." In Federal Reserve Bank of St.

Dauth, Wolfgang, Sebastian Findeisen, Jens Südekum, and Nicole Wößner. "German Robots—The Impact of Industrial Robots on Workers." Institute for Employment Research, IAB-Discussion Paper 30/2017, 2017.

David, Paul A. "The Dynamo and the Computer: An Historical Perspective on the Modern Productivity Paradox." *American Economic Review* 80, no. 2 (1990): 355–61.

Decker, Ryan A., John C. Haltiwanger, Ron S. Jarmin, and Javier Miranda. "Changing Business Dynamism and Productivity: Shocks vs. Responsiveness." *American Economic Review* 110, no. 12 (2020): 3952–990.

———. "Declining Business Dynamism: Implications for Productivity." *Brookings Institution, Hutchins Center Working Paper,* 2016.

———. "Declining Business Dynamism: What We Know and the Way Forward." *American Economic Review* 106, no. 5 (2016): 203–7.

———. "Declining Dynamism, Allocative Efficiency, and the Productivity Slowdown." *American Economic Review* 107, no. 5 (2017): 322–26.

———. "Where Has All the Skewness Gone? The Decline in High-Growth (Young) Firms in the U.S." *European Economic Review* 86, no.

C (2016): 4–23.

De Loecker, Jan, Jan Eeckhout, and Gabriel Unger. "The Rise of Market Power and the Macroeconomic Implications." *Quarterly Journal of Economics* 135, no. 2 (2020): 561–644.

Deming, David J. "The Growing Importance of Social Skills in the Labor Market." *Quarterly Journal of Economics* 132, no. 4 (2017): 1593–640.

Deming, David J., and Kadeem L. Noray. "STEM Careers and the Changing Skill Requirements of Work." National Bureau of Economic Research, Working Paper 25065, 2018.

Demsetz, Harold. "Industry Structure, Market Rivalry, and Public Policy." *Journal of Law and Economics* 16, no. 1 (1973): 1–9.

Devine, Warren D., Jr. "From Shafts to Wires: Historical Perspective on Electrification." *Journal of Economic History* 43, no. 2 (1983): 347–72.

Dirks, Van Essen, & April. "History of Ownership Consolidation." March 31, 2017.

Dixon, Jay, Bryan Hong, and Lynn Wu. "The Robot Revolution: Managerial and Employment Consequences for Firms." NYU Stern School of Business, 2020.

Domini, Giacomo, Marco Grazzi, Daniele Moschella, and Tania Treibich. "Threats and Opportunities in the Digital Era: Automation Spikes and Employment Dynamics." LEM Working Paper Series, Scuola Superiore Sant'Anna, 2019.

Draper, George Otis. "The Present Development of the Northrop Loom." *Transactions of the National Association of Cotton Manufacturers* 59 (1895): 88–104.

Droesch, Blake. "Amazon's Marketplace Is Growing, but Most of Its Sellers Are Active on eBay, Too." *eMarketer,* June 25, 2019.

Dunne, Chris. "15 Amazon Statistics You Need to Know in 2020 (September 2020)." *RepricerExpress* (blog), March 27, 2019.

Dunne, Timothy, Lucia Foster, John Haltiwanger, and Kenneth R. Troske. "Wage and Productivity Dispersion in United States Manufacturing: The Role of Computer Investment." *Journal of Labor Economics* 22, no. 2 (2004): 397–429.

Eckert, Fabian, Sharat Ganapati, and Conor Walsh. "Skilled Tradable Services: The Transformation of US High-Skill Labor Markets." Federal Reserve Bank of Minneapolis, Opportunity and Inclusive Growth Institute Working Papers 25, 2019.

Editorial board. "Don't Blame the Work Force." *New York Times,* June 15, 2013. Electronic Frontier Foundation. "EFF Wins Petition to Inspect and Modify Car Software." Press release, October 27, 2015.

Ellickson, Paul B. "Does Sutton Apply to Supermarkets?" *RAND Journal of Economics* 38, no. 1 (2007): 43–59.

———. "The Evolution of the Supermarket Industry: From A&P to Walmart." In *Handbook on the Economics of Retailing and Distribution,* Emek Basker, 368–91. Cheltenham, UK: Edward Elgar, 2016.

———. "Quality Competition in Retailing: A Structural Analysis." *In-*

ternational Journal of Industrial Organization 24, no. 3 (2006): 521–40.

Elliehausen, Gregory E. "The Cost of Bank Regulation: A Review of the Evidence." *Federal Reserve Bulletin* 84 (1998): 252.

Elliehausen, Gregory E., and Robert D. Kurtz. "Scale Economies in Compliance Costs for Federal Consumer Credit Regulations." *Journal of Financial Services Research* 1, no. 2 (1988): 147–59.

European Commission. "Antitrust: Commission sends Statement of Objections to Amazon for the Use of Non-Public Independent Seller Data and Opens Second Investigation into its E-Commerce Business Practices." Press release, November 10, 2020.

Evans, Benedict. "What's Amazon's Market Share?" Benedict Evans, December 19, 2019.

Eversheds Sutherland. "A CFPB Data Access Rule Could Be a Win for Open Banking in the US." September 8, 2020

Ewens, Michael, Ramana Nanda, and Matthew Rhodes-Kropf. "Cost of Experimentation and the Evolution of Venture Capital." *Journal of Financial Economics* 128, no. 3 (2018): 422–42.

Ewing, Jack. "Researchers Who Exposed VW Gain Little Reward from Success." *New York Times,* July 24, 2016.

Faulkner, Dan. "Data Panel Presentation." Paper presented at the Technology and Declining Economic Dynamism, TPRI, Boston University Law School, September 12, 2020.

Fishback, Price V. *Government and the American Economy: A New His-*

tory. Chicago: University of Chicago Press, 2008.

Fisher, Franklin M. "The IBM and Microsoft Cases: What's the Difference?" *American Economic Review* 90, no. 2 (2000): 180–83.

Fisk, Catherine L. *Working Knowledge: Employee Innovation and the Rise of Corporate Intellectual Property,* 1800–1930. Chapel Hill: University of North Carolina Press, 2009.

Flanigan, James. "Philip Morris' Tactic: FDA Regulation," April 22, 2001.

Fleming, Anne. "The Long History of 'Truth in Lending.' " *Journal of Policy History* 30, no. 2 (2018): 236–71.

Flint, Joe. "Netflix's Reed Hastings Deems Remote Work 'a Pure Negative.' " *Wall Street Journal,* September 7, 2020.

Frank, Robert H. *The Winner-Take-All Society: Why the Few at the Top Get So Much More Than the Rest of Us.* New York: Penguin, 1996.

Friedman, Milton. *Free to Choose: A Personal Statement.* New York: Harcourt Brace Jovanovich, 1980.

Furman, Jason, Diane Coyle, Amelia Fletcher, Derek McAuley, and Philip Marsden. *Unlocking Digital Competition: Report of the Digital Competition Expert Panel.* London: HM Treasury, 2019.

Furrier, John. "The Story of AWS and Andy Jassy's Trillion Dollar Baby." *Medium,* January 30, 2015.

Gaggl, Paul, and Greg C. Wright. "A Short-Run View of What Computers Do: Evidence from a UK Tax Incentive." *American Economic Jour-*

nal: Applied Economics 9, no. 3 (2017): 262–94.

Galasso, Alberto, and Mark Schankerman. "Patents and Cumulative Innovation: Causal Evidence from the Courts." *Quarterly Journal of Economics* 130, no. 1 (2015): 317–69.

Gartner. "Gartner Says Worldwide Robotic Process Automation Software Market Grew 63% in 2018." June 24, 2019.

———. "Market Share Analysis: Robotic Process Automation, Worldwide, 2019." May 6, 2020.

Gasparini, Steven, and Joseph Cotton. *Report: United Parcel Service.* November 18, 2016.

Gates, Dominic. "Inspector General Report Details How Boeing Played Down MCAS in Original 737 MAX Certification—and FAA Missed It." *Seattle Times,* June 30, 2020.

"Geoff Hinton: On Radiology." Creative Destruction Lab, November 24, 2016.

Geuss, Megan. "A Year of Digging through Code Yields 'Smoking Gun' on VW, Fiat Diesel Cheats." *Ars Technica,* May 28, 2017.

Gilbert, Richard. "Looking for Mr. Schumpeter: Where Are We in the Competition—Innovation Debate?" In *Innovation Policy and the Economy,* ed. Adam B. Jaffe, Josh Lerner, and Scott Stern, 6:159–215. Cambridge, Mass.: MIT Press, 2006.

Gilligan, Thomas W., William J. Marshall, and Barry R. Weingast. "Regulation and the Theory of Legislative Choice: The Interstate Commerce

Act of 1887." *Journal of Law and Economics* 32, no. 1 (1989): 35–61.

Goldin, Claudia Dale, and Lawrence F. Katz. *The Race between Education and Technology.* Cambridge, Mass.: Harvard University Press, 2009.

Goodman, Allen C. "Andrew Court and the Invention of Hedonic Price Analysis." *Journal of Urban Economics* 44, no. 2 (1998): 291–98.

Gordon, Robert J. *The Rise and Fall of American Growth: The U.S. Standard of Living since the Civil War.* Princeton, N.J.: Princeton University Press, 2017.

Gort, Michael, and Steven Klepper. "Time Paths in the Diffusion of Product Innovations." *Economic Journal* 92, no. 367 (1982): 630–53.

Goulder, Lawrence H. "Markets for Pollution Allowances: What Are the (New) Lessons?" *Journal of Economic Perspectives* 27, no. 1 (2013): 87–102.

Grad, Burton. "A Personal Recollection: IBM's Unbundling of Software and Services." *IEEE Annals of the History of Computing* 24, no. 1 (2002): 64–71.

Graetz, Georg, and Guy Michaels. "Robots at Work." *Review of Economics and Statistics* 100, no. 5 (2018): 753–68.

Greene, Jay, and Abha Bhattarai. "Amazon's Virus Stumbles Have Been a Boon for Walmart and Target." *Washington Post,* July 30, 2020.

Greenstein, Shane, and Timothy F. Bresnahan. "Technical Progress and Co Invention in Computing and in the Uses of Computers." Brookings Papers on Economic Activity, 1996.

Grescoe, Taras. "The Dirty Truth About 'Clean Diesel.' " *New York Times,* January 2, 2016.

Griliches, Zvi. "Hedonic Price Indexes for Automobiles: An Econometric of Quality Change." In Price Statistics Review Committee, *The Price Statistics of the Federal Government,* 173–96. Cambridge, Mass.: National Bureau of Economic Research, 1961.

Grullon, Gustavo, Yelena Larkin, and Roni Michaely. "Are US Industries Becoming More Concentrated?" *Review of Finance* 23, no. 4 (2019): 697–743.

Gschwandtner, Adelina. "Evolution of Profit Persistence in the USA: Evidence from Three Periods." *Manchester School* 80, no. 2 (2012): 172–209.

Gutierrez, German, and Thomas Philippon. "Declining Competition and Investment in the U.S." National Bureau of Economic Research, Working Paper 23583, 2017.

Guzman, Jorge, and Scott Stern. "The State of American Entrepreneurship: New Estimates of the Quantity and Quality of Entrepreneurship for 32 US States, 1988– 2014." *American Economic Journal: Economic Policy* 12, no. 4 (2020): 212–43.

Hagiu, Andrei, and Elizabeth J. Altman. "Finding the Platform in Your Product." *Harvard Business Review* 95, no. 4 (2017): 94–100.

Hagiu, Andrei, and Julian Wright. "Multi-Sided Platforms." *International Journal of Industrial Organization* 43 (November 2015): 162–74.

Hall, Robert E. "New Evidence on the Markup of Prices over Marginal

Costs and the Role of Mega-Firms in the Us Economy." National Bureau of Economic Research, Working Paper 24574, 2018.

Haltiwanger, John, Ian Hathaway, and Javier Miranda. "Declining Business Dynamism in the U.S. High-Technology Sector." 2014.

Hamby, Chris. "How Boeing's Responsibility in a Deadly Crash 'Got Buried.'" *New York Times,* June 15, 2020.

Hardoy, Inés, and Paal Schøne. "Displacement and Household Adaptation: Insured by the Spouse or the State?" *Journal of Population Economics* 27, no. 3 (2014): 683–703.

Harvey Nash/KPMG. *CIO Survey* 2018. 2018.

Haskel, Jonathan, and Stian Westlake. *Capitalism without Capital: The Rise of the Intangible Economy.* Princeton, N.J.: Princeton University Press, 2018.

Hathaway, Ian. "Time to Exit." Ian Hathaway (blog), January 9, 2019. Hawkins, Andrew J. "We're Never Going to Get Meaningful Data on Self-Driving Car Testing." *The Verge,* June 15, 2020

Hayek, Friedrich August. "The Use of Knowledge in Society." *American Economic Review* 35, no. 4 (1945): 519–30.

———, ed. *Collectivist Economic Planning: Critical Studies on the Possibilities of Socialism by N. G. Pierson, Ludwig von Mises, Georg Halm, and Enrico Barone.* London: Routledge and Kegan Paul, 1935.

Hettinga, Wissa. "Open Source Framework for Powertrain Simulation." *eeNews Automotive,* May 18, 2019.

Hicks, John R. "Annual Survey of Economic Theory: The Theory of Monopoly." *Econometrica: Journal of the Econometric Society* 3, no. 1 (1935): 1–20.

Hilts, Philip J. "Tobacco Chiefs Say Cigarettes Aren't Addictive." *New York Times,* April 15, 1994.

Hopenhayn, Hugo, Julian Neira, and Rish Singhania. "From Population Growth to Firm Demographics: Implications for Concentration, Entrepreneurship and the Labor Share." National Bureau of Economic Research, Working Paper 25382, 2018.

Hovenkamp, Erik. "Antitrust Policy for Two-Sided Markets." 2018.

Hovenkamp, Herbert. "Platforms and the Rule of Reason: The *American Express* Case." *Columbia Business Law Review*, 2019, no. 1 (2019): 35–92.

Hsieh, Chang-Tai, and Esteban Rossi-Hansberg. "The Industrial Revolution in Services." National Bureau of Economic Research, Working Paper 25968, 2019.

Hughes, Joseph P., and Loretta J. Mester. "Who Said Large Banks Don't Experience Scale Economies? Evidence from a Risk-Return-Driven Cost Function." *Journal of Financial Intermediation* 22, no. 4 (2013): 559–85.

Humlum, Anders. "Robot Adoption and Labor Market Dynamics." Working Paper, 2019.

Humphrey, Watts S. "Software Unbundling: A Personal Perspective." *IEEE Annals of the History of Computing* 24, no. 1 (2002): 59–63.

Hurwicz, Leonid. "On Informationally Decentralized Systems." In *Decision and Organization: A Volume in Honor of J. Marschak*, ed. C. B. McGuire and Roy Radner, 297–336. Amsterdam: North-Holland, 1972.

Innovation Enterprise. "Why Small Companies Can Out Innovate Big Corporations." Accessed October 12, 2020.

Iyengar, Rishi. "Fiat Chrysler Proposes Merger with Renault to Create Carmaking Powerhouse." *CNN Business,* May 28, 2019.

Jaffe, Adam B., and Josh Lerner. *Innovation and Its Discontents: How Our Broken Patent System Is Endangering Innovation and Progress, and What to Do about It.*

Princeton, N.J.: Princeton University Press, 2004. Jia, Panle. "What Happens When Wal-Mart Comes to Town: An Empirical Analysis of the Discount Retailing Industry." *Econometrica* 76, no. 6 (2008): 1263–316.

Jin, Wang, and Kristina McElheran. "Economies before Scale: Survival and Performance of Young Plants in the Age of Cloud Computing." Rotman School of Management Working Paper 3112901, 2017.

Johnson, Luanne. "Creating the Software Industry-Recollections of Software Company Founders of the 1960s." *IEEE Annals of the History of Computing* 24, no. 1 (2002): 14–42.

Kades, Michael. "The State of U.S. Federal Antitrust Enforcement." *Equitable Growth* (blog), September 17, 2019.

Kamepalli, Sai Krishna, Raghuram G. Rajan, and Luigi Zingales. "Kill Zone." University of Chicago, Becker Friedman Institute for Economics Working Paper 2020-19.

Kang, Cecilia, Jack Nicas, and David McCabe. "Amazon, Apple, Facebook and Google Prepare for Their 'Big Tobacco Moment.' " *New York Times,* July 29, 2020.

Kang, Hyo, and Lee Fleming. "Non-Competes, Business Dynamism, and Concentration: Evidence from a Florida Case Study." *Journal of Economics and Management Strategy* 29, no. 3 (2020): 663–85.

Kaplan, Thomas, Ian Austen, and Selam Gebrekidan. "Boeing Planes Are Grounded in U.S. after Days of Pressure." *New York Times,* March 13, 2019.

Karlson, Stephen H. "Modeling Location and Production: An Application to U.S. Fully-Integrated Steel Plants." *Review of Economics and Statistics* 65, no. 1 (1983): 41–50.

Katz, Lawrence F. "Efficiency Wage Theories: A Partial Evaluation." *NBER Macroeconomics Annual* 1 (1986): 235–76.

Katz, Lawrence F., and Kevin M. Murphy. "Changes in Relative Wages, 1963–1987: Supply and Demand Factors." *Quarterly Journal of Economics* 107, no. 1 (1992): 35–78.

Keynes, John Maynard. "Economic Possibilities for Our Grandchildren." In *Essays in Persuasion,* 321–32. London: Palgrave Macmillan, 2010.

Khan, B. Zorina. *The Democratization of Invention: Patents and Copyrights in American Economic Development,* 1790–1920. New York: Cambridge University Press, 2005.

Khan, B. Zorina, and Kenneth L. Sokoloff. "The Early Development of Intellectual Property Institutions in the United States." *Journal of Eco-*

nomic Perspectives 15, no. 3 (2001): 233–46.

———. "Institutions and Democratic Invention in 19th-Century America: Evidence from 'Great Inventors,' 1790–1930." *American Economic Review* 94, no. 2 (2004): 395–401.

Khan, Lina M. "Amazon's Antitrust Paradox." *Yale Law Journal* 126, no. 3 (2016): 710–805.

King, Danny. "Fewer than 10 VW Engineers May Have Worked to Defeat Diesel Tests." *Autoblog,* October 23, 2015.

Kinsella, Bret. "Amazon Alexa Has 100k Skills but Momentum Slows Globally; Here Is the Breakdown by Country." *Voicebot.ai,* October 1, 2019.

Knee, Bill. "Dick's Supermarkets Expand in Wisconsin; Someday Dubuque?" *Telegraph-Herald* (Dubuque, Iowa), December 17, 1978.

Koch, Michael, Ilya Manuylov, and Marcel Smolka. "Robots and Firms." CESifo Working Paper, 2019.

Kocherlakota, Narayana. "Inside the FOMC." Federal Reserve Bank of Minneapolis, 2010.

Kovacic, William E., Robert C Marshall, and Michael J. Meurer. "Serial Collusion by Multi-Product Firms." *Journal of Antitrust Enforcement* 6, no. 3 (2018): 296–354.

Kremer, Michael, and Eric Maskin. "Wage Inequality and Segregation by Skill." National Bureau of Economic Research, Working Paper 5718, 1996. Krugman, Paul. "Jobs and Skills and Zombies." *New York Times,*

March 30, 2014.

————. *The Age of Diminished Expectations: U.S. Economic Policy in the 1990s.* Cambridge, Mass.: MIT Press, 1997.

Ku, David. "Microsoft Acquires Semantic Machines, Advancing the State of Conversational AI." Official Microsoft Blog, May 21, 2018.

Kwoka, John. *Mergers, Merger Control, and Remedies: A Retrospective Analysis of U.S. Policy.* Cambridge, Mass.: MIT Press, 2014.

Lachowska, Marta, Alexandre Mas, Raffaele D. Saggio, and Stephen A. Woodbury. "Do Firm Effects Drift? Evidence from Washington Administrative Data." National Bureau of Economic Research, Working Paper 26653, 2020.

Laffont, Jean-Jacques, and Jean Tirole. *A Theory of Incentives in Procurement and Regulation.* Cambridge, Mass.: MIT Press, 1993.

Lamanna, Charles. "Robotic Process Automation Now in Preview in Microsoft Power Automate." November 4, 2019.

Lamoreaux, Naomi R. "The Problem of Bigness: From Standard Oil to Google." *Journal of Economic Perspectives* 33, no. 3 (2019): 94–117.

Lamoreaux, Naomi R., and Kenneth L. Sokoloff. "Inventors, Firms, and the Market for Technology in the Late Nineteenth and Early Twentieth Centuries." In *Learning by Doing in Markets, Firms, and Countries,* ed. Maomi R. Lamoreaux, Daniel M. G. Raff, and Peter Temin, 19–60. Chicago: University of Chicago Press, 1999.

————. "Long-Term Change in the Organization of Inventive Activity."

Proceedings of the National Academy of Sciences 93, no. 23 (1996): 12686–92.

———. "Market Trade in Patents and the Rise of a Class of Specialized Inventors in the 19th-Century United States." *American Economic Review* 91, no. 2 (2001): 39–44.

Langewiesche, William. "What Really Brought Down the Boeing 737 Max?" *New York Times,* September 16, 2020.

Laris, Michael. "Messages Show Boeing Employees Knew in 2016 of Problems That Turned Deadly on the 737 Max." *Washington Post,* October 18, 2019.

Latcovich, Simon, and Howard Smith. "Pricing, Sunk Costs, and Market Structure Online: Evidence from Book Retailing." *Oxford Review of Economic Policy* 17, no. 2 (2001): 217–34.

Laws, David. "Fairchild, Fairchildren, and the Family Tree of Silicon Valley." Computer History Museum, December 20, 2016.

Lemley, Mark A., and Robin Feldman. "Patent Licensing, Technology Transfer, and Innovation." *American Economic Review* 106, no. 5 (2016): 188–92.

Lepore, Jill. "What the Gospel of Innovation Gets Wrong." *New Yorker,* June 16, 2014.

Lessig, Lawrence. *Republic, Lost: How Money Corrupts Congress—and a Plan to Stop It.* London: Hachette UK, 2011.

Levin, Sharon G., Stanford L. Levin, and John B. Meisel. "A Dynamic

Analysis of the Adoption of a New Technology: The Case of Optical Scanners." *Review of Economics and Statistics* 69, no. 1 (1987): 12–17.

Lewis, Michael. *The Big Short: Inside the Doomsday Machine.* New York: W. W. Norton, 2010.

Liebling, A. J. "The Wayward Press: Do You Belong in Journalism?" *New Yorker,* May 16, 1960.

Liebowitz, Stanley J., Stephen Margolis, and Jack Hirshleifer. *Winners, Losers and Microsoft: Competition and Antitrust in High Technology.* Oakland, Calif.: Independent Institute, 1999.

Litman, Jessica. *Digital Copyright.* Amherst, N.Y.: Prometheus Books, 2001. Liu, Ernest, Atif Mian, and Amir Sufifi . "Low Interest Rates, Market Power, and Productivity Growth." National Bureau of Economic Research, Working Paper 25505, 2019.

Llaguno, Mel. "2017 Coverity Scan Report. Open Source Software— The Road Ahead." Synopsys, undated.

Lobel, Orly. "The New Cognitive Property: Human Capital Law and the Reach of Intellectual Property." *Texas Law Review* 93 (2014): 789.

MacGillis, Alex. "The Case against Boeing." *New Yorker,* November 11, 2019.

Machlup, Fritz. *The Production and Distribution of Knowledge in the United States.* Princeton, N.J.: Princeton University Press, 1962.

MacLellan, Kylie. "Electric Dream: Britain to Ban New Petrol and Hybrid Cars from 2035." *Reuters,* February 4, 2020.

MacMillan, Douglas. "Amazon Says It Has Over 10,000 Employees Working on Alexa, Echo." *Wall Street Journal,* November 13, 2018.

Mann, Katja, and Lukas Püttmann. "Benign Effects of Automation: New Evidence from Patent Texts." 2018.

Manning, Alan. *Monopsony in Motion: Imperfect Competition in Labor Markets.* Princeton, N.J.: Princeton University Press, 2003.

ManpowerGroup. "What Workers Want 2019 Talent Shortage Study." 2020.

Marcus, Gary, and Max Little. "Advancing AI in Health Care: It's All about Trust." *STAT* (blog), October 23, 2019.

Markovits, Daniel. *The Meritocracy Trap: How America's Foundational Myth Feeds Inequality, Dismantles the Middle Class, and Devours the Elite.* New York: Penguin, 2019.

Markow, Will, Souyma Braganza, Bledi Taska, Steven M. Miller, and Debbie Hughes. *The Quant Crunch: How the Demands for Data Science Skills Is Disrupting the Job Market.* Burning Glass Technologies, 2017.

Mass, William. "Mechanical and Organizational Innovation: The Drapers and the Automatic Loom." *Business History Review* 63, no. 4 (1989): 876–929.

McAfee, R. Preston, and John McMillan. "Analyzing the Airwaves Auction." *Journal of Economic Perspectives* 10, no. 1 (1996): 159–75.

McCarty, Nolan. "The Regulation and Self-Regulation of a Complex Industry." *Journal of Politics* 79, no. 4 (2017): 1220–36.

McNamara, Gerry, Paul M. Vaaler, and Cynthia Devers. "Same as It Ever Was: The Search for Evidence of Increasing Hypercompetition." *Strategic Management Journal* 24, no. 3 (2003): 261–78.

Merced, Michael J. de la, Cade Metz, and Karen Weise. "Microsoft to Buy Nuance for $16 Billion to Focus on Health Care Tech." *New York Times,* April 12, 2021.

Meyer, David R. *Networked Machinists: High-Technology Industries in Antebellum America.* Baltimore: Johns Hopkins University Press, 2006.

Miller, Nathan H., and Matthew C. Weinberg. "Understanding the Price Effects of the MillerCoors Joint Venture." *Econometrica* 85, no. 6 (2017): 1763–91.

Miller, Ron. "How AWS Came to Be." *TechCrunch* (blog), July 2, 2016

Mises, Ludwig von. "Die Wirtschaftsrechnung im Sozialistischen Gemeinwesen." *Archiv für Sozialwissenschaft und Sozialpolitik* 47, no. 1 (1920): 86–121.

Mitchell, Stacy, Zach Freed, and Ron Knox. "Report: Amazon's Monopoly Tollbooth." Institute for Local Self-Reliance, July 28, 2020.

Modestino, Alicia Sasser, Daniel Shoag, and Joshua Ballance. "Downskilling: Changes in Employer Skill Requirements over the Business Cycle." *Labour Economics* 41 (2016): 333–47.

——— "Upskilling: Do Employers Demand Greater Skill When Workers Are Plentiful?" *Review of Economics and Statistics* 102, no. 4 (2020): 793–805.

Moore, Thad. "Volkswagen CEO Quits amid Emissions-Cheating Scandal." *Washington Post,* September 23,

Moser, Petra, and Alessandra Voena. "Compulsory Licensing: Evidence from the Trading with the Enemy Act." *American Economic Review* 102, no. 1 (2012): 396–427.

Mowery, David C., Richard R. Nelson, Bhaven N. Sampat, and Arvids A. Ziedonis. *Ivory Tower and Industrial Innovation: University-Industry Technology Transfer before and after the Bayh-Dole Act.* Stanford, Calif.: Stanford University Press, 2015.

Mueller, Dennis C. "The Persistence of Profits above the Norm." *Economica* 44, no. 176 (1977): 369–80.

Murphy, Bill. "Amazon Suddenly Became a Massive Threat to Target; Then Target Did Something Brilliant." *Inc.com,* September 7, 2019.

Myerson, Roger B. "Fundamental Theory of Institutions: A Lecture in Honor of Leo Hurwicz." *Review of Economic Design* 13, no. 1–2 (2009): 59–75.

Nash, Kim S. "Amazon, Alphabet and Walmart Were Top IT Spenders in 2018." *Wall Street Journal,* January 17, 2019.

Neiman, Brent, and Joseph Vavra. "The Rise of Niche Consumption." National Bureau of Economic Research, Working Paper 26134, 2020.

Nelson, Richard R., and Sidney G. Winter. *An Evolutionary Theory of Economic Change.* Cambridge, Mass.: Harvard University Press, 1982.

Newton, Casey. "This Is How Much Americans Trust Facebook, Google,

Apple, and Other Big Tech Companies." *The Verge,* March 2, 2020.

Norman, George. "Economies of Scale in the Cement Industry." *Journal of Industrial Economics* 27, no. 4 (1979): 317–37.

Nuance. "Nuance Dragon Dictation App 2.0 Now Live in iTunes App Store." Press release, July 23, 2010. OECD. *Rethinking Antitrust Tools for Multi-Sided Platforms.* Paris: OECD, 2018.

Olmstead, Alan L., and Paul W. Rhode. "The Origins of Economic Regulation in the United States: The Interstate Commerce and Bureau of Animal Industry Acts." Working paper, 2017.

Olson, Mancur. *The Rise and Decline of Nations: Economic Growth, Stagflation, and Social Rigidities.* New Haven: Yale University Press, 2008.

Oracle Corporation. "Oracle Integration Cloud's Process Automation with RPA." 2017.

Pandy, Susan M. "Developments in Open Banking and APIs: Where Does the U.S. Stand?" Federal Reserve Bank of Boston, March 17, 2020.

Panzarino, Matthew. "Samsung Acquires Viv, a Next-Gen AI Assistant Built by the Creators of Apple's Siri." *TechCrunch* (blog), October 5, 2016.

Philippon, Thomas. "The Economics and Politics of Market Concentration." *NBER Reporter,* no. 4 (2019): 10–12.

———. *The Great Reversal: How America Gave Up on Free Markets.*

Cambridge, Mass.: Harvard University Press, 2019.

Phillips, Gordon M., and Alexei Zhdanov. "R&D and the Incentives from Merger and Acquisition Activity." *Review of Financial Studies* 26, no. 1 (2013): 34–78.

Pigou, A. C. *The Economics of Welfare.* London: Macmillan, 1920.

PitchBook. "Q2 2020 PitchBook-NVCA Venture Monitor." July 13, 2020.

Plungis, Jeff. "Volkswagen Used Special Software to Exaggerate Fuel-Economy Claims, EPA Says." *Consumer Reports,* August 30, 2019.

Png, Ivan P. L., and Sampsa Samila. "Trade Secrets Law and Mobility: Evidence from 'Inevitable Disclosure.' " 2015. Porter, Rufus. Editorial. *Scientific American*, August 28, 1845, 1.

Posner, Richard A. "The Rule of Reason and the Economic Approach: Reflections on the Sylvania Decision." *University of Chicago Law Review* 45, no. 1 (1977): 1–20.

"Productivity Growth by Major Sector, 1947–2017. Bar Chart." U.S. Bureau of Labor Statistics. Accessed October 12, 2020.

Raymond, Eric S. *The Cathedral and the Bazaar: Musings on Linux and Open Source by an Accidental Revolutionary.* Boston: O'Reilly Media, 1999.

Restuccia, Dan, Bledi Taska, and Scott Bittle. *Different Skills, Different Gaps: Measuring and Closing the Skills Gap.* Burning Glass Technologies, 2018.

Rey, Jason Del. "Amazon and Walmart Are in an All-Out Price War That Is Terrifying America's Biggest Brands." *Vox,* March 30, 2017.

Righi, Cesare, and Timothy Simcoe. "Patenting Inventions or Inventing Patents? Strategic Use of Continuations at the USPTO." National Bureau of Economic Research, Working Paper 27686, 2020.

Rinz, Kevin. "Labor Market Concentration, Earnings Inequality, and Earnings Mobility." Center for Administrative Records Research and Applications Working Paper 10, 2018.

Roberts, Michael, Derek Driggs, Matthew Thorpe, Julian Gilbey, Michael Yeung, Stephan Ursprung, Angelica I. Aviles-Rivero, et al. "Common Pitfalls and Recommendations for Using Machine Learning to Detect and Prognosticate for COVID-19 Using Chest Radiographs and CT Scans." *Nature Machine Intelligence* 3, no. 3 (2021): 199–217.

Rose, Nancy L. "Labor Rent Sharing and Regulation: Evidence from the Trucking Industry." *Journal of Political Economy* 95, no. 6 (1987): 1146–78.

Rosen, Sherwin. "The Economics of Superstars." *American Economic Review* 71, no. 5 (1981): 845–58.

Rossi-Hansberg, Esteban, Pierre-Daniel Sarte, and Nicholas Trachter. "Diverging Trends in National and Local Concentration." National Bureau of Economic Research, Working Paper 25066, 2018.

Rudegeair, Peter, and Daniel Huang. "Bank of America Cut Off Finance Sites from Its Data." *Wall Street Journal,* November 10, 2015.

Ruggles, Steven, Sarah Flood, Ronald Goeken, Josiah Grover, Erin

Meyer, Jose Pacas, and Matthew Sobek. "IPUMS USA: Version 8.0 [Dataset]." Minneapolis: University of Minnesota, 2018.

Salop, Steven C. "Monopolistic Competition with Outside Goods." *Bell Journal of Economics* (1979): 141–56.

Sandel, Michael. *The Tyranny of Merit: What's Become of the Common Good?* New York: Farrar, Straus and Giroux, 2020.

SAPInsider. "What Intelligent Robotic Process Automation (RPA) Capabilities Are on the Horizon for SAP Customers." January 28, 2019.

Sauter, Michael, and Samuel Stebbins. "America's Most Hated Companies." *24/7 WallSt* (blog), January 12, 2020.

ScanSoft. "ScanSoft and Nuance to Merge, Creating Comprehensive Portfolio of Enterprise Speech Solutions and Expertise; Combined Company Poised to Accelerate Technology Innovation for Customers and Partners around the World." May 9, 2005.

Schafer, Sarah. "How Information Technology Is Leveling the Playing Field." *Inc. com,* December 15, 1995.

Schmalensee, Richard. "Inter-Industry Studies of Structure and Performance." In *Handbook of Industrial Organization,* ed. Richard Schmalensee and Robert Willig, 2:951–1009. Amsterdam: North-Holland, 1989.

Schumpeter, Joseph A. *Capitalism, Socialism and Democracy.* New York: Harper and Brothers, 1942.

Schwartz, Eric Hal. "Apple Acquires Voice AI Startup Voysis." *Voicebot. ai,* April 6, 2020.

Scott Morton, Fiona, Pascal Bouvier, Ariel Ezrachi, Bruno Jullien, Roberta Katz, Gene Kimmelman, A. Douglas Melamed, and Jamie Morgenstern. *Committee for the Study of Digital Platforms: Market Structure and Antitrust Subcommittee Report*. Chicago: Stigler Center for the Study of the Economy and the State, University of Chicago Booth School of Business, 2019.

Sellars, Andrew. "Twenty Years of Web Scraping and the Computer Fraud and Abuse Act." *Boston University Journal of Science and Technology Law* 24 (2018): 372–415.

Severson, Aaron. "Hydra-Matic History: GM's First Automatic Transmission." Ate Up with Motor, May 29, 2010.

Shaked, Avner, and John Sutton. "Natural Oligopolies." *Econometrica: Journal of the Econometric Society* (1983): 1469–83.

———. "Product Differentiation and Industrial Structure." *Journal of Industrial Economics* (1987): 131–46.

———. "Relaxing Price Competition through Product Differentiation." *Review of Economic Studies* 49, no. 1 (1982): 3–13.

Shapiro, Carl. "Competition and Innovation: Did Arrow Hit the Bull's Eye?" In *The Rate and Direction of Inventive Activity Revisited,* 361–404. Chicago: University of Chicago Press, 2011.

Shea, Terry. "Why Does It Cost So Much for Automakers to Develop New Models?" *Autoblog,* July 27, 2010.

Sigelman, Matthew, Scott Bittle, Will Markow, and Benjamin Francis. *The Hybrid Job Economy: How New Skills Are Rewriting the DNA of the*

Job Market. Burning Glass Technologies, 2019.

Slichter, Sumner H. "Notes on the Structure of Wages." *Review of Economics and Statistics* 32, no. 1 (1950): 80–91.

Solomon, Mark. "Despite Talk of Budding Rivalry, Amazon and UPS May Find They're Stuck with Each Other." *FreightWaves,* June 20, 2019.

Song, Jae, David J. Price, Fatih Guvenen, Nicholas Bloom, and Till Von Wachter. "Firming Up Inequality." *Quarterly Journal of Economics* 134, no. 1 (2019): 1–50.

Stalk, George, Philip Evans, and Lawrence E. Shulman. "Competing on Capabilities: The New Rules of Corporate Strategy." *Harvard Business Review* 70, no. 2 (1992): 57–69.

Stapp, Alec. "Amazon, Antitrust, and Private Label Goods." *Medium,* April 27, 2020.

———. "Tim Wu's Bad History: Big Business and the Rise of Fascism." Niskanen Center, March 11, 2019.

Starr, Evan. "Dynamism and the Fine Print." Paper presented at the Technology and Declining Economic Dynamism, Boston University School of Law, September 11, 2020.

StatCounter Global Stats. "Desktop Operating System Market Share United States of America." Accessed August 21, 2020.

Steinmueller, William Edward. "The U.S. Software Industry: An Analysis and Interpretive History." In *The International Computer Software*

Industry: A Comparative Study of Industry Evolution and Structure, ed. David C. Mowery, 15–52. New York: Oxford University Press, 1996.

Stock, Eric J. "Explaining the Differing U.S. and EU Positions on the Boeing/ McDonnell-Douglas Merger: Avoiding Another Near-Miss." *University of Pennsylvania Journal of International Law* 20, no. 4 (1999):825–909.

Stokel-Walker, Chris. "Beep Beep: The History of George Laurer and the Barcode." *Medium,* December 20, 2019.

Sutton, John. *Sunk Costs and Market Structure: Price Competition, Advertising, and the Evolution of Concentration.* Cambridge, Mass.: MIT Press, 1991.

Syverson, Chad. "Challenges to Mismeasurement Explanations for the U.S.

Productivity Slowdown." *Journal of Economic Perspectives* 31, no. 2 (2017): 165–86.

———. "Macroeconomics and Market Power: Context, Implications, and Open Questions." *Journal of Economic Perspectives* 33, no. 3 (2019): 23–43.

———. "Market Structure and Productivity: A Concrete Example." *Journal of Political Economy* 112, no. 6 (2004): 1181–222.

———. "What Determines Productivity?" *Journal of Economic Literature* 49, no. 2 (2011): 326–65.

Taleb, Nassim Nicholas. *Antifragile: Things That Gain from Disorder.*

New York: Random House, 2012.

Tambe, Prasanna, Xuan Ye, and Peter Cappelli. "Paying to Program? Engineering Brand and High-Tech Wages." *Management Science* 66, no. 7 (2020): 3010–28. Tanner, Ronald. "The Modern Day General Store." *Progressive Grocer,* February 1, 1987.

Tarbell, Ida M. *The History of the Standard Oil Company.* New York: McClure, Phillips, 1904.

Taulli, Tom. "Microsoft Races Ahead on RPA (Robotic Process Automation)." *Forbes,* September 22, 2020.

Tedlow, Richard S., and Geoffrey G. Jones. *The Rise and Fall of Mass Marketing.* London: Routledge, 2014.

Temin, Peter. *Iron and Steel Industry in Nineteenth-Century America: An Economic Inquiry.* Cambridge, Mass: MIT Press, 1964.

Thaler, Richard H., and Cass R. Sunstein. *Nudge: Improving Decisions about Health, Wealth, and Happiness.* New York: Penguin, 2009.

Thomson, Ross. *Structures of Change in the Mechanical Age: Technological Innovation in the United States,* 1790–1865. Baltimore: Johns Hopkins University Press, 2009.

Thursby, Jerry G., Richard Jensen, and Marie C. Thursby. "Objectives, Characteristics and Outcomes of University Licensing: A Survey of Major U.S. Universities." *Journal of Technology Transfer* 26, no. 1–2 (2001): 59–72.

Tinbergen, Jan. "Substitution of Graduate by Other Labour." *Kyklos: In-*

ternational Review for Social Sciences 27,, no. 2 (1974): 217–26. Topol, Eric J. "High-Performance Medicine: The Convergence of Human and Artificial Intelligence." *Nature Medicine* 25, no. 1 (2019): 44–56.

Tracy, Ryan. "After Big Tech Hearing, Congress Takes Aim but from Different Directions." *Wall Street Journal,* July 30, 2020.

Transactions of the New England Cotton Manufacturers' Association. Vol. 59. Waltham, Mass.: E. L. Berry, 1895.

Tucker, Catherine E. "Patent Trolls and Technology Diffusion: The Case of Medical Imaging." 2014.

U.S. Bureau of the Census. *Historical Statistics of the United States: Colonial Times to* 1970. Washington, D.C.: U.S. Department of Commerce, 1975.

U.S. Bureau of Economic Analysis. "National Income and Product Accounts." Accessed October 3, 2020.

US. Bureau of Labor Statistics. "Productivity Growth by Major Sector, 1947–2017. Bar Chart." Accessed October 12, 2020.

U.S. Census Bureau. "BDS Data Tables." Accessed October 14, 2020.

———. "Capital Expenditures for Robotic Equipment: 2018." Accessed October 6, 2020.

U.S Environmental Protection Agency. "Notice of Violation." September 18, 2015.

Usselman, Steven W. "Unbundling IBM: Antitrust and the Incentives to Innovation in American Computing." In *The Challenge of Remaining*

Innovative: Insights from Twentieth-Century American Business, ed. Sally H. Clarke, Naomi R. Lamoreaux, and Steven W. Usselman, 249–79. Stanford, Calif.: Stanford University Press, 2009.

Valdivia, Walter D. *University Start-Ups: Critical for Improving Technology Transfer.* Washington, DC: Brookings Institution, 2013.

Van Loo, Rory. "Making Innovation More Competitive: The Case of Fintech." *UCLA Law Review* 65 (2018): 232.

―――. "Rise of the Digital Regulator." *Duke Law Journal* 66, no. 6 (2016): 1267–329.

―――. "Technology Regulation by Default: Platforms, Privacy, and the CFPB." *Georgetown Law Technology Review* 2, no. 2 (2018): 531.

Varian, Hal R. "Beyond Big Data." *Business Economics* 49, no. 1 (2014): 27–31. Vita, Michael, and F. David Osinski. "John Kwoka's Mergers, Merger Control, and Remedies: A Critical Review." 2016.

―――. *Annual Report.* 1994.

Watzinger, Martin, Thomas A. Fackler, Markus Nagler, and Monika Schnitzer. "How Antitrust Enforcement Can Spur Innovation: Bell Labs and the 1956 Consent Decree." *American Economic Journal: Economic Policy* 12, no. 4 (2020): 328–59.

Weil, David. *The Fissured Workplace.* Cambridge, Mass.: Harvard University Press, 2014.

Welke, Lawrence. "Founding the ICP Directories." *IEEE Annals of the History of Computing* 24, no. 1 (2002): 85–89.

Wen, Wen, and Feng Zhu. "Threat of Platform-Owner Entry and Complementor Responses: Evidence from the Mobile App Market." *Strategic Management Journal* 40, no. 9 (2019): 1336–67.

Wikipedia contributors. "Automatic Transmission." *Wikipedia,* August 2, 2021.

———. "Diesel Emissions Scandal." *Wikipedia,* July 25, 2020.

———. "Volkswagen Emissions Scandal." *Wikipedia,* September 22, 2020.

Wiggins, Robert R., and Timothy W. Ruefli. "Schumpeter's Ghost: Is Hypercompetition Making the Best of Times Shorter?" *Strategic Management Journal* 26, no. 10 (2005): 887–911.

Wildman, Jim. "The First Barcode Scan in History and What It Tells Us about How Some Stories Make Us Care." *Medium,* November 12, 2017.

Wilke, Jeff. "2020 Amazon SMB Impact Report." Amazon.com, 2020.

Willis, Lauren E. "Decisionmaking and the Limits of Disclosure: The Problem of Predatory Lending: Price." *Maryland Law Review* 65, no. 3 (2006): 707–840.

Winder, Gordon M. "Before the Corporation and Mass Production: The Licensing Regime in the Manufacture of North American Harvesting Machinery, 1830–1910." *Annals of the Association of American Geographers* 85, no. 3 (1995): 521–52.

Winick, Erin. "Every Study We Could Find on What Automation Will Do to Jobs, in One Chart." *Technology Review,* January 25, 2018.

Winston, Clifford. "The Efficacy of Information Policy: A Review of Archon Fung, Mary Graham, and David Weil's Full Disclosure: The Perils and Promise of Transparency." *Journal of Economic Literature* 46, no. 3 (2008): 704–17.

Wollmann, Thomas G. "Stealth Consolidation: Evidence from an Amendment to the Hart-Scott-Rodino Act." *American Economic Review: Insights* 1, no. 1 (2019): 77–94.

Womack, James P. "Why Toyota Won." *Wall Street Journal,* February 13, 2006. Wood, Debra. "8 Trends Affecting Radiologist Jobs in 2019." *Staff Care,* July 29, 2019.

Wu, Tim. "Be Afraid of Economic 'Bigness'; Be Very Afraid." *New York Times,* November 10, 2018.

———. *The Curse of Bigness: Antitrust in the New Gilded Age.* New York: Columbia Global Reports, 2018.

Yglesias, Matthew. "The 'Skills Gap' Was a Lie." *Vox,* January 7, 2019.

Zhu, Feng, and Nathan Furr. "Products to Platforms: Making the Leap." *Harvard Business Review* 94, no. 4 (2016): 72–78.

Zucker, Lynne G., and Michael R. Darby. "Defacto and Deeded Intellectual Property: Knowledge-Driven Co-Evolution of Firm Collaboration Boundaries and IPR Strategy." National Bureau of Economic Research, Working Paper 20249, 2014.

Zucker, Lynne G., Michael R. Darby, and Jeff S. Armstrong. "Commercializing Knowledge: University Science, Knowledge Capture, and Firm Performance in Biotechnology." *Management Science* 48, no. 1 (2002): 138–53.